AF126103

Schritte
PLUS NEU 5+6 Niveau B1

Deutsch als Zweitsprache
für Alltag und Beruf
Kursbuch

Silke Hilpert
Marion Kerner
Jutta Orth-Chambah
Angela Pude
Anne Robert
Anja Schümann
Franz Specht
Dörte Weers

Hueber Verlag

Beratung:
Ulrike Ankenbrank, München
Annette Decker, Neu-Isenburg

Für die hilfreichen Hinweise danken wir:
PD Dr. Marion Grein, Johannes Gutenberg-Universität Mainz
sowie allen Teilnehmerinnen und Teilnehmern an den Kursleiter-Workshops

Unter Mitarbeit von:
Katja Hanke

Foto-Hörgeschichte:
Darsteller: Shary Osman, Sven Binner, Christian Höck, Horst Kerner, Yasin Osman,
Niklas Remoundos, Caroline Württemberger u. a.
Fotograf: Matthias Kraus, München

Der Verlag weist ausdrücklich darauf hin, dass im Text enthaltene
externe Links vom Verlag nur bis zum Zeitpunkt der Buchveröffentlichung
eingesehen werden konnten. Auf spätere Veränderungen hat der Verlag
keinerlei Einfluss. Eine Haftung des Verlags ist daher ausgeschlossen.

Das Werk und seine Teile sind urheberrechtlich geschützt.
Jede Verwertung in anderen als den gesetzlich zugelassenen Fällen
bedarf deshalb der vorherigen schriftlichen Einwilligung des Verlags.

Hinweis zu § 52a UrhG: Weder das Werk noch seine Teile dürfen
ohne eine solche Einwilligung überspielt, gespeichert und in ein
Netzwerk eingespielt werden. Dies gilt auch für Intranets von Firmen,
Schulen und sonstigen Bildungseinrichtungen.

Eingetragene Warenzeichen oder Marken sind Eigentum des
jeweiligen Zeichen- bzw. Markeninhabers, auch dann, wenn diese
nicht gekennzeichnet sind. Es ist jedoch zu beachten, dass weder das
Vorhandensein noch das Fehlen derartiger Kennzeichnungen die
Rechtslage hinsichtlich dieser gewerblichen Schutzrechte berührt.

| 3. | 2. | 1. | | Die letzten Ziffern |
| 2022 | 21 | 20 | 19 | 18 | bezeichnen Zahl und Jahr des Druckes. |

Alle Drucke dieser Auflage können, da unverändert,
nebeneinander benutzt werden.
1. Auflage
© 2018 Hueber Verlag GmbH & Co. KG, München, Deutschland
Umschlaggestaltung: Sieveking · Agentur für Kommunikation, München
Zeichnungen: Jörg Saupe, Düsseldorf
Gestaltung und Satz: Sieveking · Agentur für Kommunikation, München
Druck und Bindung: Firmengruppe APPL, aprinta druck GmbH, Wemding
Printed in Germany
ISBN 978–3–19–101085–0

Art. 530_16541_001_01

Aufbau

Symbole und Piktogramme

Kursbuch

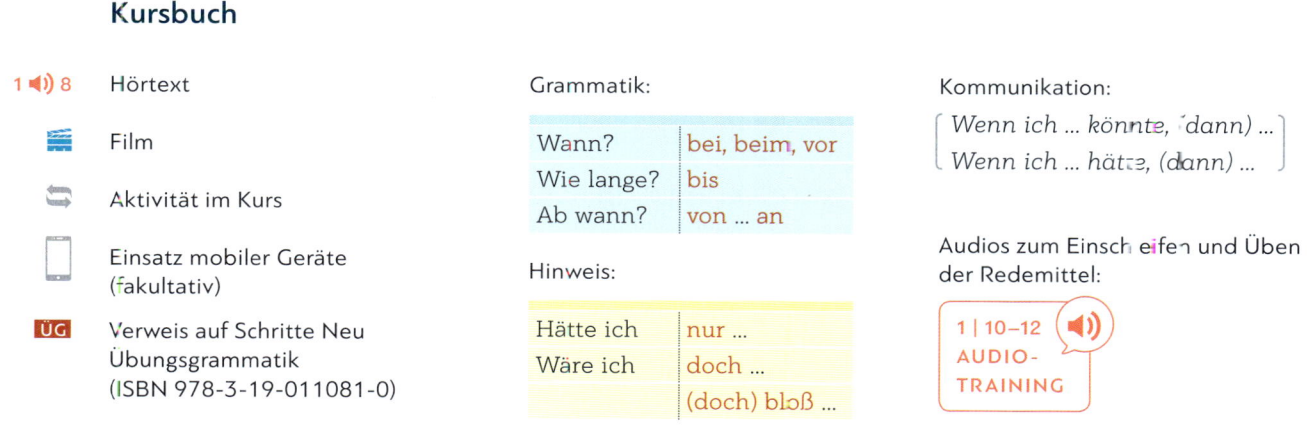

1 �))) 8	Hörtext
🎞️	Film
🔁	Aktivität im Kurs
📱	Einsatz mobiler Geräte (fakultativ)
ÜG	Verweis auf Schritte Neu Übungsgrammatik (ISBN 978-3-19-011081-0)

Grammatik:

Wann?	bei, beim, vor
Wie lange?	bis
Ab wann?	von ... an

Hinweis:

Hätte ich	nur ...
Wäre ich	doch ...
	(doch) bloß ...

Kommunikation:

Wenn ich ... könnte, (dann) ...
Wenn ich ... hätte, (dann) ...

Audios zum Einschleifen und Üben der Redemittel:

1 | 10–12 �))) AUDIO-TRAINING

Inhaltsverzeichnis **Kursbuch**

D	E	Wortfelder	Grammatik
Pech gehabt! · von einem Unfall berichten	**Glücksbringer** · über Glücksbringer sprechen	· Kindheit und Vergangenheit · Glück und Glücksbringer · Unfallbericht	· Verbkonjugation im Präteritum: tanken – tankte, lassen – ließ, bringen – brachte · Konjunktion: *als*: Das ist vor einem Jahr passiert, *als* ich noch Lotto gespielt habe. · Plusquamperfekt: Zwar *hatte* ich in der letzten Zeit viel *trainiert*, aber ganz fit war ich noch nicht.
Fernsehkonsum · eine Statistik zum Thema verstehen		· Unterhaltung · Musik · Fernsehen, Serien, Kino	· Konjunktion: *obwohl* (Konzessivsatz): Max sieht die Serie an, *obwohl* er sie schon dreimal gesehen hat. · Gradpartikeln (*echt, ziemlich, ...*): Die ist *total* langweilig. · Relativpronomen *der, das, die* und Relativsatz: der Mann, *der* unglaublich gut kochen kann; der Berliner, *den* man unter dem Namen ... kennt; ein Job, mit *dem* er seinen Lebensunterhalt verdient
Gesundheitsvorsorge · ein Kursstatistik erstellen und darüber sprechen	**Krankmeldung und Aufgabenverteilung** · sich auf der Arbeit krankmelden und Aufgaben verteilen	· Gesundheit · Gesundheitsvorsorge · Untersuchungen beim Arzt	· Passiv Präsens mit Modalverben: Auf ausreichend Bewegung *sollte* besonders *geachtet werden*. · Genitiv mit definitem und indefinitem Artikel: zur Verbesserung *der* Fitness; der Rat *eines* Fachmanns
Kinder lernen Deutsch. · eine Radiosendung verstehen · über Mehrsprachigkeit sprechen	**In zwei Sprachen zu Hause** · einen Text zum Thema „Mehrsprachigkeit" verstehen · über die eigene(n) Sprache(n) sprechen	· Sprachen · Mehrsprachigkeit	· Konjunktiv II: Irreale Bedingungen mit *wenn*: Wenn ich ihn richtig toll *finden würde*, *hätte* ich natürlich immer Zeit für ihn. · Präposition: *wegen* + Genitiv: *wegen* meines Berufs
Small Talk: Von der Arbeit erzählen · über die Arbeit sprechen		· Berufswünsche · Jobsuche · Bewerbung · Vorstellungsgespräch	· Infinitiv mit *zu*: Es ist toll, Kunden *zu* beraten. · Temporale Präpositionen (*während/außerhalb/innerhalb*) + Genitiv: Leider rufen Sie *außerhalb* unserer Öffnungszeiten an.
Verkaufsgespräche · ein Kundengespräch im Geschäft führen	**Reklamation** · eine Reklamation schreiben	· Berufsbiografien und Arbeitsalltag · Dienstleistungen · Reklamieren	· Verben und Ausdrücke mit *es*: Es gibt ..., Es ist (nicht) leicht/schwierig ... · Konjunktionen: *um ... zu* + Infinitiv und *damit*: Leon will als Erster bei dem Laden sein, *um* dort Schuhe für einen Kunden *zu* kaufen / *damit* sein Kunde ausschlafen kann. · Konjunktion: *statt/ohne ... zu* + Infinitiv: Man sollte etwas tun, *statt* nur *zu* träumen.
Garten im Niemandsland · einen Text über ein Haus und seine Geschichte verstehen		· Zusammenleben: Konflikte und Regeln · Wohnsituationen	· Zweiteilige Konjunktionen: *nicht nur ..., sondern auch, zwar ... aber, entweder ..., oder* · Konjunktiv II Vergangenheit Konjugation: *hätte gesagt, ...* · Konjunktiv II Vergangenheit: Irreale Wünsche: Hätte ich bloß nichts gesagt! · Wiederholung Verben mit Präpositionen · Präposition: *trotz* + Genitiv

Inhaltsverzeichnis **Kursbuch**

D	E	Wortfelder	Grammatik
Von mir aus können wir uns gern duzen. · das *Du* anbieten. · duzen oder siezen?		· Arbeit und Kollegen · Umgang im Büro	· Konjunktion *falls*: ..., *falls dich das interessiert* · zweiteilige Konjunktion *je ... desto/umso*: ..., *desto schlechter wird die Stimmung*. · Relativsatz mit Präpositionen: *Ist das die Bekannte, von der du erzählt hast?* · Adjektiv als Nomen: *bekannt → die/der Bekannte* · n-Deklination: *ein Kollege, einen Kollegen*
Internetforum · in einem Forum antworten	**Radioreportage** · eine Radiodiskussion zum Thema „digitale Welt" verstehen · über digitale Medien diskutieren	· Technik und Alltag · digitale Medien	· Konjunktionen *während, nachdem, bevor*: *Du suchst nach der Datei, während ich das Programm runterlade. Alex war Polizist, bevor er „Superstar" wurde. Nachdem du den Ordner kopiert hattest, hast du ihn gelöscht.* · Konjunktion *als ob*: *Du tust ja so, als ob ich keine Ahnung hätte.*
Crowdsourcing · eine Radioreportage zum Thema Crowdsourcing verstehen · Crowdsourcing ausprobieren	**Die sprechende Zahnbürste – eine Kolumne** · einen Lesetext zum Thema verstehen	· Produkte und Werbung · Beschwerden und Reklamation · Missgeschicke und Pannen	· zweiteilige Konjunktion *sowohl ... als auch*: *sowohl lecker als auch gesund* · zweiteilige Konjunktion *weder ... noch*: *weder lecker noch gesund* · Relativsatz mit *wo* und *was*: *Das, was du suchst, ...* · Partizip Präsens als Adjektiv: *wohltun → wohltuend*
In der Fremde · Aussagen zum Fremdsein verstehen · über Erfahrungen mit dem Fremdsein sprechen	**Andere Länder, andere Sitten** · über Einladungen sprechen · Ratschläge geben	· Regeln und Gesetze · Umgangsformen · fremd sein · Länder und Sitten	· Futur I: *Sie werden jetzt sofort hier weggehen!* · Konjunktion *da*: *Ich wollte einfach nur schnell los, da ich schon spät dran bin.*
Dieser Mensch war mir ein Vorbild. · über Vorbilder sprechen	**Gewissensfrage** · über Gewissensfragen sprechen und einen Standpunkt vertreten	· Vereine · soziales Engagement · Vorbilder · Gewissensfragen	· Konjunktion *seit/seitdem*: ..., *seit/seitdem ich 16 bin.* · Konjunktion *bis*: ..., *bis die Schule wieder anfängt.* · Konjunktion *indem*: ..., *indem Sie Geld spenden.* · Konjunktionen *ohne dass / ohne zu*: ..., *ohne dass Sie Mitglied sind. / ohne Mitglied zu sein.* · Präposition *außer* + Dativ: *alle außer meiner Schwester*
Aus der deutschen Geschichte · deutsche Geschichte nach 1945 verstehen · die Geschichte des Heimatlandes präsentieren		· Biografien · Demokratie · Politik und Gesellschaft · deutsche Nachkriegsgeschichte	· Passiv Perfekt: *1975 ist ein Lernhilfeverein gegründet worden.* · Passiv Präteritum: *Sie wurde zur 2. Bürgermeisterin gewählt.* · Adjektivdeklination mit Komparativ und Superlativ: *ein größerer Teil, der größere/größte Teil*
Blick zurück – Blick nach vorn · über den eigenen Deutschlernweg sprechen · über Pläne und die Zukunft sprechen		· Spezialitäten · Heimat · Europa	· Wiederholung Wortbildung Nomen: *das Volk + s + das Fest = das Volksfest* · Wiederholung Verben mit Präpositionen: *denken an* · Wiederholung Präpositionaladverbien: *denken an – daran – woran?*

Vorwort

Liebe Leserinnen, liebe Leser,

mit *Schritte plus Neu* legen wir Ihnen ein komplett neu bearbeitetes Lehrwerk vor, mit dem wir das jahrelang bewährte und erprobte Konzept von *Schritte plus* noch verbessern und erweitern konnten. Erfahrene Kursleiterinnen und Kursleiter haben uns bei der Neubearbeitung beraten, um *Schritte plus Neu* zu einem noch passgenaueren Lehrwerk für die Erfordernisse Ihres Unterrichts zu machen. Wir geben Ihnen im Folgenden einen Überblick über Neues und Altbewährtes im Lehrwerk und wünschen Ihnen viel Freude in Ihrem Unterricht.

Schritte plus Neu ...

- führt Lernende ohne Vorkenntnisse in 3 bzw. 6 Bänden zu den Sprachniveaus A1, A2 und B1.
- orientiert sich an den Vorgaben des Gemeinsamen Europäischen Referenzrahmens sowie an den Vorgaben des Rahmencurriculums für Integrationskurse des Bundesamts für Migration und Flüchtlinge.
- bereitet gezielt auf die Prüfungen *Start Deutsch 1* (Stufe A1), *Start Deutsch 2* (Stufe A2), den *Deutsch-Test für Zuwanderer* (Stufe A2–B1), das *Goethe-Zertifikat* (Stufe A2 und B1) und das *Zertifikat Deutsch* (Stufe B1) vor.
- bereitet die Lernenden auf Alltag und Beruf vor.
- eignet sich besonders für den Unterricht mit heterogenen Lerngruppen.
- ermöglicht einen zeitgemäßen Unterricht mit vielen Angeboten zum fakultativen Medieneinsatz (verfügbar im Medienpaket sowie im Lehrwerkservice und abrufbar über die *Schritte plus Neu*-App).

Der Aufbau von *Schritte plus Neu*

Kursbuch
Lektionsaufbau:

- Einstiegsdoppelseite mit einer rundum neuen Foto-Hörgeschichte als thematischer und sprachlicher Rahmen der Lektion (verfügbar als Audio oder Slide-Show) sowie einem Film mit Alltagssituationen der Figuren aus der Foto-Hörgeschichte
- Lernschritte A–C: schrittweise Einführung des Stoffs in abgeschlossenen Einheiten mit einer klaren Struktur

- Lernschritte D+E: Trainieren der vier Fertigkeiten Hören, Lesen, Sprechen und Schreiben in authentischen Alltagssituationen und systematische Erweiterung des Stoffs der Lernschritte A–C
- Übersichtsseite Grammatik und Kommunikation mit Möglichkeiten zum Festigen und Weiterlernen sowie zur aktiven Überprüfung und Automatisierung des gelernten Stoffs durch ein Audiotraining und ein Videotraining sowie eine Übersicht über die Lernziele
- eine Doppelseite „Zwischendurch mal ..." mit spannenden fakultativen Unterrichtsangeboten wie Filmen, Projekten, Spielen, Liedern etc. und vielen Möglichkeiten zur Binnendifferenzierung

Arbeitsbuch
Lektionsaufbau:

- abwechslungsreiche Übungen zu den Lernschritten A–E des Kursbuchs
- Übungsangebot in verschiedenen Schwierigkeitsgraden, zum binnendifferenzierten Üben
- ein systematisches Phonetik-Training
- ein systematisches Schreibtraining
- Aufgaben zum Selbstentdecken grammatischer Strukturen (Grammatik entdecken)
- Aufgaben zur Prüfungsvorbereitung
- Selbsttests am Ende jeder Lektion zur Kontrolle des eigenen Lernerfolgs der Teilnehmer
- fakultative Fokusseiten zu den Themen Alltag, Beruf und Familie

Anhang:

- Lernwortschatzseiten mit Lerntipps, Beispielsätzen und illustrierten Wortfeldern
- Grammatikübersicht

Außerdem finden Sie im Lehrwerkservice zu *Schritte plus Neu* vielfältige Zusatzmaterialien für den Unterricht und zum Weiterlernen.

Viel Spaß beim Lehren und Lernen mit *Schritte plus Neu* wünschen Ihnen

Autoren und Verlag

Die erste Stunde im Kurs

1 Stellen Sie sich vor. Wie heißen Sie?

2 Das Kennenlern-Spiel

Spielen Sie zu zweit. Sie brauchen: zwei 🎮 und einen 🎲.
Beginnen Sie bei **Start**. Wenn Sie auf ein Feld kommen, auf dem Ihre Partnerin / Ihr Partner
steht, muss sie/er zurück zum **Start**. **Weißes Feld**: Hier sind Sie sicher! **Rotes Feld**: Fragen
Sie Ihre Partnerin / Ihren Partner. Notieren Sie die Antworten. **Gelbes Feld**: Machen Sie einen
Umweg. **Blaues Feld**: Zurück zu **Start**. Gewonnen hat der, der zuerst im **Ziel** ist.

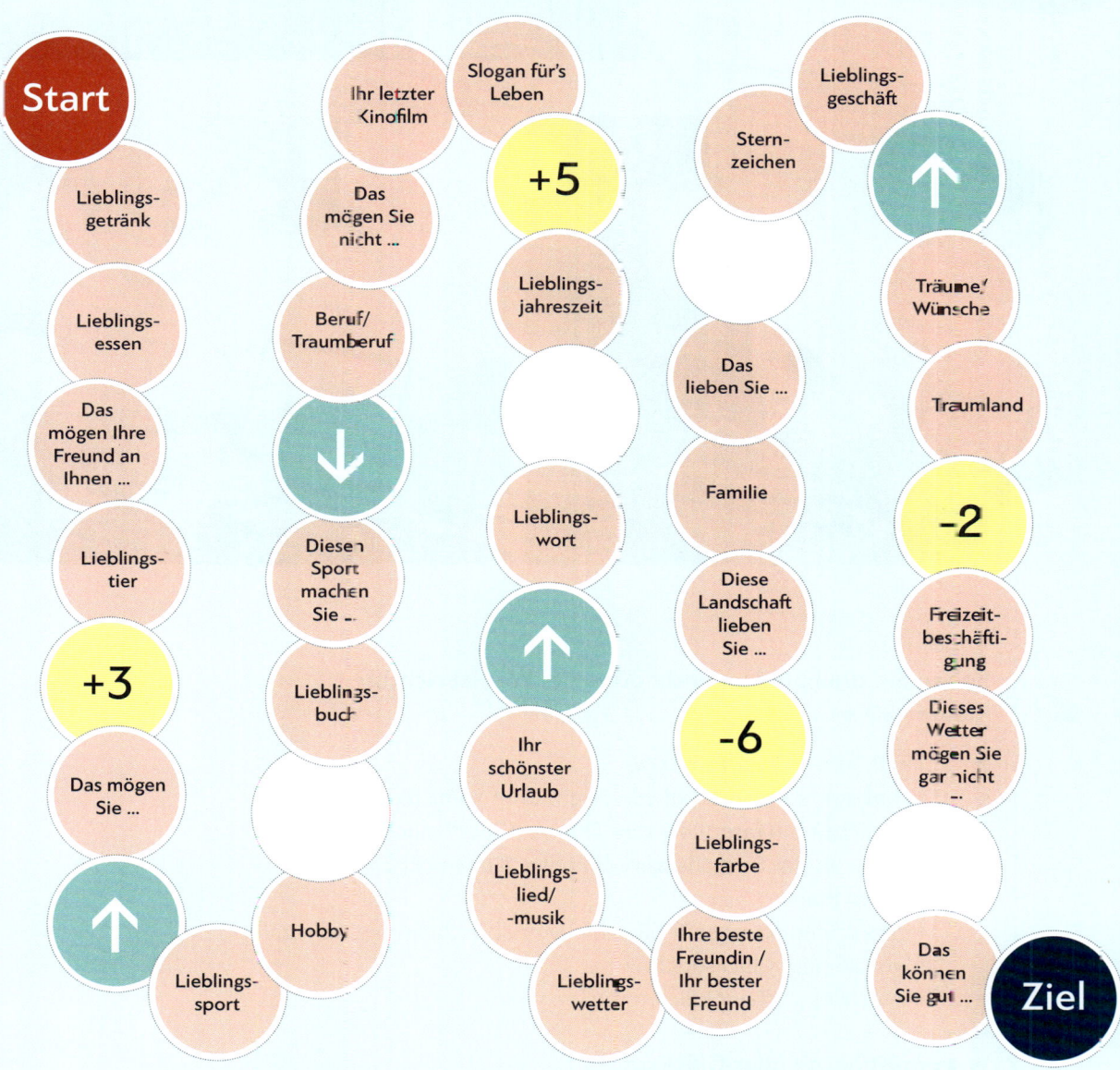

3 Im Kurs: Stellen Sie Ihre Partnerin / Ihren Partner vor.

Glück im Alltag

Folge 1: Ellas Glückstag

1 Sehen Sie die Fotos an und hören Sie. Was ist richtig?
Kreuzen Sie an.

a ○ Ella ist Journalistin von Beruf.

b ○ Sie bekommt einen Anruf von ihrem Chef Sami. Sie soll heute
bis zwei Uhr ein Interview zum Thema „Glück" machen.

c ○ Die Frau an der Bushaltestelle hilft Ella. Sie schickt Ella
zu ihrem Mann.

d ○ Manfred Schulze schenkt Ella eine Schreibtischlampe und erzählt
ihr von seinem Glückserlebnis.

e ○ Ellas Artikel wird pünktlich fertig.

2 Warum ist heute Ellas Glückstag?

> *Sie freut sich, weil ...*

Sechs Richtige

von Ella Wegmann

35 Jahre lang spielte Manfred Schulze jede Woche Lotto. Ein paar Mal gewann er, aber nie mehr als 50 Euro. Dann kam die
5 ganz große Überraschung.

Erzählen Sie, Herr Schulze, was ist passiert?
Ganz einfach: Bei der Lottoziehung im Fernsehen kamen meine Zahlen. Eine nach der anderen. Und am Ende waren es sechs Richtige.

Wie war das für Sie?
Zuerst hatte ich Angst, dass es ein Traum war.

Es war aber keiner.
Nein. Ich habe wirklich
15 gewonnen. Es war total verrückt. Ich hatte so lange auf diesen Moment gewartet.

Wie hoch war denn Ihr Gewinn?
Eine Million. Steuerfrei! Alles gehörte mir.

Waren Sie glücklich?
20 Ja schon, aber die Geschichte geht noch weiter. Kurz danach hatte ich einen Traum. Ich sah die Zahl 14 und eine Stimme fragte: „Willst du mehr? Viel mehr?"

Haben Sie auf die Stimme gehört?
25 Ja. Ich bin ins Spielcasino gegangen, habe mich an den Roulettetisch gesetzt und den ganzen Abend immer nur auf die 14 gesetzt.

Ganz schön mutig!
Mutig? Dumm! Am
30 Ende hatte ich alles verloren.

Wie bitte!?
Die ganze Million?
Alles. Ich hatte nicht mal mehr Geld für ein Taxi.

35 **Was haben Sie dann gemacht?**
Na, was wohl?
Ich bin zu Fuß nach Hause gegangen.

3 Ellas Kolumne
Lesen Sie Ellas Interview mit Manfred Schulze und die Zusammenfassung. Korrigieren Sie die vier Fehler.

Nach 35 Jahren ~~Roulette~~-Spielen hatte Manfred Schulze Glück: Er hat *Lotto*
100.000 Euro gewonnen. Doch dann hatte er großes Pech. Er ist mehrmals in ein Spielcasino gegangen und hat immer nur auf die Zahl 14 gesetzt. So lange, bis viel Geld weg war.

4 Haben Sie schon einmal etwas gewonnen? Erzählen Sie.

> *Ja, einmal habe ich ein Fahrrad gewonnen.*

> *Nein. In meiner Religion ist Glücksspiel verboten.*

Ellas Film

A1 Markieren Sie wie im Beispiel und ergänzen Sie die Tabelle.

Sechs Richtige
von Ella Wegmann

35 Jahre lang ==spielte== Manfred Schulze jede Woche Lotto. Ein paar Mal gewann er, aber nie mehr als 50 Euro. Dann kam die ganz große Überraschung.

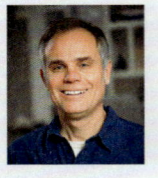

heute	früher / gestern / letztes Jahr / ...
er spielt	er hat gespielt / er _____
er gewinnt	er hat gewonnen / er _____
er kommt	er ist gekommen / er _____

A2 Kurzmeldungen

a Lesen Sie die Zeitungsmeldungen und ordnen Sie die Überschriften zu.

1 Rettung nach zwei Stunden
2 Was für ein Pech!
3 Verflogen
4 Vergesslicher Ehemann

Meldung	A	B	C	D
Überschrift				

A

Ein 71-jähriger Frankfurter ==ließ== seine 67-jährige Frau am vergangenen Wochenende einfach auf einer Autobahnraststätte bei Stuttgart ==zurück==. Während der Mann ==tankte==, ==wollte== die Frau schnell Getränke kaufen. Aber als sie zurückkam, ==war== ihr Mann verschwunden. Der Rentner bemerkte erst zwei Stunden nach der Weiterfahrt, dass seine Frau nicht mehr auf dem Beifahrersitz saß. Die Frau wartete mehrere Stunden vergeblich auf ihren Mann. Ein anderer Autofahrer ==brachte== sie schließlich zur Polizei. Erst Stunden später meldete sich der vergessliche Ehemann und fragte nach seiner Frau.

B

Werner H. (61) und Florian H. (30) aus Brandenburg wollten einen Vater-und-Sohn-Urlaub in der Millionenstadt Sydney in Australien verbringen. Passend gekleidet für den heißen australischen Sommer mit Shorts und T-Shirt stiegen sie letzten Monat in Berlin ins Flugzeug. Sie wunderten sich zwar, als sie in Portland im Nordwesten der USA in ein kleines Flugzeug umsteigen mussten, hatten aber nicht den Mut, die Flughafenmitarbeiter darauf anzusprechen. Die Überraschung war dann groß, als die beiden schließlich ihr Ziel erreichten: Sie landeten im tief verschneiten Montana. Der Grund: Der Vater verwechselte bei der Online-Buchung Sydney (Australien) mit Sidney (USA) und buchte einen falschen Flug.

C

Tess K. (58) und ihr Mann Finn (57) aus den Niederlanden waren letzte Woche auf Kreuzfahrt im Mittelmeer. Das Schiff lag vor Neapel und das Ehepaar wollte die Stadt besichtigen. Am Hafen kam es zum großen Streit und das Ehepaar verlor sich aus den Augen. Einige Stunden später sah Tess das Kreuzfahrtschiff abfahren. Sie glaubte, dass ihr Mann sich an Bord befand, sprang ohne nachzudenken ins Wasser und schwamm dem Schiff nach. Nach Polizeiangaben verbrachte die Frau zwei Stunden im Wasser und wurde dann von Fischern gerettet.
Der Ehemann war übrigens nicht auf dem Schiff. Er war auf dem Weg zum Flughafen und wollte nach Hause fliegen.

D

Der Italiener Giovanni R. (45) aus Bad Ems bei Koblenz spielt seit Jahren Lotto. Als er am Valentinstag zur Lotto-Annahmestelle ging, kaufte er auf dem Weg ein Geschenk für seine Frau: einen Rosenstrauß. Damit reichte sein Geld aber nicht mehr für den Lottotipp aus. Am Abend wurden dann genau „seine" Zahlen gezogen. Im Jackpot lagen 25 Millionen Euro.

b Markieren Sie in a wie in den Beispielen. Machen Sie eine Tabelle und ergänzen Sie.

Typ „tanken"	Typ „lassen"	Typ „bringen"	werden, sein, haben	wollen, dürfen, …
tanken – tankte	zurücklassen – ließ zurück	bringen – brachte	sein – war	wollen – wollte
…	…	…	…	…

ich	tank**te**	ließ	brachte
er/es/sie	tank**te**	ließ	brachte
wir	tank**ten**	ließen	brachten
sie/Sie	tank**ten**	ließen	brachten

⚠ -d/-t landen - land**ete**

SCHON FERTIG? Ergänzen Sie noch mehr Wörter in der Tabelle. Suchen Sie die Formen im Wörterbuch.

c Machen Sie zu jeder Zeitungsmeldung Notizen.

Wer? 71-jähriger Frankfurter
Wann?
Wo? bei Stuttgart
Was passierte?

A3 Lesen Sie die Kurzmeldung und ordnen Sie zu.

ud … ein   störte   riefen   sollte   ~~sorgte~~   bemerkte   standen
feierten   sperrte … ab   kam   schickte   gingen   dachte

Mehr als 500 Freunde kamen zu Julias Geburtstagsparty

Weßling – Eine Geburtstagsparty _sorgte_ **für großen Ärger: Über 500 Gäste folgten der Einladung über ein soziales Netzwerk.**

Eigentlich _____ es ein ganz normaler Geburtstag werden: So _____ zumindest die 17-jährige Julia R. Die Schülerin _____ über ein soziales Netzwerk ihre Freunde _____. Dabei _____ sie nicht, dass die Einladung öffentlich verbreitet wurde. Und so _____ am Geburtstagsabend über 500 junge Leute vor dem kleinen Reihenhaus, in dem Julia R. mit ihren Eltern und Geschwistern lebt. Die Feier wurde abgesagt, aber das _____ die „Gäste" nicht. Sie _____ auf der Straße – und zwar so laut und ausgelassen, dass Julias Eltern und die Nachbarn die Polizei _____. Diese _____ die Straße _____ und _____ die jungen Leute nach Hause. Da manche nicht freiwillig _____, _____ es zu Konflikten, zwei junge Männer wurden sogar festgenommen.

🔁 **A4** Eine Kurzmeldung schreiben

Arbeiten Sie zu zweit. Wählen Sie eine Situation oder ein Foto.
Machen Sie zuerst Notizen und schreiben Sie dann eine Zeitungsmeldung.

A Schüler bewirbt sich mit falschem Zeugnis – **bei der Polizei!**

B **Betrunkener Einbrecher vor dem Fernseher eingeschlafen**

47-jähriger Hausbesitzer

nach Hause kommen   bemerken: Licht in Wohnung, Fernseher an
Polizei rufen   Einbrecher im Haus   zu viel Wodka trinken, einschlafen

B Es ist vor einem Jahr passiert, **als** ...

B1 Was sagt Herr Schulze? Ergänzen Sie.

> Es ist vor einem Jahr passiert, ...

a Ich habe noch Lotto gespielt.   *... als ich noch Lotto gespielt habe.*

b Ich bin ins Spielcasino gegangen.   _____

c Ich war oft unglücklich.   _____

d Ich hatte nur wenige Freunde.   _____

> Es ist vor einem Jahr passiert, als ich noch Lotto gespielt habe.

B2 Interview mit Ella Wegmann

1 🔊 5   **a** Was ist richtig? Hören Sie und kreuzen Sie an.

    1 ○ Ella ist 28 Jahre alt und arbeitet als Journalistin bei „Radio Elf".

    2 ○ Ella mag ihren Beruf.

    3 ○ Schon als Kind interessierte sie sich für andere Menschen.

    4 ○ Als Ella 11 war, wurde in ihrem Heimatort eine Frau 100 Jahre alt.

    5 ○ Ella machte ein Interview und die alte Dame schickte den Text an eine Zeitung.

b Lesen Sie die Sätze und kreuzen Sie an: Wie oft ist das passiert / passiert das?

	einmal	öfter
1 Wenn wir Besuch hatten, wollte ich von den Leuten immer alles genau wissen.	○	○
2 Ich habe zum ersten Mal für eine Zeitung geschrieben, als ich elf war.	○	○
3 Als wir nach dem Urlaub zu Hause waren, kam ein Brief von der alten Dame.	○	○
4 Immer wenn man so etwas hört, denkt man: Manche Leute haben einfach Glück.	○	○

Das ist einmal passiert.	Das ist mehr als einmal passiert.
als ...	(immer / jedes Mal) wenn ...

B3 Erinnerungen an die Kindheit

Schreiben Sie Sätze mit *als* oder *wenn*. Tauschen Sie Ihre Sätze mit Ihrer Partnerin / Ihrem Partner und korrigieren Sie ihre/seine Sätze.

> Ich war als Kind immer sehr glücklich, ...　Ich war im Sommer ... / an Weihnachten / ... sehr froh, ...
> Ich habe mir einmal sehr wehgetan, ...　... ich 11 / ... Jahre alt war, ...　... ich einmal ..., bin/habe ich ...
> Ich fand es als Kind immer sehr aufregend, ...　Es hat mir immer gut gefallen, ...
> Meine Eltern waren immer sehr zufrieden mit mir, ...　Mein Opa fand es immer sehr witzig, ...

🔁 B4 Meine Lieblingsfrage

Arbeiten Sie in Gruppen. Welche Frage über sich möchten Sie gern beantworten?

– Schreiben Sie die Frage auf einen Zettel. Verwenden Sie *als* oder *wenn*.
– Mischen Sie die Zettel und verteilen Sie sie neu.
– Die Fragen werden vorgelesen.
– Beantworten Sie Ihre Frage.

> Warum war ich so glücklich, als ich 16 geworden bin? Von wem ist die Frage?

> Die Frage ist von mir. Ich war so glücklich, weil ich zum Geburtstag einen Motorroller bekommen habe.

> Warum war ich so glücklich, als ich 16 geworden bin?

C1 Was ist passiert? Was war vorher? Ordnen Sie zu.

Das ist passiert.   Das war vorher.

Ich habe wirklich gewonnen.	Ich hatte so lange ... gewartet.

> Ich habe wirklich gewonnen. Es war total verrückt! Ich hatte so lange auf diesen Moment gewartet.

C2 Glücksmomente

a Welche Überschrift passt? Lesen Sie die Texte und ordnen Sie zu.

◯ Angekommen   ◯ Gewonnen

Glücksmomente

Erfolg in der Arbeit? Frisch verliebt? Oder einfach der Moment, wenn Sie auf einer Wiese liegen und die Wolken am Himmel betrachten? Wann waren Sie das letzte Mal so richtig glücklich?

1

Mein glücklichster Tag war der 22. Juni. Unsere Mannschaft hatte ein wichtiges Spiel. Und ich musste auf der Bank sitzen und zusehen, denn
5 ich hatte mir einige Zeit vorher den Fuß gebrochen. Zwar hatte ich in der letzten Zeit viel trainiert, aber ganz fit war ich noch nicht. Nach 85 Minuten stand das Spiel immer noch 0:0. Und dann nahm unser
10 Trainer unsere Nummer 1 vom Feld und schickte mich stattdessen ins Spiel. In der allerletzten Spielminute, da kam er, mein Glücksmoment. Das 1:0! Und ich hatte das Tor geschossen.

Andreas

2

Ich bin 2015 über die österreich-
15 ische Grenze nach Deutschland gekommen und im Frühjahr 2015 konnte endlich meine Familie nachkommen. Die Zeit davor war schlimm für mich: Ich war aus
20 Syrien geflohen und hatte hier in den ersten Monaten einige sehr schwierige Momente erlebt. Dann habe ich aber bald eine Arbeit gefunden und eine Wohnung bekommen. Und als dann auch noch meine
25 Familie zu mir gekommen ist, war das der glücklichste Moment in meinem Leben.

Latif

b Lesen Sie noch einmal die Texte in a und die Sätze. Was war vorher passiert? Machen Sie Notizen zum Text und sprechen Sie.

> Ich hatte trainiert.
> Ich war geflohen.

1 Andreas musste auf der Bank sitzen und zusehen.
2 Latifs Familie konnte nachkommen.

1 vorher: Fuß gebrochen / ...

> Andreas hatte sich den Fuß gebrochen. ...

🔁 **C3 Geschichten-Lotterie**

a Arbeiten Sie in Gruppen. Jede Gruppe bekommt vier Kärtchen in verschiedenen Farben. Notieren Sie pro Kärtchen einen Ort, eine Zeit und je eine Person.

Ort [Standesamt]   Zeit [Sommer]   Person [beste Freundin]   Person [Mutter]

b Planen Sie eine Geschichte in Ihrer Gruppe und schreiben Sie sie. Verwenden Sie mindestens einmal *war/hatte ... gekommen/gesehen/...*

Letzten Sommer hat meine beste Freundin auf dem Standesamt ...

D Pech gehabt!

1 🔊 6 D1 Hannas Unfall

Ordnen Sie die Bilder. Hören Sie dann und vergleichen Sie.

A ◯   B ◯   C ◯   D ◯

D2 Hanna meldet ihren Unfall der Versicherung.

Markieren Sie im Formular. Machen Sie dann Notizen und sprechen Sie.

a Wann und wo ist der Unfall passiert?   c Wie hoch ist der Schaden?
b Wie ist der Unfall genau passiert?   d Wer hat den Schaden?

SEKUR-VERSICHERUNG – Schadenmeldung zur Privathaftpflichtversicherung

Ihre Versicherungsnummer:

500 / 125346-X-62

Versicherungsnehmer: Hanna Krämer
Straße, Ort: Ziegeleistraße 17, 99817 Eisenach
E-Mail: hanna.kraemer@wobis.net
Schadentag: 15.05.d.J.
Uhrzeit: 11.15 Uhr
Ort: Goethestraße 28, 99817 Eisenach
Ungefähre Schadenhöhe: 250 Euro

Schadenhergang:

Ich half einer Bekannten, Ulrike Haas, beim Umzug. Ich holte gerade eine lange Vorhangstange aus dem Umzugswagen und wollte sie in die Wohnung tragen. Meine Bekannte trug zur gleichen Zeit zwei Kartons und einen Blumentopf. Ich bemerkte leider nicht, dass sie direkt hinter mir stand, und stieß versehentlich mit der Stange gegen den Blumentopf. Der Blumentopf fiel augenblicklich herunter und traf meinen Hund am Kopf. Daraufhin biss der Hund meine Bekannte leicht ins Bein. Sie erschrak so, dass sie die Kartons fallen ließ. Dabei gingen 11 Weingläser, 6 Tassen und 14 Teller kaputt.

Wir möchten mit der/dem Geschädigten Kontakt aufnehmen – bitte geben Sie uns Ihre Daten.

ich habe geholfen, ich habe geholt, …   ich half, ich holte, …
ich war/hatte/wollte/…   ich war/hatte/wollte/…

– hört man oft in Gesprächen   – hört man oft in den Nachrichten
– liest man oft in persönlichen Briefen/Mails/… – liest man oft in der Zeitung, in Berichten, in Büchern, …

Ich half einer Bekannten …   *Ich habe Ulrike beim Umzug geholfen.*

🔁 D3 Pech gehabt!

Sehen Sie das Bild an und erzählen Sie die Geschichte.
Oder erzählen Sie eine persönliche Geschichte.

gespielt Wohnzimmer gestoßen auf Tisch gefallen
Vase kaputtgegangen Schaden: circa 100 Euro

E1 Was bringt in Ihrem Land Glück oder Pech? Sammeln Sie und erzählen Sie.

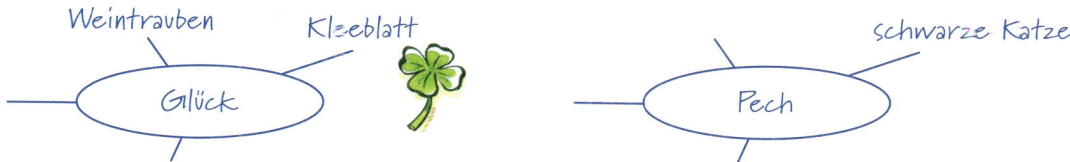

Weintrauben   Kleeblatt   schwarze Katze

Glück   Pech

◆ Bei uns in Spanien glauben wir, dass Weintrauben Glück bringen. An Silvester muss man
in den zwölf Sekunden vor Mitternacht, also bei jedem Glockenschlag, eine Weintraube essen.
Dann geht jeder Wunsch in Erfüllung.

○ Bei uns in Lettland bringt es Pech, wenn man den Regenschirm schon im Haus aufspannt.

▲ ...

1 ◀)) 7–9 E2 Mein Glücksbringer

a Welches Interview passt zu welchem Foto? Hören Sie drei Interviews und ordnen Sie zu.

A   B   C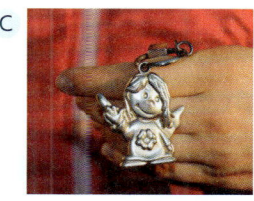

Interview	1	2	3
Foto			

b Hören Sie noch einmal und korrigieren Sie.

1 Brigitte hat den Schutzengel in Graz ~~geschenkt bekommen.~~ gekauft
Ein paar Monate später hat sie einen Mann kennengelernt.

2 Wenn es Paul in einer Stadt nicht gut gefällt, wirft er eine Münze in einen Brunnen.
Er war mit seiner Frau schon dreimal in Rom.

3 Julia hat immer einen Glücksbringer bei sich.
Der Stein in ihrem Büro erinnert sie an einen Wald.

⇄ E3 Das bringt mir Glück.

a Erzählen Sie in der Gruppe: Haben Sie einen Glücksbringer oder ein Ritual?

> Ich habe keinen Glücksbringer. Ich glaube eigentlich
> nicht an so etwas. Aber wenn ich zum Kurs laufe,
> komme ich immer an einem Stein-Löwen vorbei. ...

> Ich habe eine Muschel als Glücks-
> bringer. Die hat mir eine Freundin
> vom Meer mitgebracht.

... ist mein Glücksbringer. / Ich habe eine/n ... als Glücksbringer
Ich glaube, ... bringt mir Glück in der Liebe / im Beruf.
... beschützt mich vor ...
Ich glaube an ...
Ich habe keinen Glücksbringer und auch kein Ritual. Ich glaube nicht an so etwas.
Ich glaube nicht an Glücksbringer, aber wenn ich ..., dann ... ich immer ...

b Was wünschen Sie Ihrer Partnerin / Ihrem Partner? Schreiben Sie sieben „Glückssätze" für sie/ihn.

Ich wünsche Dir viel Gesundheit.
Ich wünsche Dir, dass deine Tochter einen guten Job findet.
...

Grammatik und Kommunikation

Grammatik

1 Präteritum: Konjugation `ÜG` 5.06

	Typ „tanken"	Typ „lassen"	Typ „bringen"
ich	tankte	ließ	brachte
du	tanktest	ließest	brachtest
er/es/sie	tankte	ließ	brachte
wir	tankten	ließen	brachten
ihr	tanktet	ließt	brachtet
sie/Sie	tankten	ließen	brachten

⚠️ -d/-t landen – landete

heute	früher / gestern / letztes Jahr / ...
er spielt	er hat gespielt / er spielte
er gewinnt	er hat gewonnen / er gewann
er kommt	er ist gekommen / er kam

ich habe geholfen, ...	ich half, ...
ich habe geholt, ...	ich holte, ...
ich war/hatte/wollte/...	ich war/hatte/wollte/...
– hört man oft in Gesprächen	– hört man oft in den Nachrichten
– liest man oft in persönlichen Briefen/E-Mails/...	– liest man oft in der Zeitung, in Berichten, in Büchern, ...

2 Konjunktion: *als* `ÜG` 10.08

Das ist vor einem Jahr passiert,	als ich noch Lotto gespielt habe.
Das ist einmal passiert.	Das ist mehr als einmal passiert.
als ...	(immer / jedes Mal) wenn ...

3 Plusquamperfekt `ÜG` 5.07

ich	hatte		ich	war	
du	hattest		du	warst	
er/es/sie	hatte	trainiert	er/es/sie	war	geflohen
wir	hatten		wir	waren	
ihr	hattet		ihr	wart	
sie/Sie	hatten		sie/Sie	waren	

Ich musste auf der Bank sitzen und zusehen, denn ich hatte mir den Fuß gebrochen.

Die schönsten Momente in Ihrem Leben. Ergänzen Sie und schreiben Sie: Was ist passiert?

Das war die Geburt von Sophia. Ich kann mich noch gut erinnern. Ich war noch am Abend ...

Geburt von meiner Tochter

Umzug nach ....

Ergänzen Sie die Sätze.
Als ich 5 Jahre alt war, ...
Als ich 10 Jahre alt war, ...
Als ich 18 Jahre alt war, ...

Was ist vorher passiert?
Schreiben Sie.

1 Ich hatte Bauchschmerzen.
2 Ich war wütend.
3 Ich hatte keine Lust auf Fußball.
4 Ich war so glücklich.
5 Ich war sehr müde.

1 Ich hatte zu viele Kirschen gegessen.

Kommunikation

ÜBER DIE VERGANGENHEIT REDEN: Ich war im Sommer ...

Ich war als Kind immer sehr glücklich, ... | Ich war im Sommer ... / an Weihnachten ... sehr froh, ... | Ich habe mir einmal sehr wehgetan, ... | ... ich 11 / ... Jahre alt war, ... | ... ich einmal ..., bin/habe ich ... | Ich fand es als Kind immer sehr aufregend, ... | Es hat mir immer gut gefallen, ... | Meine Eltern waren immer sehr zufrieden mit mir, ... | Mein Opa fand es immer sehr witzig, ...

EINEN UNFALL SCHILDERN: Der Unfall ist am ... in ... passiert.

Der Unfall ist am ... in ... passiert. | Ich bemerkte leider nicht, dass ... | Sie/ Er hatte/war gerade ... | Zur gleichen Zeit ... | Versehentlich ... | Und dann/ da/daraufhin/dabei ...

ÜBER GLÜCKSBRINGER REDEN: Ich glaube an ...

... ist mein Glücksbringer / Ich habe eine/n ... als Glücksbringer.
Ich glaube, ... bringt mir Glück in der Liebe. / im Beruf.
... beschützt mich vor ...
Ich glaube an ...
Ich habe keinen Glücksbringer und auch kein Ritual.
Ich glaube nicht an so etwas.
Ich glaube nicht an Glücksbringer, aber wenn ich ..., dann ... ich immer ...

JEMANDEM ETWAS WÜNSCHEN: Ich wünsche dir ...

Ich wünsche dir viel Gesundheit. / ...
Ich wünsche dir, dass deine Tochter einen guten Job findet.

Was ist passiert? Schreiben Sie.

Schreiben Sie einen Wunsch auf ein Papier. Legen Sie das Papier irgendwohin (in die U-Bahn, in einen Park usw.).

Liebe Fremde,
lieber Fremder, ...

Sie möchten noch mehr üben?

1 | 10–12 AUDIO-TRAINING

Lernziele

Ich kann jetzt ...

A ... über Erlebnisse in der Vergangenheit berichten: *35 Jahre lang spielte Manfred Schulze jede Woche Lotto* _____ ☺ ☺ ☹

B ... über einen Zeitpunkt in der Vergangenheit sprechen: *Ich habe zum ersten Mal für eine Zeitung geschrieben, als ich elf war.* _____ ☺ ☺ ☹

... über die Kindheit reden: *Wir haben immer viel Spaß gehabt, wenn wir an den See gefahren sind.* _____ ☺ ☺ ☹

C ... Ereignisse in der Vergangenheit chronologisch erzählen: *Ich hatte starke Bauchschmerzen, weil ich vorher viele Kirschen gegessen hatte.* _____ ☺ ☺ ☹

... über Glücksmomente sprechen: *Ich war so glücklich, weil meine Familie da ein schönes Fest gemacht hat.* _____ ☺ ☺ ☹

D ... einen Unfall beschreiben: *Der Blumentopf fiel herunter und traf meinen Hund am Kopf.* _____ ☺ ☺ ☹

E ... über Glücksbringer oder Rituale reden: *Ich habe eine Muschel als Glücksbringer.* _____ ☺ ☺ ☹

... jemandem etwas wünschen: *Ich wünsche dir viel Gesundheit.* _____ ☺ ☺ ☹

Ich kenne jetzt ...

... 10 Wörter zum Thema **Glück** und **Pech:**
der Gewinn, ...
_____
_____

... 5 Wörter zum Thema **Unfall:**
der Schaden, ...
_____
_____

Zwischendurch mal ...

Glück oder Pech?

A   B   C   D   E   F

1 ◯ Vorsicht! Es bringt Unglück, wenn man ihn zerbricht. Dann hat man sieben Jahre lang Pech.

2 ◯ Bei uns ist dieses Tier schon lange ein Symbol für Reichtum und für Glück.
Klar: Wer früher viele solche Tiere hatte, der hatte nie Hunger.

3 Ⓐ Wenn man dieses Ding über die Haustür hängt, dann können die bösen Geister
nicht ins Haus hinein. Aber die Öffnung muss nach unten sein!

4 ◯ Wenn man so eins auf der Wiese findet, bringt das Glück.
Es muss aber vier Blätter haben, nicht drei. Das ist sehr wichtig!

5 ◯ Sie soll ein Symbol für den Teufel sein und ihre Farbe steht für das Böse.
Am besten, man begegnet ihr nicht!

6 ◯ An einem solchen Tag sollen angeblich besonders viele Unglücke passieren.
Die Versicherungsstatistiken bestätigen das allerdings nicht.

1 Glück oder Pech? Ordnen Sie die Bilder den Sätzen zu.

2 Unsere Glücksseite. Schreiben Sie gute Wünsche für die anderen.
Jeder schreibt einen Wunsch. Machen Sie ein Plakat.

Dieses Kleeblatt soll uns Glück bringen.

Wir bestehen alle die Prüfung.

Heute scheint die Sonne.

...

So haben wir uns kennengelernt.

1 ◀)) 13

1 Liebe auf den ersten Blick
Hören Sie Bennos Geschichte.
Machen Sie dann Notizen.

Benno enttäuscht – Freundin verlassen –
Berge fahren ...

2 Arbeiten Sie in Gruppen. Erzählen Sie Bennos Geschichte. Jede/Jeder sagt
einen Satz. Die/Der andere beendet den Satz und beginnt einen neuen Satz.

Also, es war im Herbst. Benno ...

Benno war total enttäuscht und traurig. Deshalb ...

Deshalb hat er ... Und dann ...

Was ist Glück?

Alle wollen wissen: Wie ist das Glück?
Alle wollen wissen: Wo ist das Glück?
Alle wollen wissen: Was ist das Glück?

1.
Morgens in der U-Bahn, auf'm Weg ins Büro,
ich hatte kaum geschlafen, war sehr müde und so.
Die Frau mit dem Handy saß mir gegenüber.
Sie wirkte sympathisch, ich sah zu ihr rüber.

Irgendwann bemerkte sie meinen Blick.
Ich lächelte sie an. Sie lächelte zurück.
Ich lächelte sie an. Sie lächelte zurück.

Ja, so einfach ist die Sache: Das ist das Glück!
Jeder gibt ein Stück und jeder kriegt was zurück.
Jeder gibt was her und trotzdem haben alle mehr.

2.
Ich kaufte ein Brötchen mit Käse und Speck
in der Mittagspause beim Kiosk am Eck.
Ein Spatz kam geflogen und er guckte mir zu.
Und ich sagte: „Ja, hallo, wer bist denn du?"

Der Spatz sah das Brötchen an und machte „Tschipp!"
Da kapierte ich es endlich und gab ihm ein Stück.
Er machte „Tschipp!" und ich gab ihm ein Stück.

Ja, so einfach ist die Sache: Das ist das Glück!
Jeder gibt ein Stück und jeder kriegt was zurück.
Jeder gibt was her und trotzdem haben alle mehr.

1 🔊 14   **1** Hören Sie das Gedicht. Was bedeutet für den Autor Glück? Sprechen Sie.

2 Welche Dinge/Momente in Ihrem Alltag sind für Sie Glück?
Worüber freuen Sie sich? Schreiben Sie fünf Sätze. Lesen Sie sie dann vor.

> Glück ist, wenn …
> … mein Mann mir morgens einen Kaffee ans Bett bringt und er
> schon den Frühstückstisch gedeckt hat. … Und wenn ich ihm …

Unterhaltung

Folge 2: *Ein Abend, der nicht so toll war.*

1 Ein Fernsehabend

a Sehen Sie die Fotos an. Was passiert in der Geschichte mit Ella, Vivi und Max? Was meinen Sie? Schreiben Sie zu jedem Foto ein bis zwei Sätze.

> • die Serie   • die Folge   • der Darsteller   sich streiten
> sich langweilen   lustig finden   lachen   …

1 15–18
b Hören Sie und vergleichen Sie.
Was ist in Ihrer Geschichte anders? Sprechen Sie.

> *In meiner Geschichte streiten sich Ella und Max.*

> *Und in meiner reden die drei nicht über …*

Vivi   Max

„Die Serie, die ich machen würde“
von Ella Wegmann

Ellas Tag

Wenn ich auf einer Party mit Leuten ins Gespräch kommen möchte, frage ich nach ihrer TV-Lieblingsserie. Welche ist es? Welche Charaktere magst du besonders, welche hasst du? Es ist erstaunlich, wie viel ich damit über meine Gesprächspartner erfahre, obwohl wir ja nur übers Fernsehen reden. Gestern habe ich die Frage mal anders gestellt: „Welche Serie würdest du selbst
5 gern machen?“ Hier die zwei interessantesten Antworten:

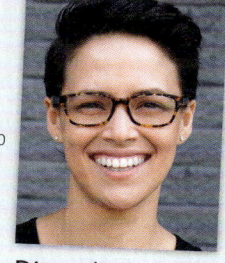

„Wir sehen überall nur Probleme, obwohl es den meisten von uns echt supergut geht. Mein
10 Wunschserienheld hätte dauernd Pech. Die Leute würden sagen, er ist ein Verlierer, aber das stimmt nicht, denn er ist ein Typ,
15 der immer optimistisch bleibt. Der sich nie beschwert, obwohl er wirklich Grund zum Jammern hätte. Ein Verlierer, der eigentlich ein Gewinner ist.“

Diana (27)

„Ich esse sehr gern, ich
20 glaube, das sieht man. Meine Serie würde in einem tollen Restaurant spielen. Eine der Hauptfiguren wäre eine Köchin, die unglaublich gut kochen kann. Jeder, der
25 ihr Essen probiert hat,
würde am liebsten täglich in dieses Restaurant gehen. Ich glaube, man könnte da ziemlich
30 lustige und verrückte Geschichten erfinden.“

Slavoj (32)

2 Ellas Kolumne

a Lesen Sie die Kolumne und beantworten Sie die Fragen.

- Was möchte Ella wissen?
- Worum geht es in Dianas Serie?
- Worum geht es in Slavojs Serie?

> Ella möchte wissen, welche …

1 ◄)) 19–20 **b** Hören Sie zwei Gespräche (1–2). Welches Gespräch passt zu welcher Serie? Ordnen Sie zu

	Dianas Serie	Slavojs Serie
Gespräch	○	○

3 Sehen Sie gern Serien? Wenn ja, welche? Wenn nein, warum nicht? Erzählen Sie.

> Ich liebe „Game of Thrones!“ Ich habe alle Folgen gesehen und warte auf die nächste Staffel!

> Was? „Game of Thrones“ schaue ich nicht an. Das ist mir zu brutal.

> Ich finde alle Serien doof. Ich schaue lieber Spielfilme an.

Ellas Film

A ... **obwohl** du sie schon ... gesehen hast.

A1 Was ist richtig? Wissen Sie es noch? Verbinden Sie.

a Max sieht die Serie an,   obwohl sie gute Freundinnen sind.
b Ella und Vivi gehen,   obwohl er sie schon dreimal gesehen hat.
c Ella und Vivi streiten sich,   weil sie die Serie nicht lustig finden.

> Max sieht die Serie an, obwohl er sie schon dreimal gesehen hat.

1 🔊) 21–23 A2 Meine Lieblingsserie

a Welches Foto (A – C) passt zu welchem Hörtext (1–3)? Hören Sie und ordnen Sie zu.

A

B

C

Text	1	2	3
Foto			

b Wer sagt was? Kreuzen Sie an.
  Hören Sie dann noch einmal und vergleichen Sie.

	Jonas	Julia	Sarah
1 Ich kann keine Operationen und kein Blut sehen.	○	○	○
2 Meine Lieblingsserie ist natürlich eine Kriminalserie.	○	○	○
3 Meine Lieblingsserie spielt in einem Büro und ist wahnsinnig witzig.	○	○	○
4 Ich kenne schon alle Folgen.	○	○	○
5 Natürlich arbeiten die Hauptfiguren nicht nur, sie haben auch ein sehr aufregendes Privatleben.	○	○	○
6 Eine der Hauptfiguren veröffentlicht im Internet alle Fälle.	○	○	○

c Schreiben Sie Sätze mit *weil* oder *obwohl*.

1 Ich kann kein Blut sehen. Meine Lieblingsserie ist eine Krankenhausserie.
2 Meine Lieblingsserie ist natürlich eine Kriminalserie. Ich liebe Krimis.
3 Das hört sich nicht besonders interessant an. Die Serie ist wahnsinnig lustig.
4 Ich kenne alle Folgen schon. Ich sehe sie immer noch regelmäßig an.
5 Watson veröffentlicht alle Fälle im Internet. Holmes möchte das nicht.

> 1 Obwohl ich kein Blut sehen kann,
>   ist meine Lieblingsserie eine Krankenhausserie.
> 2 Meine Lieblingsserie ...

A3 Das finde ich total langweilig.

1 ◀)) 24   **a** Hören Sie und ergänzen Sie. Hören Sie dann noch einmal und vergleichen Sie.

◆ Wie kann man nur so eine Serie machen? Die ist _wirklich_ langweilig.

○ Langweilig? Ich verstehe dich nicht. Die ist doch _____ spannend.

◆ Also, ich finde das _____ spannend.

Das Ende ist doch jetzt schon _____ klar.

○ Aber die Schauspieler sind super, findest du nicht?

◆ Super? Ich finde die _____ gut!

Ich finde die sogar _____ schlecht.

Also, ich mag diese Serie _____ .

Schauen wir doch was anderes an!

○ Ach komm! Ich finde _____ nervig, dass du immer meckern musst.

b Ordnen Sie zu.

überhaupt nicht   ~~ziemlich~~   nicht so   total   echt   gar nicht

++	+	−	− −
	ziemlich		
	wirklich	nicht besonders	
besonders			

⇄ A4 Das ist echt spannend!

📱 **a** Welche Serie mögen Sie besonders gern? Machen Sie ein Plakat.

Titel: Outlander
kommt: aus den USA
Hauptfiguren/Schauspieler:
Krankenschwester Claire, …
Zeit: vor über 200 Jahren
Handlung: Claire gerät aus
Versehen zurück in
die Vergangenheit. …

SCHON FERTIG? Diese Serie mag ich gar nicht. Schreiben Sie.

b Arbeiten Sie in Gruppen.
Stellen Sie Ihre Serie vor. Die anderen stellen Fragen dazu.

Meine Lieblingsserie heißt …

Sie kommt aus … / wird in … gedreht.

Die Hauptfigur ist / Die Hauptfiguren sind …

Die Serie spielt in der heutigen Zeit. / vor … Jahren.

In der Serie geht es um … / Die Serie handelt von …

Obwohl ich Krimis/Liebesgeschichten/Komödien … eigentlich nicht mag, …

Weil ich Krimis/Liebesgeschichten/… besonders gern mag, …

Besonders/Echt/Total/… spannend/lustig/interessant finde ich / ist …

Meine Lieblingsserie heißt „Outlander". Sie kommt … und spielt …

Seit wann gibt es die Serie denn?

Welche Folge gefällt dir besonders gut?

B Eine Köchin, **die** unglaublich gut kochen kann.

B1 Meine Hauptfigur wäre …

a Verbinden Sie.

1 Mein Serienheld wäre ein Mann,   die zusammen durch die ganze Welt reisen.
2 Meine Hauptfigur wäre eine Köchin,   der immer optimistisch bleibt.
3 In meiner Serie geht es um ein Ehepaar,   die unglaublich gut kochen kann.
4 Meine Hauptfiguren wären Hip-Hop-Musiker,   das eine Flüchtlingsfamilie bei sich aufnimmt.

ein Mann,	• der	
ein Ehepaar,	• das	unglaublich gut kochen kann/können.
eine Köchin,	• die	
Musiker,	• die	

b Arbeiten Sie zu zweit. Wer wäre Ihre Hauptfigur? Schreiben Sie drei Sätze.
Zerschneiden Sie die Sätze und tauschen Sie mit einem anderen Paar. Was gehört zusammen?
Bilden Sie Sätze.

> *Meine Hauptfigur wäre eine Sängerin,*   *die keinen Erfolg hat.*

B2 Deutschsprachige Musiker

a Sehen Sie die Fotos an und sprechen Sie.

– Welche Musiker auf den Fotos kennen Sie?
– Kennen Sie Hip-Hop? Welche Gruppen/Bands kennen Sie? Mögen Sie Hip-Hop?
– Was ist Ihre Lieblingsmusik?

Hip-Hop ist in Deutschland sehr beliebt – vor allem bei Jugendlichen. In den 1980er-Jahren kam die Musik, die unter Afroamerikanern in den USA entstanden war, nach Europa. Hip-Hop, das sind elektronisch produzierte Beats mit einem schnell gesprochenen Text, dem sogenannten Rap. Die Texte handelten meist vom schwierigen Leben in den Großstädten der USA, von Geldproblemen, von Problemen mit der Polizei
5 und vom Wunsch nach einem besseren Leben.

Die ersten deutschen Hip-Hop-Musiker rappten auf Englisch, inzwischen aber rappen die meisten auf Deutsch. Anfangs konnte man sich das nur schwer vorstellen: Rappen auf Deutsch? Niemals! Das änderte sich 1992, als *Die Fantastischen Vier* aus Stuttgart mit dem Song „Die da" einen Hit hatten. Sie rappten nicht nur auf Deutsch, ihre Texte
10 waren außerdem positiv und lustig. Das war völlig neu. Danach wurde der deutschsprachige Hip-Hop der sogenannten „Neuen Schule", zu der Bands wie *Fettes Brot*, *Absolute Beginner* oder *Deichkind* gehören, immer beliebter. Sie rappen mit Wortwitz und Humor über alltägliche Dinge. Hip-Hop ist für sie eine Partymusik, die Spaß machen soll.

Es gibt aber auch sogenannte deutsche „Gangsta-Rapper". In ihren Texten geht es oft
15 um Gewalt, Geld und Kriminalität. Manche dieser Rapper sprechen in ihren Texten außerdem schlecht über Frauen oder Homosexuelle. Dafür werden sie kritisiert. Doch: Die Stars der Szene verdienen damit viel Geld. Einer von ihnen, der Rapper *Kollegah*, war 2015 der erfolgreichste deutsche Musiker.

Viele deutsche Hip-Hop-Musiker – viele von ihnen mit ausländischen Wurzeln –
20 beschäftigen sich auch mit sozialen Themen. In ihren Texten geht es um Arbeitslosigkeit, Rassismus, das Leben auf der Straße oder die Probleme von Migranten. Zum Beispiel der Berliner *Uchenna* van Capelleveen, der holländisch-nigerianische Wurzeln hat und den man unter dem Namen *Megaloh* kennt. Viele seiner Texte handeln von seinem Job als Lagerarbeiter, mit dem er den Lebensunterhalt für seine Familie und
25 sich verdient. Er singt von seinem Traum, eines Tages nur von der Musik leben zu können, und von dem schwierigen Weg dorthin.

b Lesen Sie den Text in a und ergänzen Sie Informationen mit Ihrer Partnerin / Ihrem Partner. Vergleichen Sie dann im Kurs.

singen auf Deutsch

der Berliner,	• den		ein Job, mit	• dem	
das Kind,	• das	man unter dem	ein Arbeitsverhältnis, mit	• dem	er seinen
die Berlinerin,	• die	Namen ... kennt.	eine Arbeit, mit	• der	Lebensunterhalt
die Berliner,	• die		Jobs, mit	• denen	verdient.

B3 Ergänzen Sie.

SCHON FERTIG? Suchen Sie im Internet Musik von *Megaloh* und *Silbermond*.

a Megaloh ist ein Musiker, ...
- _den_ viele gern kennenlernen würden.
- mit _____ man gern über Musik sprechen würde.
- _____ am 27. Februar 1981 in Frankfurt am Main geboren wurde.

b Stefanie Kloß ist eine Sängerin, ...
- _____ aus Sachsen kommt.
- _____ man oft im Radio hören kann.

Die Band, mit _____ sie auftritt, heißt „Silbermond".

B4 Kennst du jemanden, der ...?

Ergänzen Sie: *dem/das/die*, ... Fragen Sie dann im Kurs. Wer findet zuerst zu jeder Frage eine Person, die mit „Ja" antwortet? Notieren Sie die Namen.

		Name
1	Hast du einen Freund, _dem_ immer alles gelingt?	Samir
2	Gibt es eine berühmte Person, _____ du gern mal treffen würdest?	
3	Kennst du eine Frau, _____ mehr als drei Geschwister hat?	
4	Hast du eine Freundin, _____ du alles erzählen kannst?	
5	Kennst du jemanden, _____ dir schon einmal einen wichtigen Rat gegeben hat?	
6	Hast du einen Freund, mit _____ du schon länger als 10 Jahre befreundet bist?	
7	Kennst du ein Ehepaar, _____ schon länger als 30 Jahre verheiratet ist?	
8	Erinnerst du dich an die Person, _____ dir zuletzt etwas geschenkt hat?	
9	Erinnerst du dich an die Person, _____ du zuletzt etwas geschenkt hast?	
10	Gibt es einen Gegenstand, _____ du immer bei dir hast?	

Samir, hast du einen Freund, dem immer alles gelingt?

Ja, mein bester Freund Sinan. Schon in der Schule konnte er jede Aufgabe lösen und hatte immer die besten Noten.

C Wie wäre es, wenn …?

C1 Lesen Sie die Texte und ordnen Sie die Plakate zu.

A

B

C
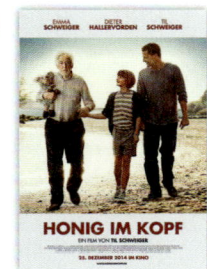

1 ◯ Die Komödie erzählt mit viel Humor und Einfühlungsvermögen die Geschichte von Hüseyin Yilmaz und seiner Familie, die Ende der 1960er-Jahre ihre Heimat Türkei verlassen und nach Deutschland auswandern. Der Film begleitet die Familie auf eine gemeinsame Reise in die Türkei – und damit in ihre Vergangenheit.

2 ◯ Zeichentrickfilm für Groß und Klein: Der kleine Tiger und der kleine Bär leben zufrieden in ihrem Häuschen am Fluss. Eines Tages wird eine Kiste ans Ufer gespült. Außen steht „Panama" – innen riecht sie nach Bananen. Die beiden Freunde möchten das Land unbedingt finden. Auf ihrer Reise begegnen sie vielen Tieren und erleben zahlreiche Abenteuer.

3 ◯ Die Geschichte einer ganz besonderen Liebe: die Liebe zwischen der 11-jährigen Tilda und ihrem an Alzheimer erkrankten Großvater Amandus. Amandus soll auf Wunsch von Tildas Eltern in ein Pflegeheim, doch das will Tilda auf keinen Fall. Sie will ihrem Großvater ohne das Wissen ihrer Eltern einen Wunsch erfüllen: noch einmal Venedig sehen. Und so beginnt ein ganz besonderes Abenteuer.

C2 Diskussion: sich einigen

a Ein Satz in jeder Kategorie passt nicht. Streichen Sie ihn und ordnen Sie richtig zu.

etwas vorschlagen	Wir könnten doch … Das ist sicher interessant/lustig/spannend, weil … Wie wäre es, wenn …? | Lasst uns doch … | ~~Ich finde das nicht so gut~~. Ich habe da einen Vorschlag: Wollen wir …?
etwas ablehnen	Das kommt für mich nicht infrage. | Ich bin (auch) dafür. Gute Idee! … mag ich nicht so gern, weil … | Muss das sein? Das ist doch langweilig. Also, ich weiß nicht, das hört sich nicht so interessant an. Ich finde das keine so gute Idee. | Das möchte ich wirklich nicht. Das Thema interessiert mich nicht (so). *Ich finde das nicht so gut.*
einen Gegenvorschlag machen	Ich würde lieber … | Ich finde das besser, weil … | Nein, auf keinen Fall. Ich mag lieber … | Ja, das ist schon möglich, aber …
zustimmen / sich einigen	Das finde ich auch. | Da hast du völlig recht. | Das ist ein guter Vorschlag! Gut, dann … | Einverstanden! | Genau! | In Ordnung. Lass uns das machen. | Okay, das machen wir. | Habt ihr Lust auf …?

b Arbeiten Sie zu dritt. Jeder sucht sich einen anderen Film aus C1 aus.
  Erklären Sie, warum alle „Ihren" Film ansehen sollten.

◆ Wie wäre es, wenn wir uns heute Abend „Honig im Kopf" ansehen?
  Es geht um ein Mädchen, das …
○ Also ich weiß nicht, das hört sich nicht so interessant an.
▲ …

D1 Tägliche Mediennutzungsdauer in Minuten pro Tag

a Sehen Sie die Statistik an. Was meinen Sie: Welche Medien werden täglich wie
lange genutzt? Ordnen Sie zu.

1 Fernsehen 2 Zeitungen/Zeitschriften 3 Rundfunk 4 Bücher 5 DVD 6 Internet 7 CD/MP3

Das vermute ich:							
Das steht im Text:		3					

b Lesen Sie nun den Text zur Statistik. Markieren Sie die Medien und ergänzen Sie
die richtigen Ergebnisse in der Statistik.

Die Deutschen sehen täglich dreieinhalb Stunden fern.

Die Fernsehsender ARD und ZDF haben rund 4000 Deutsche befragt, wie lange sie jeden Tag
Medien nutzen. Die Überraschung: Das Fernsehen ist mit knapp dreieinhalb Stunden,
also 208 Minuten pro Tag, für die Deutschen am wichtigsten. Aber: Die 14 bis 29-Jährigen nutzen
das Internet jetzt schon mehr als das Fernsehen. Auch der Rundfunk bleibt für die Deutschen
mit rund drei Stunden pro Tag weiter wichtig. Musik von CD oder MP3 hören die jungen
Deutschen zwischen 14 und 29 ungefähr doppelt so viel wie alle Deutschen. Zeitungen und
Zeitschriften lesen Menschen jeden Alters mit 22 und 19 Minuten fast gleich lange.
Die Deutschen lesen aber mehr Bücher als Zeitungen. DVDs sind mit unter 10 Minuten pro Tag
für alle relativ unwichtig.

c Vergleichen Sie mit Ihren Vermutungen in a. Welche Ergebnisse finden Sie erstaunlich?
Sprechen Sie mit Ihrer Partnerin / Ihrem Partner.

D2 Lesen, Musik hören, fernsehen, im Internet surfen

a Machen Sie Notizen. Was machen Sie am liebsten? Wie oft? Wie lange? Wann? Wo?

	Was?	Wie oft? / Wie lange?	Wann? / Wo?
Fernsehen	Krimis	am Wochenende	abends zu Hause

b Sprechen Sie mit Ihrer Partnerin / Ihrem Partner.

Grammatik und Kommunikation

Grammatik

1 Konjunktion: *obwohl* ÜG 10.09

Max sieht die Serie an,	obwohl er sie schon dreimal gesehen hat.

Schreiben Sie vier Sätze mit *obwohl*.
Gestern bin ich ...,
Letzte Woche habe ich ...,
Letztes Jahr bin ich ...,
Morgen fahre ich ...,

2 Gradpartikeln ÜG 7.03

++	+	–	– –
echt	ziemlich	nicht so	gar nicht
total	wirklich	nicht besonders	überhaupt nicht
besonders			

Ergänzen Sie.

Du bist die Frau, _____ mich wirklich liebt!

Du bist der Mensch, _____ ich am meisten liebe!

Das ist das Lied, _____ ich nur für dich singe!

3 Relativpronomen und Relativsatz ÜG 10.14

Nominativ

ein Mann,	• der	
ein Ehepaar,	• das	unglaublich gut kochen kann/können.
eine Köchin,	• die	
Musiker,	• die	

Akkusativ

der Berliner,	• den	
das Kind,	• das	man unter dem Namen ... kennt.
die Berlinerin,	• die	
die Berliner,	• die	

Dativ

ein Job, mit	• dem	
ein Arbeitsverhältnis, mit	• dem	er seinen
eine Arbeit, mit	• der	Lebensunterhalt verdient.
Jobs, mit	• denen	

Was sagt die Frau? Schreiben Sie.
Du bist der Mann, der ...

Kommunikation

DIE LIEBLINGSSERIE BESCHREIBEN: In der Serie geht es um ...

Meine Lieblingsserie heißt ...
Sie kommt aus ... / wird in ... gedreht.
Die Hauptfigur ist / Die Hauptfiguren sind ...
Die Serie spielt in der heutigen Zeit. / vor ... Jahren.
In der Serie geht es um ... / Die Serie handelt von ...
Obwohl ich Krimis/Liebesgeschichten/Komödien ... eigentlich nicht mag, ...
Weil ich Krimis/Liebesgeschichten/... besonders gern mag, ...
Besonders/Echt/Total/... spannend/lustig/interessant finde ich / ist ...

Mein Lieblingsfilm/Lieblingsbuch/Lieblings... Schreiben Sie.

Mein Lieblingsfilm heißt ...

SICH NACH PERSONEN ERKUNDIGEN: Kennst du ...?

Hast du einen Freund, der/den/dem ...?

Kennst du ..., der/den/dem ...?

Erinnerst du dich an ..., der/den/dem ...?

Gibt es ..., der/den/dem ...?

ETWAS VORSCHLAGEN: Lass uns doch ...

Wir könnten doch ... | Habt ihr Lust auf ... ?

Das ist sicher interessant/lustig/spannend, weil ...

Wie wäre es, wenn ...? | Lasst uns doch ... | Ich habe da einen
Vorschlag: Wollen wir ...?

ETWAS ABLEHNEN: Das möchte ich wirklich nicht.

Das kommt für mich nicht infrage.

... mag ich nicht so gern, weil ...

Also, ich weiß nicht, das hört sich nicht so interessant an.

Ich finde das keine so gute Idee. | Ich finde das nicht so gut.

Muss das sein? Das ist doch langweilig.

Das möchte ich wirklich nicht. | Nein, auf keinen Fall.

Das Thema interessiert mich nicht (so).

EINEN GEGENVORSCHLAG MACHEN: Ich mag lieber ...

Ich würde lieber ...

Ich finde das besser, weil ...

Ich mag lieber ...

ZUSTIMMEN / SICH EINIGEN: Das ist ein guter Vorschlag!

Das finde ich auch. | Da hast du völlig recht.

Das ist ein guter Vorschlag! | Gut, dann ...

Einverstanden! | Genau! | In Ordnung.

Lass uns das machen. | Okay, das machen wir.

Ich bin (auch) dafür. Gute Idee.

Wie einigen sich Luisa und Paul?
Schreiben Sie das Gespräch weiter.

Ich will jetzt unbedingt joggen. Das Wetter ist so schön. Bitte komm mit.

Aber wir wollten doch zusammen den Film im Fernsehen anschauen. Der läuft jetzt!

Sie möchten noch mehr üben?

1 | 25–27
AUDIO-
TRAINING

Lernziele

Ich kann jetzt ...

A ... von meiner Lieblingsserie erzählen: *Meine Lieblingsserie*
 heißt Outlander. Sie kommt aus den USA und spielt in ... ____ 😊 😐 ☹

B ... Personen und Gegenstände genauer beschreiben: *Megaloh*
 ist ein Musiker, den viele gern kennenlernen würden. ____ 😊 😐 ☹

C ... mich in einer Diskussion einigen: *Das ist ein guter Vorschlag!* ____ 😊 😐 ☹

D ... eine Statistik verstehen: *Die Deutschen sehen täglich*
 dreieinhalb Stunden fern. ____ 😊 😐 ☹

Ich kenne jetzt ...

... 10 Wörter zum Thema
Kino und *Fernsehen*:

die Serie, ...

____

____

Zwischendurch mal …

HÖREN

Mein Lieblingssong
Tausendmal gehört

1 Sehen Sie die Fotos an. Was meinen Sie? Von wann sind sie? Wie alt sind die Personen auf den Fotos?

1 ◀)) 28   2 Hören Sie das Gespräch. Wer spricht? Worüber sprechen die Personen? Sprechen Sie.

3 Haben Sie auch einen Lieblingssong? An welche Personen und Erlebnisse denken Sie? Erzählen Sie.

LESEN

Frau Holle

Es war einmal eine Mutter, die hatte zwei Töchter. Die eine war schön und fleißig,
die andere war hässlich und faul. Aber nicht die Fleißige, nein, die Faule war Mutters
Liebling. Immer hat sie das beste Essen und die schönsten Kleider bekommen. Und
die Fleißige? Sie muss die ganze Hausarbeit machen. Von früh bis spät muss sie putzen
5 und aufräumen, einkaufen, kochen, waschen und sich um den Garten kümmern.
Trotzdem bekommt sie nur alte Kleider und schlechtes Essen. Nie hört sie ein freundliches Wort oder ein „Dankeschön".
Das Wasser zum Kochen und Waschen holt sie aus einem tiefen Brunnen im Garten.
Eines Tages passt sie nicht richtig auf und fällt in den Brunnen. Sie fällt und fällt
10 und plötzlich wird alles um sie herum schwarz …

1 „Frau Holle" ist ein bekanntes deutsches Märchen.
Lesen Sie den Anfang des Märchens. Was ist richtig? Kreuzen Sie an.

a ○ Eine Tochter ist hässlich, aber sehr fleißig.
b ○ Die Mutter mag beide Töchter sehr gern.
c ○ Die schöne Tochter muss viel arbeiten.

d ○ Sie bekommt dafür schöne Kleider
    und leckeres Essen.
e ○ Die schöne Tochter fällt in einen tiefen Brunnen.

2 Wie geht das Märchen weiter? Ordnen Sie die Sätze. Lösen Sie dann das Rätsel.

○ I Frau Holle ist sehr unzufrieden mit ihr.
① G Die fleißige Tochter wacht in der Welt von Frau Holle auf.
○ A Nun soll die faule Tochter zu Frau Holle gehen und Gold verdienen.
○ E Sie bekommt schwarzes Pech, das für immer an ihrem Körper klebt.
○ R Sie wohnt auch bei Frau Holle, aber sie arbeitet nicht.
○ L Frau Holle ist sehr zufrieden mit ihr.
② O Sie wohnt bei Frau Holle und hilft ihr sehr gern bei der Arbeit.
⑤ M Zuhause sehen die Mutter und die Schwester das Gold.
○ D Zum Abschied schenkt Frau Holle ihr viel Gold.

So heißt die fleißige Tochter:

1	2	3	4	5	6	7	8	9
G	O			M				

LIED

Die Serie,
die ich so gerne seh'

1. Ich weiß schon: Die Küche müsst' ich putzen.
Doch darauf hab' ich wirklich keine Lust.
Und der Müll, der im Flur steht, hätte gestern schon
runter in die Tonne gemusst.
Soll ich den Hintern also jetzt vom Sofa heben?
Die Fernbedienung auf den Couchtisch legen?
Soll ich hinuntergehen ... hinaus in diesen Regen?

Zum Glück gibt's ja die Serie, die ich immer gern seh'.
Der Müll muss warten, ich kann jetzt nicht runtergehen.
Hach, supertoll! Die Serie, die ich wirklich gern seh'!
Da muss ich gleich die nächste Folge sehen, ... ja!
Da muss ich gleich die nächste Folge sehen.

2. Ja richtig: Oma wollt' ich lange schon besuchen!
Mindestens seit einem Vierteljahr ...
Aber heute geht das nicht, denn ich muss lernen
für die Prüfung übermorgen, ist ja klar!
Muss ich also jetzt zum Schreibtisch gehen?
Muss ich in das blöde Lehrbuch sehen?
Obwohl ich weiß: Ich werde nichts verstehen?

Zum Glück gibt's ja die Serie, die ich immer gern seh'.
Und zu Oma werd' ich nächste Woche gehen.
Hach, supertoll! Die Serie, die ich wirklich gern seh'!
Da muss ich gleich noch eine Folge sehen, ... jaa!
Da muss ich gleich noch eine Folge sehen!

1 Hören Sie das Lied. Was muss die Person eigentlich machen? Kreuzen Sie an.

| A | B | C | D | E | F | G |

2 Verschieben Sie auch manchmal Dinge, auf die Sie keine Lust haben?

Ja, klar! Es fällt mir oft schwer, nach der Arbeit noch Sport zu machen. Dann lege ich mich oft lieber auf mein Sofa.

3 Hören Sie das Lied noch einmal und singen Sie mit.

Gesund bleiben

Folge 3: Sami hat Stress.

1 ◀))) 30–33

1 Sehen Sie die Fotos an. Warum gehen Sami und Ella in den Park?

Was meinen Sie? Kreuzen Sie an. Hören Sie dann und vergleichen Sie.

a Sami und Ella ○ haben einen beruflichen Termin. ○ machen eine Pause.
b ○ Sami ○ Ella   hat Magenschmerzen.
c ○ Ella gibt Sami ○ Sami gibt Ella   einen Ratschlag.

1 ◀))) 30–33

2 Was ist richtig? Hören Sie noch einmal und kreuzen Sie an.

a Sami hat ○ einen Termin ○ Stress   und kann sich nicht ○ konzentrieren. ○ entspannen.
b Er meint, dass er keine ○ Zeit für ○ Lust auf   eine Pause hat.
c Ella kann Sami trotzdem zu einem Spaziergang überreden. Sie meint, dass er wegen der
   Magenschmerzen unbedingt ○ zu einem Arzt ○ an die frische Luft   gehen sollte.
d Sami erzählt, dass er nach dem ○ Sport ○ Spaziergang   schon viel entspannter arbeiten
   konnte und den Termin beim Arzt schon ○ vereinbart ○ abgesagt   hat.

Komm, entspann dich!

Sieben ganz einfache Anti-Stress-Mittel

1 Schlaf

Zu wenig Schlaf ist einer der schlimmsten Stressfaktoren. Wer nachts gut und tief schläft, kann den Stress des Tages viel besser
5 aushalten. Regelmäßiger gesunder Schlaf ist die Grundlage jeder Entspannung.

2 Bewegung

Die meisten von uns sitzen den ganzen Tag im Büro. Unser Körper braucht aber Bewegung.
10 Das baut Stress ab und hält uns fit und gesund. Auf ausreichend Bewegung bei der Arbeit und in der Freizeit sollte deshalb besonders geachtet werden.

5 Ernährung

15 Der Mensch ist, was er isst. Gesund essen bedeutet: viel Obst und Gemüse, wenig Fleisch, Fett und Zucker. Drei Mahlzeiten am Tag sind ideal. Regelmäßiger Alkoholgenuss sollte vermieden werden. Zu viel Koffein ist ebenfalls
20 nicht gut für die Entspannung.

Hallo Sami!
Ein paar Tipps für dich.

LG Ella

---

1 🔊 34 **3 Hören Sie noch einmal die Geschichte vom Holzfäller und erzählen Sie.**

10 Bäume fällen   lange dauern   Axt   nicht scharf

erst 10 Bäume schaffen

keine Zeit – Axt nicht schärfen

anderer Holzfäller Tipp geben: Axt schärfen – schneller fertig sein

Ella erzählt die Geschichte vom Holzfäller: Der Holzfäller soll ...

4 Komm, entspann dich!

Überfliegen Sie den Text. Welcher Tipp ist für Sami besonders wichtig?
Was meinen Sie? Sprechen Sie.

Ich glaube, Tipp 5 ist für Sami besonders wichtig. Er sollte gesünder essen, dann hätte er keine Magenschmerzen.

Ellas Film

A Auf Bewegung **sollte geachtet werden.**

A1 Sieben ganz einfache Anti-Stress-Mittel

a Lesen Sie jetzt den ganzen Text und finden Sie passende Überschriften zu den Tipps 3, 4, 6 und 7. Vergleichen Sie im Kurs.

Komm, entspann dich!

Sieben ganz einfache Anti-Stress-Mittel

1 Schlaf

Zu wenig Schlaf ist einer der schlimmsten Stressfaktoren. Wer nachts gut und tief schläft, kann den Stress des Tages viel besser
5 aushalten. Regelmäßiger gesunder Schlaf ist die Grundlage jeder Entspannung.

2 Bewegung

Die meisten von uns sitzen den ganzen Tag im Büro. Unser Körper braucht aber Bewegung.
10 Das baut Stress ab und hält uns fit und gesund. Auf ausreichend Bewegung bei der Arbeit und in der Freizeit sollte deshalb besonders geachtet werden.

3 _____

15 Egal, ob Sie Musik hören, ob Sie dazu tanzen oder selbst Musik machen: Musik kann ein ganz wunderbares Anti-Stress-Mittel sein. Es kommt aber auf die Art der Musik an. Finden Sie heraus, welche Musikstücke für Ihre persönliche
20 Entspannung am besten sind.

4 _____

Gestresste Menschen atmen schnell und flach. Wer sich entspannen will, sollte langsam und tief einatmen, die Luft ein paar Sekunden lang
25 anhalten und dann lange und sanft wieder ausatmen. Erleben Sie die positive Wirkung des richtigen Atmens!

5 Ernährung

Der Mensch ist, was er isst. Gesund essen
30 bedeutet: viel Obst und Gemüse, wenig Fleisch, Fett und Zucker. Drei Mahlzeiten am Tag sind ideal. Regelmäßiger Alkoholgenuss sollte vermieden werden. Zu viel Koffein ist ebenfalls nicht gut für die Entspannung.

35 6 _____

Wer Angst hat und Schlimmes befürchtet, kann sich nur schlecht oder gar nicht entspannen. Wer lustig ist und öfter mal lacht, hat weniger Probleme mit der Entspannung.
40 Also: positiv denken und sich nicht so viele Sorgen machen. Dadurch können neue Kräfte gesammelt werden.

7 _____

Machen Sie oft mehrere Dinge gleichzeitig?
45 Kein Wunder, dass Sie gestresst und erschöpft sind! Konzentrieren Sie sich auf eine Sache und machen Sie sie fertig. Dann erst wird die nächste erledigt. So erzielen Sie bessere Ergebnisse mit weniger Stress.

b Arbeiten Sie zu dritt. Jede Person wählt zwei Tipps aus und stellt sie in der Gruppe vor.

> _Ich habe den Tipp zum Schlaf gelesen. In dem Tipp wird gesagt, dass ausreichend Schlaf besonders wichtig ist. Wenn wir zu wenig oder schlecht schlafen, können wir nicht gut mit Stress umgehen. ..._

A2 Wie finden Sie die Tipps aus A1 und wie ist das bei Ihnen?

Arbeiten Sie in Gruppen und erzählen Sie.

> *Schlaf finde ich auch wichtig. Aber leider schlafe ich nicht ausreichend. Ich kann nur schlecht einschlafen und wache nachts dauernd auf. Und ihr?*

> *Ja, das ist bei mir auch so. Und durch den Schlafmangel bin ich dann tagsüber extrem müde und gestresst.*

A3 Lesen Sie den Text in A1 noch einmal und ergänzen Sie dann die Tabelle.

Auf ausreichend Bewegung _sollte_ besonders _geachtet werden_ .	
Regelmäßiger Alkoholgenuss _____ .	
Dadurch _____ neue Kräfte _____ .	

auch so: dürfen, wollen, müssen, …

A4 Sami hat einen Termin beim Arzt. Was muss gemacht werden?

Schreiben Sie und vergleichen Sie mit Ihrer Partnerin / Ihrem Partner.

A

B

C

D

- der Blutdruck – messen
- Blut – abnehmen
- das Gewicht – prüfen
- der Bauch – untersuchen

> A: Der Blutdruck muss
> …

A5 Was muss hier alles gemacht werden? Schreiben Sie mindestens fünf Sätze.

> Der Abfalleimer muss geleert werden.

B Man holt sich den Rat **eines Fachmanns**.

B1 Ihre Krankenkasse rät: Tipps für Ihre Gesundheit

a Was passt? Lesen Sie und ordnen Sie zu.

A

B

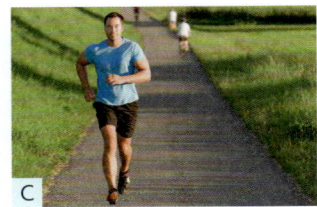
C

1 ○ Wenn Sie zu viel sitzen und nicht ausreichend Bewegung haben, sollten Sie auf den Rat einer Spezialistin hören: Machen Sie regelmäßig Sport zur Verbesserung ==der Fitness.== Fangen Sie einmal pro Woche an und erhöhen Sie langsam die Häufigkeit des Trainings.

2 ○ Bei Rückenschmerzen sollten Sie regelmäßig Gymnastik zur Kräftigung des Rückens und der Beine machen. Das ist besser als die Einnahme eines Medikaments.

3 ○ Sie haben Stress und schon länger Magenschmerzen? Dann müssen Sie das unbedingt untersuchen lassen. Gehen Sie zum Arzt. Bei solchen Problemen holt man sich am besten den Rat eines Fachmanns.

b Lesen Sie noch einmal, markieren Sie in a wie im Beispiel und ergänzen Sie dann die Tabelle.

● _____ Rückens	● _____ Fachmanns
● _____ Trainings	● _____ Medikaments
● _der_ Fitness	● _____ Spezialistin
● _____ Beine	● ⚠ von Medikamenten / meiner Medikamente

auch so: kein-, mein-, ….

1 ◀)) 35 B2 Halten Sie sich fit!

Was passt? Ergänzen Sie und ordnen Sie zu.
Hören Sie und machen Sie die Übungen.

B _____ zur Kräftigung
● Beinmuskulatur

C _____ zur Dehnung
● Nackens

A _____ zur Bewegung
● Kniegelenke

2 ○ – das Buch zwischen die Füße stecken
– die Kniegelenke strecken und dabei das Buch anheben
– die Position 5 Sekunden halten, dann langsam wieder absenken

1 ○ – die Arme ausstrecken und in die Knie gehen, dabei den Po nach hinten drücken
– die Beine wieder strecken

3 ○ – den Kopf zur rechten und linken Schulter neigen
– ca. 10 Sekunden halten

Zur Steigerung _____ ● Trainings sollten Sie die Übungen so oft wie möglich wiederholen.

⇄ B3 Kennen Sie weitere Fitnessübungen?

a Arbeiten Sie zu zweit. Schreiben Sie und zeichnen Sie eine kurze Anleitung wie in B2.

b Tauschen Sie Ihre Anleitung mit einem anderen Paar und probieren Sie die Übung aus.

Kräftigung der Arme
– aufrecht stehen
– …

C1 Radiosendung: Die Gesundheitssprechstunde

1 ◀)) 36   **a** Hören Sie den Anfang des Gesprächs und machen Sie Notizen.

1 Welche Beschwerden hat Frau Sanchez?
2 Seit wann hat sie die Schmerzen?
3 War sie mit ihren Beschwerden schon beim Arzt?
4 Wie alt ist sie?
5 Was macht sie beruflich?
6 Welche Ursache vermutet Dr. Wirth?

     1 Kopfschmerzen.

1 ◀)) 37   **b** Hören Sie nun das ganze Gespräch. Was ist richtig? Kreuzen Sie an.
     Es können mehrere Antworten richtig sein.

1 Frau Sanchez hat Kopfschmerzen und außerdem
     ○ Sehstörungen. ○ Probleme beim Hören. ○ Schlafmangel.
2 Dr. Wirth empfiehlt Frau Sanchez
     ○ einen Besuch beim Arzt. ○ starke Schmerzmittel. ○ Entspannungsübungen.
3 Der Hausarzt ○ führt ein Gespräch, ○ verschreibt Medikamente, ○ macht Untersuchungen,
     weil er die Ursache der Beschwerden finden möchte.
4 Auch Probleme mit ○ den Augen ○ den Ohren ○ der Wirbelsäule
     können die Ursache für die Schmerzen sein.
5 Frau Sanchez kann ○ beim Hausarzt ○ im Internet ○ bei der Krankenkasse   Tipps
     für Entspannungsübungen erhalten.
6 Außerdem bieten ○ Fachärzte ○ Radiosender ○ Krankenkassen   Gesundheitskurse an.

C2 Gesundheits-Forum: Ratschläge geben

a Machen Sie eine Tabelle und ordnen Sie zu.

~~Können Sie mir einen Rat geben?~~   ~~Sie sollten ...~~   Kennen Sie vielleicht ein gutes Medikament?
Es ist/wäre am besten, Sie ...   Mit ... habe ich (nur) gute/schlechte Erfahrungen gemacht.
Was können/würden Sie mir empfehlen/raten?   Dagegen müssen Sie unbedingt etwas tun!
... soll wirklich helfen.   Kennt jemand von Ihnen ...?   Ich würde an Ihrer Stelle ...
Hat jemand von Ihnen schon mal ... gemacht?   Ich empfehle Ihnen ...

einen Rat suchen	etwas empfehlen / einen Rat geben
Können Sie mir einen Rat geben?	Sie sollten ...
...	...

⇄   **b** Arbeiten Sie in Gruppen. Schreiben Sie ein gesundheitliches Problem auf einen Zettel.
     Mischen Sie die Zettel und verteilen Sie sie neu. Fragen Sie um Rat. Die anderen geben Ratschläge.

starke Rückenschmerzen

Ich habe starke Rückenschmerzen. Kennt jemand ein gutes Medikament?

Ich würde an deiner Stelle ...

D Gesundheitsvorsorge

D1 Aktionen zur Gesundheitsvorsorge

a Was bedeutet Gesundheitsvorsorge? Was meinen Sie? Kreuzen Sie an.

Sie kümmern sich um Ihre Gesundheit,
○ obwohl Sie noch gar nicht krank sind. Denn Sie möchten nicht krank werden.
○ weil Sie krank sind und wieder gesund werden möchten.

b In welcher Situation (1–4) findet man bei der Krankenkasse einen passenden Gesundheitskurs? Lesen Sie und kreuzen Sie an.

1 ○ Sie haben dauernd starke Rückenschmerzen und möchten sich über eine Operation informieren.
2 ○ Sie haben leichte Rückenschmerzen und möchten Gymnastik machen.
3 ○ Sie haben Übergewicht und möchten gern abnehmen.
4 ○ Sie haben einen stressigen Beruf und können nachts oft nicht schlafen.

KEK – Aktionen zur Gesundheitsvorsorge

Sie möchten Krankheiten vermeiden und etwas für Ihre Gesundheit tun? Zum Wohl Ihrer Gesundheit hat die KEK zahlreiche kostenlose Kurse und Programme zur Vorbeugung von Erkrankungen und zur Gesundheitsförderung im Angebot.

So können Sie beispielsweise umsonst an unseren Gesundheitskursen teilnehmen! Wir bieten Kurse in den Bereichen Bewegung, Stressabbau und Ernährung an. Rufen Sie uns einfach an! Wir informieren Sie gern über unsere Angebote und zusätzlichen Leistungen.

D2 Wie gesund lebt der Kurs?

Arbeiten Sie zu zweit. Schreiben Sie einen Fragebogen und machen Sie ein Interview mit Ihrer Partnerin / Ihrem Partner. Machen Sie dann eine Kursstatistik.

sich Zeit zum Essen nehmen | sich gesund ernähren | Wasser und Tees trinken | sich impfen lassen
zu Vorsorgeuntersuchungen gehen | ausreichend schlafen | Sport treiben | Entspannungsübungen machen

	regelmäßig / meistens	manchmal	selten	nie
Nehmen Sie sich Zeit zum Essen? ...				

Die Hälfte unserer Gruppe achtet meistens darauf, dass ...
Drei Viertel unseres Kurses machen regelmäßig ...
Ein Drittel der Kursteilnehmer ... manchmal ...
Die meisten von uns ... nur selten ...
Zwei ... grundsätzlich nie ...

◗ die Hälfte des Kurses
◗ ein Drittel der Gruppe
◗ ein Viertel der Gruppe

D3 Was tun Sie für Ihre Gesundheit? Erzählen Sie.

Ich möchte abnehmen und verzichte deshalb auf Schokolade.

Und ich esse morgens immer Magerquark mit Früchten. Das hat Vitamine und ist gesund.

E1 Anruf am Arbeitsplatz

1 ◀)) 38 **a** Was ist richtig? Hören Sie den Anfang des Gesprächs und kreuzen Sie an.

1 Frau Berger ist ○ eine Geschäftspartnerin. ○ eine Kollegin.
2 Sie ruft an, ○ weil sie sich krankmelden möchte. ○ weil sie den Wecker nicht gehört hat.
3 Frau Berger ○ ist krankgeschrieben. ○ war noch nicht beim Arzt.
4 Sie ruft an, weil ihre Kollegin eine Konferenz ○ besuchen ○ vorbereiten soll.

1 ◀)) 39 **b** Welche Aufgaben soll Frau Tokic übernehmen?
Hören Sie nun das ganze Gespräch und markieren Sie.

die Konferenz vorbereiten   die Krankmeldung schicken

sich um die Getränke kümmern   Schreibblöcke und Kugelschreiber bestellen

den Flug und das Hotel für Herrn Dr. Nuke buchen   später noch einmal anrufen

E2 Was passt? Ordnen Sie zu.

1 sich krankmelden   ○ auf Krankmeldungen reagieren   ○ erklären, was zu tun ist
○ jemanden um etwas bitten   ○ auf Bitten reagieren

1 (Frau ..., / Herr ...,) es tut mir wirklich leid, ich kann heute/morgen leider nicht kommen. Ich bin leider krank. Der Arzt hat mich für ... krankgeschrieben. | Die Krankmeldung ist auch schon in der Post.

2 Ja, gut. Darum werde ich mich kümmern. Ja, natürlich. | Klar, das mache ich doch gern!

3 Zuerst muss/sollte ... | Das ist dringend. ... muss/müssen noch ... werden. | Jemand muss/sollte ... | Der nächste wichtige Punkt ist ...

4 Könnten Sie /Könntest du bitte ...? Wärst du /Wären Sie vielleicht so nett, ...? Bitte seien Sie /sei so nett und ... Es wäre toll, wenn Sie /du ...

5 Ach, das tut mir leid. | Werden Sie erst mal wieder gesund und denken Sie nicht so viel an die Arbeit. | Gute Besserung!

⇄ E3 Rollenspiel: sich krankmelden und Aufgaben verteilen

📱 **a** Wählen Sie eine Rolle und eine Situation.

Sie sind krank und rufen eine Kollegin / einen Kollegen an und sagen, was sie/er tun soll.

Sie sind an Ihrem Arbeitsplatz. Ihre Kollegin / Ihr Kollege ruft an und meldet sich krank.

Arztpraxis
– im Labor anrufen und nach Ergebnissen fragen
– neue Verbände und Spritzen bestellen
– ...

Supermarkt
– die Haltbarkeit der Milchprodukte prüfen
– Neue Ware auspacken
– ...

b Notieren Sie weitere Aufgaben wie in E1b.

c Spielen Sie dann ein Gespräch mit Ihrer Partnerin / Ihrem Partner. Benutzen Sie Sätze aus E2.

Grammatik und Kommunikation

Grammatik

1 Passiv Präsens mit Modalverben ÜG 5.14

	Position 2		
Auf ausreichend Bewegung	sollte	besonders	geachtet werden.
Dadurch	können	neue Kräfte	gesammelt werden.

auch so: dürfen, wollen, müssen, ...

Was muss in der Küche, im Hotel, im Garten, im Bad ... gemacht werden? Schreiben Sie fünf Sätze.

In der Küche muss ...

2 Genitiv ÜG 1.03, 2.01, 2.04

Genitiv	
definiter Artikel	indefiniter Artikel
• des Rückens	eines / meines Fachmanns
• des Trainings	eines / meines Medikaments
• der Fitness	einer / meiner Spezialistin
• der Beine	⚠ von Medikamenten / meiner Medikamente

auch so: dein-, sein-, ihr-, unser-, euer-, kein-, ...

Was ist für Sie Glück im Alltag? Ergänzen Sie.
Glück ist:
- ein Lächeln *meines Kindes*
- ein Anruf

- eine Einladung

- ein Geschenk

- eine E-Mail

- die Hilfe

Kommunikation

EINEN RAT SUCHEN: Was können Sie mir empfehlen?

Können Sie mir einen Rat geben? | Kennen Sie vielleicht ein gutes Medikament? | Was können/würden Sie mir empfehlen/raten? | Kennt jemand von Ihnen ...? | Hat jemand von Ihnen schon mal ... gemacht?

ETWAS EMPFEHLEN / EINEN RAT GEBEN: Ich würde an Ihrer Stelle ...

Dagegen müssen Sie unbedingt etwas tun! | Mit ... habe ich (nur) gute/ schlechte Erfahrungen gemacht.

Es ist/wäre am besten, Sie ... | Ich würde an Ihrer Stelle ... | Ich empfehle Ihnen ... | Sie sollten ... | ... soll wirklich helfen.

ÜBER EINE STATISTIK SPRECHEN: Drei Viertel unseres Kurses ...

Die Hälfte unserer Gruppe ... | Drei Viertel unseres Kurses ... | Ein Drittel der Kursteilnehmer ... manchmal ... | Die meisten von uns ... nur selten ... | Zwei ... grundsätzlich nie ...

Haben Sie einen Tipp für mich? Schreiben Sie ein Gespräch.

◊ *Guten Morgen Frau Steiger. Wie geht es Ihnen?*
◊ *Ach, nicht so gut. Ich ...*

TiPP
Malen Sie Bilder zu Wörtern und notieren Sie Beispielsätze.

die Hälfte
Die Hälfte unseres Kurses treibt regelmäßig Sport.

SICH KRANKMELDEN: Ich bin leider krank.

(Frau …,/Herr …,) es tut mir wirklich leid, ich kann heute/morgen leider nicht kommen. | Ich bin leider krank. Der Arzt hat mich für … krankgeschrieben. | Die Krankmeldung ist auch schon in der Post.

AUF KRANKMELDUNGEN REAGIEREN: Gute Besserung!

Ach, das tut mir leid. | Werden Sie erst mal wieder gesund und denken Sie nicht so viel an die Arbeit. | Gute Besserung!

ERKLÄREN, WAS ZU TUN IST: Der nächste wichtige Punkt ist …

Zuerst muss/sollte … | Das ist dringend. | … muss/müssen noch … werden. | Jemand muss/sollte … | Der nächste wichtige Punkt ist …

JEMANDEN UM ETWAS BITTEN: Bitte seien Sie so nett und …

Könnten Sie bitte …? | Wären Sie vielleicht so nett, …? | Bitte seien Sie so nett und … | Es wäre toll, wenn Sie …

AUF BITTEN REAGIEREN: Klar, das mache ich doch gern.

Ja, gut. Darum werde ich mich kümmern. | Ja, natürlich. | Klar, das mache ich doch gern.

Sie haben Urlaub und übergeben Aufgaben an eine Kollegin. Schreiben Sie ein Gespräch.

10.7.–15.7 Urlaub
Modeboutique/To dos:
– neue Ware annehmen und auspacken
– Schaufenster neu dekorieren
– jeden Abend: Kasse kontrollieren, Licht ausmachen, Tür abschließen

◊ Leyla, ich fahre ja morgen in den Urlaub und es muss noch einiges dringend erledigt werden. Könntest du das übernehmen? …

Sie möchten noch mehr üben?

1 | 40–42 🔊 AUDIO-TRAINING

Lernziele

Ich kann jetzt …

A … Ratgebertexte zum Thema Stress und Entspannung verstehen: *Schlaf ist die Grundlage jeder Entspannung.* _____ ☺ ☺ ☹

B … Fitnessübungen verstehen und beschreiben: *Die Arme ausstrecken und in die Knie gehen.* _____ ☺ ☺ ☹

C … ein Beratungsgespräch zum Thema Gesundheit verstehen: *Auch Probleme mit der Wirbelsäule können die Ursache für Schmerzen sein.* _____ ☺ ☺ ☹

… Rat suchen und Ratschläge geben: *Dagegen müssen Sie unbedingt etwas tun!* _____ ☺ ☺ ☹

D … Vorsorge-Angebote von Krankenkassen verstehen: *Sie können umsonst an unseren Gesundheitskursen teilnehmen.* _____ ☺ ☺ ☹

… erzählen, was ich für meine Gesundheit tue: *Ich möchte abnehmen und verzichte deshalb auf Schokolade.* _____ ☺ ☺ ☹

… Statistiken beschreiben: *Die Hälfte des Kurses treibt Sport.* _____ ☺ ☺ ☹

E … mich krankmelden und Aufgaben verteilen: *Ich bin leider krank. Könnten Sie bitte die Konferenz vorbereiten?* _____ ☺ ☺ ☹

Ich kenne jetzt …

… **10 Wörter zum Thema** *Gesundheit*:
die Entspannung, …
_____
_____

… **6 Wörter zum Thema** *Körper*:
die Schulter, …
_____
_____

LESEN

Lachen ist gesund!

Haben Sie schon einmal fünf oder zehn Minuten lang richtig herzlich gelacht? Falls ja, dann kennen Sie dieses tolle Gefühl danach: Man ist entspannt, man fühlt sich wohl, der Stress ist weg und so manches Problem wirkt plötzlich viel kleiner als zuvor. Man fühlt sich so wohl wie nach einer
5 Stunde Joggen, einer warmen Dusche und einer schönen Tasse Tee. Wissenschaftler haben herausgefunden, dass häufiges Lachen unserem Körper und unserer Psyche oft besser hilft als Medikamente. Wirklich neu ist diese Information aber nicht. Schon ein altes deutsches Sprichwort sagt: „Lachen ist die beste Medizin." Damit diese Medizin auch richtig gut wirken kann, sollte man möglichst oft und lange lachen.
10 Warum man lacht, ist dabei gar nicht so wichtig. Hauptsache, man lacht von ganzem Herzen!

Wussten Sie schon, …
… dass Kinder etwa vierhundertmal am Tag lachen, Erwachsene nur fünfzehnmal?
… dass ein Baby im ersten halben Jahr seine Mutter bis zu dreißigtausendmal anlächelt?
… dass zwei Minuten Lachen so gesund sind wie zwanzig Minuten Joggen?
15 … dass durch das Lachen im Körper Stoffe entstehen, die glücklich machen?

1 Lesen Sie den Text. Was finden Sie interessant? Sprechen Sie.

> Ich wusste nicht, dass Lachen so gesund sein soll.

> … Das finde ich interessant!

2 Worüber können Sie am meisten lachen? Was finden Sie lustig?

> Ich lese gern Comics. Darüber kann ich total lachen.

FILM

EISSTOCK-SCHIESSEN

1 Sehen Sie den Film an. Was erfahren Sie über den Sport? Sammeln Sie Informationen.

2 Finden Sie die Sportart interessant? Würden Sie das gern machen? Sprechen Sie.

> Das ist für mich kein Sport. Aber ich finde es toll, dass sich hier viele Leute treffen und Spaß zusammen haben.

3 Was ist Ihr Lieblingssport? Warum?

> Ich finde Boxen total interessant. Aber ich sehe mir das nur an. Ich selbst …

LANDESKUNDE

Der Verlust der Mitte

*Ein Kommentar von Sami Kirsch,
Chefredakteur des „Stadt-Kurier"*

Wir leben in verrückten Zeiten. Vor einigen Jahren kam aus der Partei *Bündnis 90/Die Grünen* eine ganz vernünftig klingende Idee. Kantinen könnten doch einen fleisch-
5 freien Tag einführen, schlugen sie vor. Ein Tag der Woche könnte der Tag des vegetarischen Essens sein. Die politische Reaktion auf diesen sogenannten *Veggieday* war unglaublich. In den sozialen Netzwerken
10 gab es wochenlang antigrüne Shitstorms. Von einer „Verbotsrepublik" wurde gesprochen und von einer „Erziehungsdiktatur". Das wirkt ziemlich übertrieben, wenn man bedenkt, dass wir weltweit einer der größ-
15 ten Hersteller von Schweinefleischprodukten sind. Das meiste Fleisch wird bei uns in riesigen, industriell wirtschaftenden Betrieben produziert. In Deutschland werden etwa 60 Kilo Fleisch pro Person
20 und Jahr gegessen und in den Supermärkten kann man Schweinekoteletts schon ab 3,90 Euro pro Kilo kaufen. Dabei ist ja längst klar, dass zu viel Fleisch sehr schlecht für die Gesundheit und für die Umwelt ist.
25 Und genauso klar ist, dass solche Tiefstpreise nur mit Produktionsmethoden möglich sind, die man als Kunde lieber nicht so genau kennen möchte.
Aus diesem Grund wächst bei uns die Zahl
30 der Menschen, die weniger oder gar kein Fleisch mehr essen. Vegetarier und Veganer machen heute schon fast ein Fünftel der deutschen Bevölkerung aus. Leider gibt es bei manchen von ihnen genauso verrückte
35 Ansichten wie bei den extremen Fleischfreunden.
Die einen haben Angst, dass sie mit mehr Obst und Gemüse ihren Lebensstil und ihre Freiheit verlieren. Die anderen glauben,
40 dass man die Welt nur retten kann, wenn man gar kein Fleisch mehr isst. Solche Ängste und Übertreibungen bringen gar nichts, außer Ärger und Stress. Erinnern wir uns lieber an zwei gute alte Sprich-
45 wörter: „Leben und leben lassen!" und „Die Wahrheit liegt in der Mitte."

1 Lesen Sie den Text. Was ist richtig? Kreuzen Sie an.

a ○ Die Partei *Bündnis 90 / Die Grünen* hat für ihren Vorschlag eines fleischfreien Tages viel Lob bekommen.

b ○ Deutschland produziert im weltweiten Vergleich sehr viel Schweinefleisch.

c ○ Billiges Fleisch kann man nur unter schlechten Bedingungen herstellen.

d ○ Fast ein Fünftel der Deutschen isst zu viel Fleisch.

2 Wird in Ihrem Heimatland viel Fleisch gegessen? Was ist für Sie gesundes Essen? Erzählen Sie.

Folge 4: Chili con carne?

2 ◀)) 1–4   **1 Sehen Sie die Fotos an.**

Was meinen Sie? Sprechen Sie. Hören Sie dann und vergleichen Sie.

  – Warum treffen sich Ella und Max?
  – Worüber sprechen sie?
  – Warum ruft Ella Vivi an?

2 ◀)) 1–4   **2 Was ist richtig? Hören Sie noch einmal und kreuzen Sie an.**

	Max	Ella	
a	○	○	möchte „Chili con carne" kochen.
b	○	○	muss arbeiten und ist in Eile.
c	○	○	macht viele Vorschläge für ein Treffen.
d	○	○	möchte am Wochenende den Keller ausräumen.
e	○	○	hat kein Interesse an einem Treffen.
f	○	○	erzählt Vivi von dem Gespräch.
g	○	○	hat auch Vivi zum Chiliessen eingeladen.

Sag's durch die Blume!

von Ella Wegmann

„Puh, ist das heiß heute, was?"
So hat mich gestern Nachmittag eine Nachbarin
im Treppenhaus angesprochen. Es war wirklich
sehr heiß und ich habe zugestimmt. Da kam
5 sofort ihr nächster Satz: „Wollen wir zusammen
ins Café rübergehen, ein Eis essen?" Darauf
hatte ich nun aber gar keine Lust. Ich sagte:
„Nein danke, ich muss in meinen Yoga-Kurs."

Ein normaler Mensch würde meine Antwort
10 sofort richtig verstehen und zwar so: „Nein
danke, ich möchte nicht mit dir Eis essen gehen,
im Gegenteil: Ich hätte jetzt gern meine Ruhe."
Die Nachbarin gehört aber nicht zu den
normalen Menschen – vielleicht war es ja auch
15 nur wegen der Hitze. Jedenfalls sagte sie
lächelnd: „Kein Problem, dann gehen wir halt
nach deinem Yoga-Kurs!" Da musste ich dann
leider etwas deutlicher werden.
Tja, nicht alle Menschen verstehen es, wenn
20 man ihnen etwas „durch die Blume" sagt.
Leider.

**3 Wie finden Sie das Verhalten von
Max und Ella in der Geschichte?**
Sprechen Sie im Kurs.

> Ich finde, wenn Ella Nein sagt,
> muss Max das auch akzeptieren.

> Komisch, dass Max nicht versteht,
> dass Ella keine Lust hat.

4 Ellas Kolumne
Lesen Sie die Kolumne und beantworten Sie die Fragen.

– Wer hat Ella angesprochen?
– Wo und wann fand das Gespräch statt?
– Wie war das Wetter?
– Was hat die Person vorgeschlagen?
– Was hat Ella „durch die Blume" gesagt?

5 Was bedeutet „etwas durch die Blume sagen"?
Haben Sie schon mal etwas Ähnliches erlebt?
Erzählen Sie.

> Das bedeutet, dass man ...
> Einmal zum Beispiel ...

> Ich war auch schon mal
> in so einer Situation: ...

Ellas Film

A Wenn ich du wäre, würde ich …

A1 Was denkt Ella, was denkt Max? Ordnen Sie zu. Ergänzen Sie dann die Tabelle.

a ◯ Wenn ich ihn richtig toll finden würde,
hätte ich natürlich immer Zeit für ihn.

b ◯ Wenn sie nicht so viel arbeiten müsste,
könnten wir jetzt was trinken gehen.

c ◯ Wenn sie am Wochenende nichts vorhätte,
könnten wir uns treffen.

d ◯ Wenn er nicht so anstrengend wäre, würde ich
mich über seine Einladung freuen.

e ◯ Wenn ich er wäre, würde ich jetzt ganz schnell
nach Hause gehen und nicht weiter fragen.

1

2

Wenn ich ihn richtig toll _____,
_____ ich natürlich immer Zeit für ihn.

WIEDERHOLUNG		
ich finde	→	ich würde … finden
ich habe	→	ich hätte
ich bin	→	ich wäre
ich muss	→	ich müsste

A2 Wie würden Sie reagieren? Sprechen Sie.

Eine frühere Kollegin lädt Sie zu einer Party ein. Sie möchten aber nicht hingehen,
weil Sie dort niemanden kennen.

sich für die Einladung bedanken   absagen   eine gute Ausrede suchen   keine Zeit haben
schon etwas anderes vorhaben   die Wahrheit sagen
auf keinen Fall lügen   trotzdem hingehen   …

> *Wenn ich in dieser Situation wäre, würde ich …*

A3 So sagen Sie eine Einladung höflich ab.

a Lesen Sie den Artikel und ordnen Sie die Tipps.

> Sicherlich waren auch Sie schon häufiger in der Situation, dass Sie eine Einladung bekommen haben
> und diese absagen mussten. Hier ein paar Tipps, wie Sie eine Einladung höflich, aber bestimmt absagen.
>
> ◯ Sagen Sie, dass Sie gern dabei wären, aber leider nicht kommen können.
> ① Bedanken Sie sich für die Einladung.
> ◯ Beenden Sie Ihre E-Mail mit guten Wünschen für die Feier.
> ◯ Geben Sie einen Grund an, warum Sie nicht kommen können – auch, wenn Sie sich eine
> Ausrede ausdenken müssen.

b Schreiben Sie eine E-Mail an
die Kollegin aus A2 und sagen
Sie höflich ab.

> *Liebe Theresa,*
> *vielen Dank für die Einladung, ich habe mich sehr gefreut! …*

⇄ A4 Arbeiten Sie zu zweit. Was würden Sie machen, wenn …?
Fragen und antworten Sie.

a Sie sind 15 und dürfen sich einen Ausbildungsplatz aussuchen.
b Sie sind Präsidentin / Präsident.
c Sie finden ein Portemonnaie mit 100 Euro auf der Straße.
d Sie dürfen etwas an der deutschen Sprache ändern.
e Sie können alle Sprachen fließend sprechen.

> *Was würdest du machen,*
> *wenn du 15 wärst und …?*

> *Ich glaube, dann würde ich …*

B Ich bin wirklich in Eile **wegen** meiner Arbeit. 4

B1 Wie kann man es auch sagen? Kreuzen Sie an.

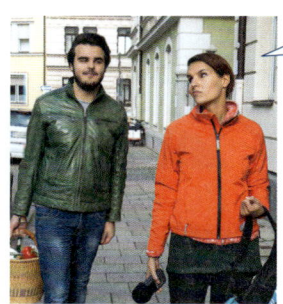

> Ich bin wirklich in Eile wegen meiner Arbeit.

Ich bin wirklich in Eile, ...
○ weil ich arbeiten muss.
○ obwohl ich arbeiten muss.

wegen	• meines Berufs
	• meines Praktikums
	• meiner Arbeit
	• meiner Interviews

Das hören Sie auch oft:
wegen meinem Beruf / meinem Praktikum

B2 Eine Umfrage im Radio

2 ◀)) 5 **a** Hören Sie den Anfang einer Radiosendung. Was ist das Thema? Kreuzen Sie an.

○ Fremdsprachen lernen – warum?   ○ Zuwanderer erzählen, wie sie Deutsch gelernt haben

2 ◀)) 6–9 **b** Hören Sie weiter. Was ist die Muttersprache der Personen? Ergänzen Sie.

2 ◀)) 6–9 **c** Hören Sie nun die Gespräche noch einmal. Welche Aussage passt zu wem?
Ordnen Sie die Personen aus b zu.

○ Wenn man eine Sprache oft hört, lernt man sie viel schneller.
Deswegen habe ich mir oft deutsche Filme oder Serien im
Fernsehen angesehen.
○ Ich habe wegen meiner Kinder Deutsch gelernt. Sie fanden es sehr wichtig
und hatten irgendwann keine Lust mehr zu übersetzen.
○ Eine neue Sprache zu lernen, kann sehr anstrengend sein.
Daher braucht man immer eine gute Motivation, warum man das macht.
○ Wegen meiner Muttersprache habe ich keine Probleme mit der Aussprache.
Ich möchte aber später eine Ausbildung machen. Darum muss mein Deutsch einfach sehr gut sein.

Warum? Wieso? Weshalb? Weswegen?	
darum	
daher	
deswegen	= deshalb
aus diesem Grund	

B3 Tipps zum Deutschlernen

Wörter auf Kärtchen schreiben
...

a Notieren Sie Ihre persönlichen Lerntipps.

b Sprechen Sie mit Ihrer Partnerin / Ihrem Partner:
Wie lernen Sie Deutsch? Was ist für Sie beim Deutschlernen wichtig? Warum?

> Ich muss immer alles aufschreiben. Deswegen
> schreibe ich neue Wörter auf kleine Kärtchen.
> Die Kärtchen ...

> Ich finde es total wichtig, dass ...
> Für mich ist ... wichtig, weil/denn ...
> Am allerwichtigsten ist ...
> Deshalb/Deswegen/Darum/Daher ...

C Entschuldigung, könnten Sie das bitte wiederholen?

C1 Wie bitte?

2 ◀)) 10–13 **a** Was ist das Problem? Lesen Sie die Probleme 1–4.
Hören Sie dann die Gespräche A–D und ordnen Sie zu.

1 Der Kollege versteht den Ausdruck „Viertel drei" nicht.
2 Der Patient kann die Arzthelferin schlecht verstehen,
weil sie so schnell spricht.
3 Die Personen sind sich nicht sicher, was genau
„nächsten Donnerstag" bedeutet.
4 Die Schülerin hat ein Wort nicht verstanden und fragt nach.

Gespräch	A	B	C	D
Problem				

b Lesen Sie die Sätze. Welche sind höflicher? A oder B? Kreuzen Sie an.

A

1 ☒ Was meinst du mit nächsten Donnerstag?
2 ○ Sagen Sie Ihren Namen noch mal.
3 ○ Könnten Sie bitte langsamer sprechen?
4 ○ Eine Frage ist doch okay, oder?
5 ○ Sagen Sie das noch mal.
6 ○ Hä? Was soll das denn heißen?
7 ○ Tut mir leid, aber das habe ich noch nie gehört.

B

○ Nächsten Donnerstag? Wann denn jetzt?
☒ Wie war bitte Ihr Name?
○ Sprechen Sie immer so schnell?
○ Darf ich Sie kurz etwas fragen?
○ Könnten Sie das bitte wiederholen?
○ Entschuldigung, habe ich das richtig verstanden?
○ Keine Ahnung, nie gehört.

2 ◀)) 10–13 **c** Hören Sie die Gespräche noch einmal. Welche Sätze hören Sie? Markieren Sie in b.

C2 Rollenspiel

Arbeiten Sie zu zweit. Wählen Sie eine Situation und spielen Sie ein Gespräch.

Ihr Auto ist kaputt.
Sie vereinbaren einen Termin
mit dem Mechaniker. Er
spricht sehr schnell und Sie
bitten um Wiederholung.

Sie gehen mit einem Freund
in die Mensa. Er bestellt ein
Gericht, das Sie nicht kennen.
Sie fragen nach, weil Sie das
Wort nicht verstanden haben.

Sie möchten sich für einen
Integrationskurs anmelden.
Sie rufen in der Sprachschule
an und bitten um
Informationen.

Was meinen Sie mit …?
Das Wort habe ich nicht verstanden.
Entschuldigung, habe ich das richtig verstanden?
Und was bedeutet …?
Tut mir leid, aber das habe ich noch nie gehört.

Wie war bitte Ihr Name?
Könnten Sie bitte langsa-
mer sprechen?
Könnten Sie das bitte
wiederholen?

Darf ich Sie (kurz) etwas
fragen?
Können Sie mir vielleicht
sagen, wo/ob …?
Wissen Sie, wo/ob …?

SCHON FERTIG? Schreiben Sie
ein sehr höfliches oder ein sehr
unhöfliches Gespräch.

D1 „Deutsch aus dem Zaubersack"

a Was könnte das Thema dieser Radiosendung sein? Kreuzen Sie an.

○ Zaubertricks mit dem Wörterbuch ○ ein Sprachkurs für Kinder ○ ein Radiosprachkurs für Kinder

2 ◀)) 14 **b** Hören Sie die Radiosendung. Was ist richtig? Kreuzen Sie an.

1 In die Kurse gehen	2 Im Kurs lernen sie	3 Für die Kinder ist es wichtig, dass ...
○ nur ausländische Kinder.	○ Deutsch.	○ sie zwei oder mehrere Sprachen können.
○ alle Kinder im Kindergarten.	○ ihre Muttersprache.	○ sie schreiben lernen.

2 ◀)) 14 **c** Was ist richtig? Hören Sie noch einmal und kreuzen Sie an.

1 ○ Sarah konnte schon Deutsch sprechen, als sie in den Kindergarten kam.
2 ○ Seit 1998 gibt es in Münchner Kindergärten Sprachkurse
   für Kinder mit ausländischer Herkunft.
3 ○ Im Zaubersack sind verschiedene Dinge versteckt. Die Kinder raten, was das ist.
4 ○ Sarah spielt am liebsten mit ausländischen Kindern, weil es dann
   nicht schlimm ist, wenn sie Fehler macht.
5 ○ Die Kinder sollen lernen, dass es positiv ist, wenn sie zwei Sprachen sprechen können.
6 ○ Die Kinder sollen die Hausaufgaben ohne die Eltern machen.
7 ○ Kinder, die einen Kurs besucht haben, haben weniger Probleme in der Schule.

D2 Mit mehreren Sprachen aufwachsen

a Lesen Sie die Forumsbeiträge. Welche Sprachen sprechen die Jugendlichen?
Welche Sprachen lernen sie? Ergänzen Sie.

Xeno_19	**Wie viele Sprachen sprecht Ihr?** Hi! Habe gestern eine Frau kennengelernt, die vier (!) verschiedene Sprachen spricht. Cool, oder? Wer von Euch spricht mehrere Sprachen?
BigFeet88 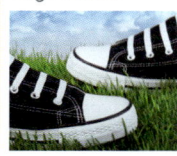	AW: Wie viele Sprachen sprecht Ihr? Ich spreche zwei Sprachen sehr gut und zwei noch nicht so gut. Meine Mutter ist Griechin, ich bin aber in Österreich geboren. Mit meiner Familie spreche ich Griechisch und mit meinen Freunden Deutsch. In der Schule lerne ich noch Englisch und Französisch. Manchmal sprechen wir zu Hause Deutsch und Griechisch durcheinander, aber das macht nichts!
Juli_Star 	AW: Wie viele Sprachen sprecht Ihr? Ich möchte gern gaaaaanz viele Sprachen lernen! Bei uns kann man schon in der dritten Klasse Englisch lernen, und spätestens in der fünften Klasse muss man. Ich habe dann noch Französisch dazu gewählt. Aber ich musste erst mal Deutsch lernen, wir stammen nämlich aus Rumänien. Und deshalb kann ich auch Rumänisch. ☺

BigFeet88 spricht: _____ Juli_Star spricht: _____

Er lernt: _____ Sie lernt: _____

b Viele Eltern denken, dass es nicht gut ist, wenn Kinder mehrere Sprachen lernen.
Was meinen Sie? Wie viele Sprachen kann oder sollte man als Kind lernen? Sprechen Sie.

E In zwei Sprachen zu Hause

E1 Welches Zitat gefällt Ihnen am besten? Warum?

„Sprache ist die Musik des Denkens."

„Mit jeder neu gelernten Sprache bekommst du eine neue Seele."

„Sprache ist ein Stück Heimat – überall auf der Welt."

E2 In zwei Sprachen zu Hause

a Lesen Sie die Informationen über die Autorin und einen Auszug aus ihrem Buch.

Die Journalistin Hatice Akyün wurde in der Türkei geboren und kam als kleines Kind mit ihrer Familie nach Deutschland. In ihrem Buch „Einmal Hans mit scharfer Soße: Leben in zwei Welten" erzählt sie von ihrem Leben als junge Türkin in Deutschland.

Schon damals hörte ich oft den Satz: „Sie sprechen aber gut Deutsch."
Anfangs bedankte ich mich noch für das Kompliment, aber allmählich
ging mir der Satz auf die Nerven. Was ist denn so merkwürdig daran,
dass eine junge Frau, die seit über dreißig Jahren in Deutschland lebt,
5 Dativ und Genitiv korrekt verwenden kann und auch noch den richtigen Artikel vor ein Substantiv stellt? „Danke, Sie aber auch!" war
meine bevorzugte Antwort. […]
Andererseits leben meine Eltern ebenso lange wie ich in Deutschland,
sprechen aber kaum Deutsch. Wenn ich meine Mutter frage, warum sie
10 kein Deutsch gelernt hat, legt sie die Stirn in Falten und sagt unwillig: „Sechs Kinder habe
ich großgezogen. Seid ihr verhungert oder verdurstet, habt ihr gefroren oder gelitten?"
Darauf kann ich ihr nichts antworten. […]
Mit meinen Geschwistern spreche ich einen Mix aus beiden Sprachen. Wir können nicht
nur in Sekundenschnelle von der einen Sprache in die andere wechseln, sondern mischen
15 deutsche Wörter mit türkischen Sätzen und erfinden so unsere eigene Sprache: „Ich muss
noch akşam yemeği kochen", sagt Ablam vor dem Abendessen, oder ich frage: „Arabanın
Schlüssellini geben yaparmısın?" (Kannst du mir bitte den Autoschlüssel geben?) Solche
Sprachkreationen lehnt meine Mutter allerdings strikt ab. Sie besteht darauf, dass in
ihrem Haus nur Türkisch gesprochen wird.

b Was ist richtig? Kreuzen Sie an.

1 Die Autorin Hatice Akyün
   ○ spricht besser Türkisch als Deutsch.
   ○ ist stolz darauf, dass sie sehr gut
   Deutsch spricht.
   ○ findet es ganz normal, dass sie
   sehr gut Deutsch spricht.

2 Ihre Mutter spricht
   ○ genauso gut Deutsch wie sie.
   ○ fast kein Deutsch.
   ○ korrektes Deutsch, aber mit türkischem Akzent.

3 Mit ihren Geschwistern spricht
   Hatice Akyün
   ○ nur Deutsch.
   ○ nur Türkisch.
   ○ eine Mischung aus Deutsch
   und Türkisch.

SCHON FERTIG? Ergänzen Sie die Sätze:
Deutsch ist für mich …
Meine Muttersprache ist für mich …

E3 Ihre Sprachen

a Übersetzen Sie einige dieser Wörter in Ihre Muttersprache und vergleichen
Sie sie mit den deutschen Wörtern Sprechen Sie im Kurs.

die Muttersprache   die Fremdsprache   der Sprachkurs   der Ausländer   der Freund   die Heimat   ...

b Arbeiten Sie zu zweit. Fragen Sie Ihre Partnerin / Ihren Partner und notieren Sie die Antworten.

1 Woher kommen Sie?

2 Was ist Ihre Muttersprache?

3 Wie viele Sprachen / Fremdsprachen sprechen Sie? Welche?

4 Welche sprechen Sie gut, welche ein bisschen?

5 Helfen Ihnen Ihre Fremdsprachenkenntnisse beim Deutschlernen?

6 Gibt es eine Sprache, die Sie gern noch lernen würden? Warum?

7 Was fällt Ihnen auf, wenn Sie Ihre Muttersprache mit der deutschen Sprache vergleichen?

8 Welche Sprachen sprechen Sie mit Ihrer Partnerin / Ihrem Partner, Ihren Kindern,
Ihren Kollegen und mit Ihren Freunden?

9 In welcher Sprache schimpfen oder träumen Sie?

Französisch   Russisch
Spanisch   Swahili
Englisch   Thai   Urdu
Paschtu   Chinesisch
Arabisch
Koreanisch   Farsi

c Erzählen Sie über Ihre Partnerin / Ihren Partner im Kurs.

> *Alexej spricht drei Sprachen. Zu Hause mit
> seinen Kindern und mit seiner Frau spricht
> er nur Russisch. Russisch hat kein „der/das/
> die". Das findet er viel einfacher.*

> *Eva kommt aus Ungarn. Sie spricht Ungarisch,
> aber sie spricht auch genauso gut Serbisch.
> Das ist ihre Muttersprache. Serbisch hat eine
> andere Schrift als Deutsch.*

Grammatik und Kommunikation

Grammatik

1 Konjunktiv II: Irreale Bedingungen ÜG 5.18

Nebensatz		Hauptsatz		
Wenn ich ihn richtig toll	finden würde,	(dann) hätte	ich ... für ihn.	
Wenn sie am Wochenende nichts	vorhätte,	(dann) könnten	wir uns	treffen.
Wenn sie nicht so viel	arbeiten müsste,	(dann) könnten	wir ... trinken	gehen.
Wenn er nicht so anstrengend	wäre,	(dann) würde	ich mich ...	freuen.

Ergänzen Sie die Sätze.
Wenn ich morgen Urlaub hätte,

Wenn ich nochmal 15 wäre,

Wenn ich fliegen könnte,

2 Präposition: *wegen* + Genitiv ÜG 6.04

wegen	• meines Berufs
	• meines Praktikums
	• meiner Arbeit
	• meiner Interviews

Warum haben Sie Deutsch gelernt?
Wegen meiner Kinder.

> **Merke:**
> Wegen benutzt man in der gesprochenen Sprache oft mit Dativ: wegen dem Beruf / einem Praktikum

Antworten Sie mit *wegen*.
Warum gehst du heute nicht joggen? (→ das Wetter)

Warum kommst du nicht mit zum Sport? (→ meine Grippe)

Warum freust du dich so? (→ die Note in Mathe)

Kommunikation

> **ÜBER IRREALE BEDINGUNGEN SPRECHEN:** Wenn ich ... könnte, ...

Wenn ich ... könnte, (dann) ...
Wenn ich ... hätte, (dann) ...
Wenn ich (nicht) ... wäre, (dann) ...
Wenn ich (nicht) ... dürfte, (dann) ...

> **WICHTIGKEIT AUSDRÜCKEN UND BEGRÜNDEN:** Für mich ist ... wichtig, weil ...

Ich finde es total wichtig, dass ...
Für mich ist ... wichtig, weil/denn ...
Am allerwichtigsten ist ... Deshalb/Deswegen/Darum/Daher ...

Schreiben Sie fünf Sätze mit *wenn*.

Wenn ich nie mehr arbeiten müsste, ...

Wählen Sie einige Redemittel aus, die Sie in Ihrem Alltag brauchen, und schreiben Sie kleine Gespräche.

UM INFORMATIONEN BITTEN: Wissen Sie, ob ...?

Darf ich Sie/dich (kurz) etwas fragen?
Können Sie/Kannst du mir (vielleicht) sagen, wo/ob ...?
Wissen Sie/Weißt du, wo/ob ...?

ETWAS NICHT VERSTEHEN UND NACHFRAGEN: Und was bedeutet ...?

Tut mir leid, das Wort habe ich nicht verstanden. / habe ich noch nie gehört.
Entschuldigung, habe ich das richtig verstanden?
Und was bedeutet ...?
Was meinen Sie/meinst du mit ...?

UM WIEDERHOLUNG BITTEN: Könnten Sie das bitte wiederholen?

Wie war bitte Ihr/dein Name?
Könnten Sie/Könntest du bitte langsamer sprechen?
Wie bitte? Könnten Sie/Könntest du das bitte wiederholen?

ÜBER SICH SPRECHEN: ... ist meine Muttersprache.

Russisch/Serbisch ist/hat ... | ... ist meine Muttersprache. | ... hat eine andere Schrift. | Das finde ich viel einfacher. | Ich kann gut Englisch /... sprechen. | Und jetzt kann ich (auch) schon (ein bisschen) Deutsch.

TiPP

Das macht Ihre Fragen höflicher: Beginnen Sie Ihre Frage mit „Können Sie / Kannst du mir sagen, ...?"

Schreiben Sie die Fragen besonders höflich.

Wann beginnt der Arabischkurs?
Kann man hier auch Salsa lernen?
Wo finden die Kurse statt?
Wie viel kostet der Intensivkurs?

Schreiben Sie: Welche Sprachen haben Sie wann und wie gelernt?

Ich spreche ... Sprachen.
Meine Muttersprache ist
...

Sie möchten noch mehr üben?   2 | 15–17 AUDIO-TRAINING

Lernziele

Ich kann jetzt ...

A ... über irreale Bedingungen sprechen: *Wenn ich in dieser Situation wäre, ...* ☺ ☺ ☹
B ... Wichtigkeit ausdrücken und begründen: *Für mich ist ... wichtig, ...* ☺ ☺ ☹
C ... um Informationen bitten: *Können Sie mir sagen, wo das ist?* ☺ ☺ ☹
 ... um Wiederholung bitten: *Könnten Sie das bitte wiederholen?* ☺ ☺ ☹
D ... einen literarischen Text verstehen und über die eigene Sprachbiografie sprechen: *Meine Muttersprache ist Türkisch.* ☺ ☺ ☹
E ... eine Radiosendung über einen Sprachkurs für Kinder verstehen. ☺ ☺ ☹

Ich kenne jetzt ...

8 Wörter zum Thema Sprachen:
die Muttersprache, ...

Zwischendurch mal …

Das Abkürzungsspiel

Abkürzungen gibt es überall, sicher auch in Ihrer Sprache. Viele verwendet man nur selten. Andere begegnen einem häufiger, manche sogar täglich. Die Abkürzung „www" kennt heute fast jeder Mensch. Auch im Deutschen finden wir viele Abkürzungen. Diese z.B. kennen Sie, oder? Na klar, „z.B." heißt „zum Beispiel".

SPD BASF ADAC BMW AG DIN DB FDP

DDR MfG PIN TAN u.A.w.g. MEZ Hbf.

FAZ MwSt. VW ZDF usw. HDGDL LKW

1 Lesen Sie den Text. Welche Abkürzungen kennen Sie? Was bedeuten sie? Manche Abkürzungen können auch mehr als eine Bedeutung haben.

> Ich kenne BMW. Das heißt …

2 Arbeiten Sie in Gruppen. Wählen Sie Abkürzungen und erfinden Sie eigene Bedeutungen. Wer hat die lustigsten Sätze?

> DIN könnte bedeuten: Dora isst Nudeln.
> Das Internet nervt. …

Sag's mit 50 Worten!

Es macht mich wütend, wenn …
Wenn ich viel Geld hätte, würde ich …
Ich bewundere Sie, weil …
Was ich dir schon lange mal sagen wollte: …
Am Wochenende könnten wir …
Ich habe nichts gegen laute Musik, aber …

> Wenn ich viel Geld hätte, würde ich …

Es macht mich wütend, wenn …

… jemand schlecht über andere Menschen redet. Ich finde, so etwas ist eine Charakterschwäche. Und ich frage mich dann immer, was so jemand wohl über mich erzählt, wenn er mit anderen Leuten spricht. Zu solchen Typen sage ich einfach nur: „Stopp! Ich will das nicht hören!"

Wenn ich viel Geld hätte, würde ich …

… ein richtig großes Fest machen. Das Fest würde von Freitagabend bis Sonntagabend dauern. Alle meine Freunde könnten kommen und mitfeiern. Alle könnten so viel essen und trinken, wie sie wollen. Ich würde auch mehrere Bands einladen, dann könnten wir zur Live-Musik tanzen.

1 Sag's mit 50 Worten! Wählen Sie auf S. 56 einen Textanfang und schreiben Sie einen 50-Wörter-Text.

2 Lesen Sie Ihren Text im Kurs vor.

> *Am Wochenende könnten wir ...*

HÖREN

Missverständnisse

Fritz ist in der Stadt und ruft mit seinem Handy zu Hause bei Josefine an.
Leider ist die Handyverbindung sehr schlecht. Manche Worte kann Josefine fast gar nicht verstehen.
Am Schluss sagt Josefine etwas und Fritz versteht es nicht.

Das versteht Josefine:

Du hast es schon mehrfach versucht?
Wo gehst du entlang?
Wassersport? Wieso Wassersport?
Es ist dir egal?
Du rauchst jetzt?
Es wird immer schlimmer?
Da ist kein Handtuch links oben.

Das hat Josefine gesagt:

Bring Energiesparbirnen mit.
Damit wir einen Vorrat haben haben.

Das hat Fritz gesagt:

Die Verbindung ist _sehr schwach_ .
Ich habe fast keinen _____.
Ich brauche mein _____.
Es ist _____.
Ich _____.
Geh mal _____.
Es steht in dem kleinen _____
links oben.

Das versteht Fritz:

Irgendwie'n paar Birnen?
Damit wir ein Fahrrad haben.

2 ◀)) 18   Hören Sie. Was hat Fritz gesagt? Ergänzen Sie.

Eine Arbeit finden

Folge 5: Selbst was dafür tun

2 ◁)) 19–22

1 Sehen Sie die Fotos an und hören Sie. Beantworten Sie die Fragen.

– Welches Problem hat Tante Lina?   – Was übt sie mit ihm?

– Was rät Ella Tobias?   – Warum sind Ella und Lina überrascht?

2 ◁)) 19–22

2 Hören Sie noch einmal. Was ist passiert? Erzählen Sie. Die Stichpunkte helfen Ihnen.

Foto 1
Lina – Ella anrufen
Sohn Tobias – schlechten Schulabschluss machen
Lina sich Sorgen machen – Tobias keinen
Ausbildungsplatz finden
Ella fragen – Tobias bei Bewerbung helfen

Foto 2
Tobias Praktikum bei Teknomarkt gemacht
gut mit Technik auskennen
Ella Idee: als Fachverkäufer bewerben

Foto 3
Tobias um Job bewerben
zum Vorstellungsgespräch eingeladen –
mit Ella Gespräch üben
Ella: Tobias guter Schauspieler

Foto 4
Tina und Ella überrascht: Tobias an
Schauspielschule beworben
Platz an der Schauspielschule bekommen

Tobias L., 17, ~~keine~~ Idee

von Ella Wegmann

Es gibt Menschen, die schon als Kinder wissen, welchen Beruf sie später mal ergreifen. Tobias L. gehört nicht zu dieser Gruppe. Bis kurz vor seinem Realschulabschluss hat er keine Ahnung,
5 was er werden soll. Während seines letzten Schuljahrs nimmt er an mehreren Berufsberatungskursen teil. Auf eine Idee bringt ihn das nicht. Er macht ein Praktikum in einem großen Technik-Markt. Aber ein Leben lang Kunden
10 beraten? Nein, das ist auch nicht sein Ding. In seiner Freizeit beschäftigt sich Tobias viel mit seiner Videokamera. Er macht witzige Clips und stellt sie ins Internet. Irgendwann sagt ihm jemand, dass er ein großes Talent für den
15 Schauspielerberuf hat. In diesem Moment macht es „Bling!" im Kopf des Siebzehnjährigen.

Er bewirbt sich bei der bekanntesten Schauspielschule im Land und wird genommen, obwohl es etwa achthundert Mitbewerber für
20 die sieben freien Plätze gibt. Tja, manchmal genügt nur eine einzige Idee ... und schon wird alles gut!

---

3 Was bedeutet: „Für den Traumjob muss man etwas tun!"? Was meinen Sie?

> *Ich finde, man soll den Beruf lernen, den man wirklich will.*

> *Den Traumjob gibt es nicht. Bei einem Job sind andere Dinge wichtig: ...*

4 Ellas Kolumne

Was ist richtig? Lesen Sie die Kolumne und kreuzen Sie an.

a ○ Tobias wusste schon in der Schule, was er werden will.
b ○ Die Berufsberatungskurse haben ihm bei der Berufswahl geholfen.
c ○ Irgendwann sagt ihm jemand, dass er ein guter Schauspieler ist.
d ○ Er bekommt einen Platz an der Schauspielschule, weil es wenig Bewerber gibt.

5 Was hat Ihnen bei der Berufswahl geholfen? Erzählen Sie.

> *Nach meinem Praktikum in einem Kindergarten wusste ich, dass ...*

> *Ich weiß noch gar nicht, was ich werden will. Vielleicht ...*

Ellas Film

A Fang endlich an, Bewerbungen **zu schreiben**!

A1 Fang endlich an, …!

2 ◀)) 23 **a** Wer sagt was?

Hören Sie. Verbinden Sie und ordnen Sie zu. Ergänzen Sie dann die Tabelle.

○ Fang endlich an,   als Verkäufer in einem Technik-Markt zu arbeiten?
○ Es ist wirklich toll,   Bewerbungen zu schreiben!
○ Hättest du Lust,   Kunden zu beraten.

Es ist toll, _____

auch so nach: Es ist (nicht) stressig/interessant/anstrengend/leicht, …

Fang endlich **an,** _____

auch so nach: sich (nicht) vorstellen können, versuchen, vergessen, aufhören, …

Hättest du **Lust,** _____

auch so nach: (kein/keine) Zeit/Interesse /Angst/Freude/Spaß/ … haben, …

b Notieren Sie drei Sätze zum Thema „Beruf".
Sammeln Sie die Zettel ein und verteilen Sie sie neu.
Lesen Sie und raten Sie: Wer hat was geschrieben?

Ich kann mir nicht vorstellen, …   Ich vergesse oft, …   Es ist toll, …

> Ich kann mir nicht vorstellen,
> nachts zu arbeiten.
> …

A2 Stellenanzeigen

a Welche Anzeige passt zu den Branchen? Ordnen Sie zu.

○ Hotel, Gastronomie   Ⓐ Handwerk ○ Pflege ○ Handel

A
Für den Einsatz in ganz Deutschland suchen wir:
Servicetechniker Fotovoltaik (m/w) (Elektroinstallateur)
Wir erwarten Branchenerfahrung im Bereich Fotovoltaik,
eine abgeschlossene Ausbildung zum Elektriker/
Elektroniker, Montage- und Reisebereitschaft, gute
Deutschkenntnisse, Zuverlässigkeit, eine selbstständige
Arbeitsweise. Wir bieten Ihnen eine leistungsgerechte
Bezahlung und optimale Entwicklungsmöglichkeiten.
Gute MS-Office-Kenntnisse sind Voraussetzung.
Wir freuen uns auf Ihre Bewerbung bis zum

B
Wir suchen ab Juni befristet auf
3 Monate eine(n) erfahrene(n) Ser-
viceangestellte(n) zur Vergrößerung
unseres Teams für unser persönlich
geführtes Hotel.
Gute Englisch- und Französisch-
kenntnisse vorausgesetzt.
Weitere Informationen und
Bewerbungsunterlagen bitte an:
Hotel

C
Pflichtbewusste und motivierte Altenbetreuerin gesucht.
Ihre Aufgaben: Unterstützung im Haushalt, leichter Pflege-
dienst.
Voraussetzung: Pkw-Führerschein; Berufserfahrung von
Vorteil. **Bewerbung an**

D
**Wir suchen ab sofort
freundliche und zuverlässige
Kassierer/innen**
Sie brauchen uns keine schrift-
liche Bewerbung zu schicken.
Rufen Sie uns einfach an.

Sie brauchen uns keine schriftliche Bewerbung zu schicken. =
Sie müssen uns keine schriftliche Bewerbung schicken.
Sie brauchen nicht/nur … zu … = Sie müssen nicht/nur …

b Lesen Sie die Stellenanzeigen in a noch einmal und markieren Sie:
Welche beruflichen Kenntnisse und persönlichen Fähigkeiten werden verlangt?

A3 Darios Bewerbungsschreiben

a Auf welche Anzeige aus A2 bewirbt sich Dario? Lesen Sie und ergänzen Sie im Brief.

b Notieren Sie die Fähigkeiten und Anforderungen aus der Anzeige in A2, auf die Dario sich bezieht.

Bewerbung als _____

Sehr geehrte Damen und Herren,

mit großem Interesse habe ich Ihre Anzeige gelesen und bewerbe mich
hiermit um die Stelle.

Wie Sie aus meinen Unterlagen ersehen können, war ich in Kroatien
nach meiner Ausbildung zum Elektriker mehrere Jahre als Angestellter
in einem Betrieb für Anlageninstallation tätig. Dort konnte ich auch
Erfahrungen in der Montage von Solaranlagen sammeln und feststellen,
dass ich gern auf Reisen bin.

Meine Muttersprache ist Kroatisch, ich spreche aber auch etwas Englisch
und gut Deutsch.
Es macht mir Spaß, selbstständig zu arbeiten. Außerdem bin ich es
gewohnt, meine Aufgaben schnell und zuverlässig zu erledigen. Ich
beherrsche auch die üblichen PC-Programme.
Über eine Einladung zu einem persönlichen Gespräch würde ich mich
sehr freuen.

Mit freundlichen Grüßen
Dario Simic

Anlagen: Lebenslauf, Zeugnisse

---

*Erfahrung im Bereich
Fotovoltaik, Montage- und ...*

_____

_____

_____

SCHON FERTIG? Welche Fähigkeiten
und Kenntnisse braucht man für
Ihren (Traum)Job? Sammeln Sie.

A4 Wählen Sie eine Stellenanzeige aus A2 oder aus dem Internet / einer Tageszeitung und schreiben Sie ein Bewerbungsschreiben. Die Satzanfänge helfen Ihnen.

Mit großem Interesse ...

*Wie Sie aus meinen Unterlagen ersehen können,
war ich in meiner Heimat / in ... / ... als ... tätig.*

*Ich habe dort bei ... gearbeitet. Das ist eine große/
kleine/... Firma / ein großes Unternehmen, die/das
... herstellt./produziert./verkauft./importiert./
exportiert./entwickelt.*

*Ich konnte in verschiedenen Bereichen
Erfahrungen sammeln. So war ich ..*

Dabei habe ich ...

Zu meinen Tätigkeiten gehörte auch ...

Ich bin es gewohnt, ...

Ich kann mir sehr gut vorstellen, ...

Es fällt mir leicht, ...

Es macht mir große Freude, ...

Über eine Einladung ...

B **Während** seines letzten Schuljahres ...

B1 Was bedeuten die Sätze? Kreuzen Sie an.

a Während seines letzten Schuljahres nimmt Tobias an mehreren Berufsberatungskursen teil.
  ○ Tobias hat im letzten Jahr die Schule besucht und zur gleichen Zeit an mehreren Berufsberatungskursen teilgenommen.
  ○ Tobias hat erst seinen Schulabschluss gemacht und danach an mehreren Berufsberatungskursen teilgenommen.

b Außerhalb des Unterrichts macht Tobias witzige Clips für das Internet.
  ○ Tobias macht im Unterricht witzige Clips für das Internet.
  ○ Tobias macht in seiner Freizeit witzige Clips für das Internet.

c Innerhalb weniger Wochen hat er einen Platz an der Schauspielschule bekommen.
  ○ Nach wenigen Wochen hat er einen Platz an der Schauspielschule bekommen.
  ○ Vor wenigen Wochen hat er einen Platz an der Schauspielschule bekommen.

Wann?	
während innerhalb außerhalb	• des Unterrichts • des Schuljahres • der Schulzeit • der Öffnungszeiten

B2 Ohne Nervosität ins Bewerbungsgespräch

a Lesen Sie die Tipps und ordnen Sie zu.

~~bei~~ | beim | bis | vom ... an | vor | vor | während | während

WIEDERHOLUNG		
	Wann?	bei, beim, vor
	Wie lange?	bis
	Ab wann?	von ... an

> **„BITTE ERZÄHLEN SIE UNS ETWAS ÜBER SICH."** | Spätestens nach diesem Satz werden wohl die meisten Bewerber nervös. Was hilft gegen die Nervosität _____ Bewerbungsgespräch?

1 Gute Vorbereitung schafft Sicherheit: Sie können sich schon _____ dem Gespräch auf Standardfragen vorbereiten und sich über das Unternehmen informieren. Warten Sie damit nicht _____ zur Einladung zum Vorstellungsgespräch. Beginnen Sie schon _____ Zeitpunkt der Bewerbung _____ .

2 Stress vermeiden: Rechnen Sie für Ihre Anfahrt einen zeitlichen Puffer ein. Ohne Stress *bei* der Anreise gehen Sie entspannter in das Gespräch.

3 Übung macht den Meister: Spielen Sie Gespräche vor dem Spiegel. Dann fühlen Sie sich _____ des Gesprächs sicherer.

4 Freuen Sie sich auf das Gespräch: Die Firma bewirbt sich auch um Sie. Und vergessen Sie nicht, _____ des Gesprächs zu lächeln.

5 Bewegung baut Stress ab: Gehen Sie _____ dem Gespräch spazieren, wenn Sie noch etwas Zeit haben. Das beruhigt und so können Sie vermeiden, noch zusätzlich nervös zu werden.

b Was halten Sie von den Tipps? Was machen Sie gegen Nervosität bei Bewerbungsgesprächen oder Prüfungen? Sprechen Sie.

> *Also Tipp fünf finde ich blöd. Spazierengehen macht mich eher nervös. Ich ...*

2 ◀)) 24 B3 Tobias' Bewerbungsgespräch beim Tekno-Markt

a Hören Sie das Gespräch und kreuzen Sie an:
Über welche Themen wird gesprochen?

○ Schulabschluss ○ Gehalt ○ Praktikum ○ Grund für die Bewerbung
○ technische Kenntnisse ○ Kenntnisse von PC-Programmen
○ Sprachkenntnisse ○ Arbeitszeiten

b Was sagt Frau Seiffert? Hören Sie noch einmal und markieren Sie die Sätze.

◆ ==Guten Tag, Herr ...==. Kommen Sie doch bitte herein. ==Schön, dass Sie da sind.==

◆ Setzen Sie sich doch bitte.

◆ Erzählen Sie doch bitte etwas über sich.

◆ Welche Aufgaben hatten Sie in Ihrer letzten Firma / während des Praktikums /...?

◆ Konnten Sie während Ihres Praktikums / Ihres Studiums /... schon praktische Erfahrungen sammeln?

◆ Haben Sie auch noch andere / technische / handwerkliche /... Kenntnisse oder Fähigkeiten? Haben Sie auch Computerkenntnisse / Sprachkenntnisse?

◆ Haben Sie denn noch eine Frage an mich?

◆ Gut, Herr/Frau ..., wir melden uns dann innerhalb der nächsten Woche / in ... Tagen/Wochen bei Ihnen. Vielen Dank, dass Sie hier waren.

○ Danke für die Einladung zum Gespräch.

○ Dankeschön.

○ Ich bin ... / Ich habe ... gearbeitet. / gelernt. Davor habe ich als ... bei ... gearbeitet. Ich beende gerade meine Ausbildung / meinen ...kurs /..

○ Ich war ... im Verkauf / im Lager /... tätig. Dort war ich für ... zuständig

○ Ja, ich habe ein Praktikum / einen Kurs bei ... gemacht. / Nein, ich habe leider noch keine Berufserfahrung

○ Ja, ich habe ... / Nein, ich ... / Es fällt mir leicht, ... / Ich bin es gewohnt, ... / Es macht mir Spaß, ...

○ Ja, ich würde gern wissen, ...

○ Ja, vielen Dank auch an Sie. Auf Wiedersehen.

⇄ B4 Rollenspiel: Das Bewerbungsgespräch

a Auf welche Stelle würden Sie sich gern bewerben? Welche Fähigkeiten haben Sie? Machen Sie Notizen.

b Spielen Sie ein Bewerbungsgespräch mit Ihrer Partnerin / Ihrem Partner. Hilfe finden Sie in B3. Tauschen Sie auch die Rollen.

Bewerbung als: _____
Ausbildung / Berufserfahrung: _____
besondere Fähigkeiten: _____
Sprachkenntnisse: _____
Computerkenntnisse: _____

C Berufsberatung

C1 Berufsberatung: Lesen Sie und beantworten Sie die Fragen.

> ## Neue Perspektiven finden: Das bringt mich weiter.
>
> **Beratungsservice**
>
> Sie sind gerade mit der Schule fertig, wissen noch nicht, was Sie werden wollen und brauchen Hilfe bei der Berufswahl? Oder Sie sind berufstätig und möchten sich beruflich neu orientieren? Wir Berufsberater sind Experten für alle Fragen, die mit Ihren beruflichen Wünschen zusammenhängen. Im persönlichen Gespräch besprechen wir Ihre aktuelle Situation und beantworten Ihre Fragen. So finden wir gemeinsam den Weg, der zu Ihren Interessen, Fähigkeiten, Kenntnissen und Erfahrungen passt.

a Wer kann den Beratungsservice der Bundesagentur für Arbeit nutzen?
b Worüber wird in der Beratung gesprochen?

C2 Berufsberatung im Kurs: Welche beruflichen Wünsche haben Sie?

a Lesen Sie und kreuzen Sie an. Haben Sie noch weitere Wünsche? Ergänzen Sie.

Möchten Sie …	ja	nein		ja	nein
… viel reisen?	○	○	… etwas mit den Händen machen?	○	○
… im Team arbeiten?	○	○	… Verantwortung übernehmen?	○	○
… im Büro tätig sein?	○	○	… künstlerisch tätig sein?	○	○
… im Freien arbeiten?	○	○	… sich mit technischen Fragen beschäftigen?	○	○
… in einer Werkstatt tätig sein?	○	○	… etwas Neues entwickeln?	○	○
… am Computer sitzen?	○	○			
… anderen helfen?	○	○	weitere Wünsche:		
… Menschen beraten?	○	○	_____		

b Fragen Sie Ihre Partnerin / Ihren Partner und machen Sie Notizen.

> Ich habe Lust, …
> Ich habe Interesse (daran), …
> Ich kann mir gut vorstellen, …
> Ich finde es (nicht) anstrengend/leicht/schwer, …
> Es macht mir Spaß/Freude, …

Reisen?
Nein: Familie,
mehr zu Hause sein
…

Hast du Lust, viel zu reisen?

Nein, ich habe gar keine Lust, zu reisen. Ich habe Familie und möchte deshalb lieber viel zu Hause sein.

c Arbeiten Sie in Gruppen. Stellen Sie Ihre Partnerin / Ihren Partner vor. Welchen Beruf würden die anderen ihr/ihm empfehlen?

◆ … möchte nicht reisen, denn er hat Familie. Er kann sich gut vorstellen, im Team zu arbeiten, und wenn möglich auch im Freien. Auf keinen Fall will er am Computer arbeiten. Es macht ihm mehr Spaß, etwas mit den Händen zu machen. Welchen Beruf würdet ihr ihm empfehlen?
○ Vielleicht Gärtner?
▲ Oder Maler?

D1 Zufällige Begegnungen

2 ◀) 25–27

a Welches Foto passt? Hören Sie die Gespräche und ordnen Sie zu.

Gespräch	1	2	3
Foto			

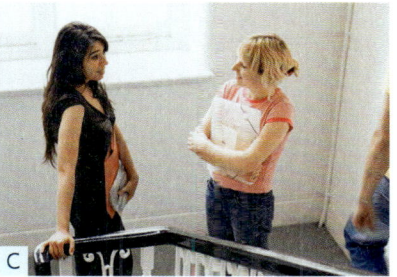

b Worüber reden die Leute in welchem Gespräch? Hören Sie noch einmal und ordnen Sie zu.
Finden die Leute das positiv oder negativ? Ergänzen Sie: ☺ oder ☹.

- ◯ neue Leute kennenlernen
- ◯ abwechslungsreiche Aufgaben
- ③ wenig Aufträge ☹
- ◯ Überstunden haben
- ◯ neuer Arbeitsplatz und neue Kollegen

- ◯ zu viel Arbeit
- ◯ Schicht arbeiten
- ◯ eine Stelle suchen
- ◯ sich selbstständig machen
- ◯ ein Bewerbungsgespräch

D2 Rollenspiel: Zufällige Begegnung im Supermarkt

Arbeiten Sie zu zweit. Spielen Sie ein Gespräch. Tauschen Sie dann die Rollen.

Partnerin/Partner 1: Sie treffen im Supermarkt jemanden, den Sie schon länger nicht mehr gesehen haben. Erkundigen Sie sich nach seiner Arbeit.

Partnerin/Partner 2: Wählen Sie eine Rolle und antworten Sie.

Hannes Meier
seit einem halben Jahr arbeitslos
☹ es gibt zurzeit kaum Stellen als Tierpfleger im Tierpark
☹ hat schon mehrere Bewerbungen geschrieben
☺ hat eine gute Fortbildung bei der Arbeitsagentur besucht
☺ hatte vor zwei Wochen ein interessantes Bewerbungsgespräch
☺ hofft, dass er die Stelle bekommt

Kasimir Woźniak
selbstständig als Übersetzer und Dolmetscher
☺ interessante Tätigkeit
☺ überlegt, eine Weiterbildung zu machen
☹ viel Konkurrenz: zu wenig Aufträge
☹ muss nebenbei als Reinigungskraft jobben
☹ kommt dort mit dem Chef nicht zurecht

Wie läuft's denn so in der Firma / mit der Jobsuche?
Noch immer so viel los/Arbeit?
Was machst du jetzt eigentlich genau?
Ist das nicht stressig/anstrengend / toll, dauernd …?
Hast du noch nie daran gedacht, die Stelle zu wechseln / dich selbstständig zu machen?

Ich habe (doch) eine neue Stelle als … bei …
Ich muss eine Kollegin / einen Kollegen vertreten / zurzeit viel arbeiten.
Ich suche immer noch eine Stelle als …
Es ist interessant/stressig/toll/anstrengend, …
Oh! Ich muss jetzt leider los.
Schade, ich muss jetzt leider (dringend) …
Also dann tschüs. Es war schön, dich mal wieder zu sehen. Bis zum nächsten Mal.

Grammatik und Kommunikation

Grammatik

1 Infinitiv mit *zu* ÜG 10.07

Fang endlich **an**, Bewerbungen **zu** schreiben!

auch so: sich (nicht) vorstellen können, erwarten können, versuchen, vergessen, aufhören, ...

Es ist toll, Kunden **zu** beraten.

auch so: Es ist (nicht) leicht/stressig/interessant/anstrengend/ ...

Hättest du **Lust**, als Verkäufer **zu** arbeiten?

auch so: (kein/keine/keinen) Interesse/Angst/ Zeit/Freude/Spaß/ ... haben, ...

2 Temporale Präposition: *während* + Genitiv ÜG 6.01

während	• des/eines Kurses
	• des/eines Schuljahres
	• der/einer Beratung
	• der Öffnungszeiten

auch so: **innerhalb**, **außerhalb**

Leider rufen Sie **außerhalb** unser**er** Öffnungszeiten an.
Wir werden uns **innerhalb** ein**er** Woche bei Ihnen melden.

Schreiben Sie über sich. Wie viele Sätze finden Sie in fünf Minuten?

> Ich möchte endlich aufhören, ...
> Es macht mir viel Freude, ...
> Ich versuche, ...

Was passt? Ordnen Sie zu.

außerhalb   innerhalb   während

1 Schon beim Frühstück plant sie ihren Arbeitstag. =
Schon _____ des Frühstücks plant sie ihren Arbeitstag.

2 Ich rufe dich in der nächsten Stunde an. =
Ich rufe dich _____ einer Stunde an.

3 Privatgespräche führen Sie bitte nicht in der Arbeitszeit. =
Privatgespräche sind nur
_____ der Arbeitszeit erlaubt.

Kommunikation

VON BERUFLICHEN WÜNSCHEN ERZÄHLEN: Ich kann mir gut vorstellen, ...

*Ich habe Lust, ... | Ich habe Interesse (daran), ... |
Ich kann mir gut vorstellen, ... | Ich finde es (nicht) anstrengend/leicht/
schwer, ... | Es macht mir Spaß/Freude, ...*

SICH SCHRIFTLICH BEWERBEN: Mit großem Interesse ...

Mit großem Interesse ...

*Wie Sie aus meinen Unterlagen ersehen können, war ich in meiner Heimat /
in ... /... als ... tätig.*

*Ich habe dort bei ... gearbeitet. Das ist eine große/kleine/... Firma /ein großes
Unternehmen, die/das ... herstellt./produziert./verkauft./importiert./
exportiert./entwickelt.*

Ich konnte in verschiedenen Bereichen Erfahrungen sammeln. So war ich ...

Dabei habe ich ... Zu meinen Tätigkeiten gehörte auch ...

*Ich bin es gewohnt, ... /Ich kann mir sehr gut vorstellen, ... /Es fällt mir
leicht, ... /Es macht mir große Freude, ...*

Über eine Einladung ...

ÜBER DIE EIGENE ARBEIT SPRECHEN: Ich habe ein Praktikum bei … gemacht.

Ich bin … / Ich habe … gearbeitet. / gelernt.

Davor habe ich als … bei … gearbeitet.

Ich beende gerade meine Ausbildung / meinen …kurs / …

Ich war … im Verkauf / im Lager / … tätig. Dort war ich für … zuständig.

Ich habe ein Praktikum / einen Kurs bei … gemacht.

Ich habe leider noch keine Berufserfahrung.

SICH NACH DER ARBEIT ERKUNDIGEN: Noch immer so viel Arbeit?

Wie läuft's denn so in der Firma / mit der Jobsuche?

Noch immer so viel los / Arbeit?

Was machst du jetzt eigentlich genau?

Ist das nicht stressig / anstrengend / toll, dauernd …?

Hast du noch nie daran gedacht, die Stelle zu wechseln / dich selbstständig zu machen?

ÜBER DIE ARBEIT SPRECHEN: Es ist anstrengend, …

Ich habe (doch) eine neue Stelle als … bei …

Ich muss eine Kollegin / einen Kollegen vertreten / zurzeit viel arbeiten.

Ich suche immer noch eine Stelle als …

Es ist interessant / stressig / toll / anstrengend, …

EIN GESPRÄCH BEENDEN: Schade, ich muss jetzt leider …

Oh! Ich muss jetzt leider los.

Schade, ich muss jetzt leider (dringend) …

Also dann tschüs. Es war schön, dich mal wieder zu sehen.

Bis zum nächsten Mal.

Schreiben Sie Ihre Berufsbiografie. Lassen Sie sie korrigieren.

Sie treffen Ihre Nachbarin an der Bushaltestelle. Schreiben Sie ein kurzes Gespräch.

> △ Hallo Teresa.
> Wie läuft's denn so …?

TiPP

Schreiben Sie wichtige Redemittel auf Kärtchen und lernen Sie sie auswendig.

> Es war schön, Sie mal
> wieder zu sehen.

Sie möchten noch mehr üben? 2 | 28–30 AUDIOTRAINING

Lernziele

Ich kann jetzt …

A … eine Bewerbung schreiben: *Mit großem Interesse …* _____ ☺ ☺ ☹

B … ein Bewerbungsgespräch führen: *Danke für die Einladung zum Gespräch.* _____ ☺ ☺ ☹

C … von meinen beruflichen Wünschen erzählen: *Ich kann mir gut vorstellen, im Team zu arbeiten.* _____ ☺ ☺ ☹

D … von der Arbeit erzählen: *Ich habe doch eine neue Stelle …* _____ ☺ ☺ ☹

Ich kenne jetzt …

10 Wörter zum Thema *Bewerbung:*
die Fähigkeit, …

6 Wörter zum Thema *Berufstätigkeit:*
die Verantwortung, …

Zwischendurch mal …

Es ist Zeit, endlich aufzuwachen!

Macht's euch denn wirklich Spaß,
um sechs Uhr aufzustehen?
Habt ihr denn immer noch Lust,
in diese Firma zu gehen?
Ist es für euch nicht frustrierend,
die müden Gesichter zu sehen?
Habt ihr noch nicht genug davon,
euch dauernd nur im Kreis zu drehen?

Hey, es ist Zeit, mal endlich aufzuwachen.
Ja, es ist Zeit, die Dinge anders zu sehen.
Hört bitte auf, die Welt so grau zu machen!
Fangt lieber an, auf neuen Wegen zu gehen!

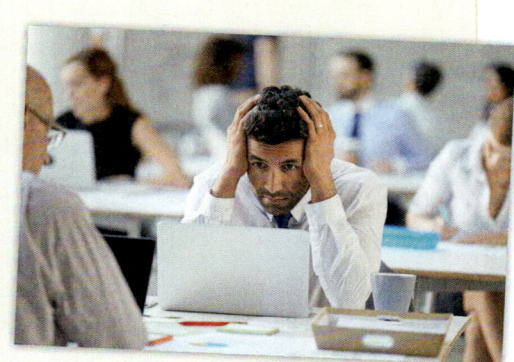

Macht's euch denn gar nichts aus,
immer nur zu funktionieren
und diesen täglichen Superstress
auch noch mit zu organisieren?
Wir sollten wirklich versuchen,
nicht noch mehr Zeit zu verlieren.
Drum lasst uns jetzt gleich beginnen,
etwas Neues auszuprobieren.

Hey, es ist Zeit, mal endlich aufzuwachen.
Ja, es ist Zeit, die Dinge anders zu sehen.
Wir fangen an, gemeinsam loszulachen.
Wir fangen an, gemeinsam loszugehen.

2 🔊 31   **1** Hören Sie das Lied und singen Sie mit.

2 Würden Sie auch gern etwas ändern? Wenn ja, was? Schreiben Sie Sätze.

> *Wir sollten endlich versuchen, …*
> *Es ist Zeit, …*
> *Wir sollten wirklich beginnen, …*
> *Hört bitte auf, …*
> *Fangt lieber an, …*
> *Habt ihr noch nicht genug davon, …?*
> *Macht es euch wirklich Spaß, …?*

RÄTSEL

Hallo! Ich bin Lina.

Lesen Sie die Informationen zu Lina. Ordnen Sie zu und lösen Sie dann das Rätsel.

MITARBEITER CHEFIN ~~AUSBILDUNG~~ KANTINE ABTEILUNG BERUFSERFAHRUNG
UNTERNEHMEN PRODUZIEREN MÖBELFIRMA KOLLEGEN

Hallo! Ich bin Lina. Nach der Schule habe ich eine _AUSBILDUNG_ (9→7) zur Möbelschreinerin gemacht und habe inzwischen fünf Jahre _____ (6→1) . Ich arbeite in einer _____ (4→3 / 7→12) . Wir _____ (6→10) dort zum Beispiel Tische, Stühle und Betten. In meiner _____ (1→8 / 9→13) machen wir vor allem Küchenschränke. Ich arbeite dort mit sechs _____ (3→4 / 4→5) zusammen. In der Mittagspause essen wir in der _____ (7→6) . Die Firma hat fast 200 _____ (3→2) . Das _____ (2→9 / 7→11) gibt es schon seit 1955. Unsere _____ (3→14) ist die Enkelin des Firmengründers.

	1	2	3	4	5	6	7	8	9	10	11	12	13	14
Lösungswort:							N							

FILM

Zelihas Grillhaus

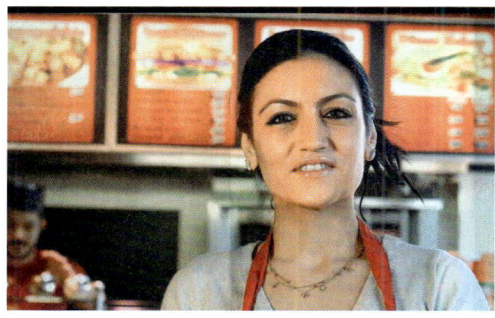

Zeliha
Herkunft: türkische Familie,
Großvater in den 60er-Jahren
aus der Türkei nach Deutschland
ausgewandert …

1 Sehen Sie den Film an und machen Sie Notizen zu Zeliha.
  Vergleichen Sie dann mit Ihrer Partnerin / Ihrem Partner.

2 Wie gefällt Ihnen Zelihas Grillhaus? Würden Sie dort gern essen? Warum (nicht)?

Dienstleistung

Folge 6: Mädchen für alles

3 ◀))) 1–4

1 Sehen Sie die Fotos an. Was meinen Sie? Welche Aussage von Leon passt?
Ordnen Sie zu. Hören Sie dann und vergleichen Sie.

A *Ich habe einen Job gesucht, bei dem man viel rumkommt, statt nur im Büro zu sitzen.*

B *Ich will als Erster bei dem Laden sein, um dort zu warten, bis er öffnet.*

C *Ich kenne da einen Typen bei einer Produktionsfirma. Der sucht so einen Elefanten für einen Kinofilm.*

D *Haben Sie ein Foto von der Tasse? ... Wunderbar! Schicken Sie es mir bitte gleich, okay? Bis wann müssen Sie die Ersatztasse haben?*

Leon

Foto	1	2	3	4
Aussage				

Etwas tun, statt nur zu träumen

von Ella Wegmann

„Raus aus der täglichen Langeweile, statt Tag für Tag immer das Gleiche zu machen. Was anderes tun, was Neues ausprobieren, mein eigener Chef sein, ach, wäre das schön!" Denken Sie das
5 auch manchmal? Und ... was machen Sie dann? Seien Sie ehrlich! Ändern Sie was? Fangen Sie wirklich etwas Neues an?

„Nein, nicht heute. Lieber erst morgen. Es ist doch viel einfacher, alles so zu lassen, wie es ist.
10 Da weiß man wenigstens, was man hat und wie es geht. Das Neue ist ja leider immer so anstrengend. Und überhaupt: Änderungen sollte man sich sehr gut überlegen, damit man keine Fehler macht."

15 Tja, es ist viel leichter, über Änderungen nur zu reden, als wirklich etwas zu ändern. Ein berühmter Deutscher hat mal gesagt:

„Den größten Fehler, den man im Leben machen kann, ist, immer Angst zu haben,
20 einen Fehler zu machen." Man kann nichts Neues lernen, ohne Fehler zu riskieren. In diesem Sinn: Versuchen wir es, probieren wir das Neue, statt immer nur davon zu träumen!

---

3 🔊 1–4   **2 Hören Sie noch einmal. Was erfahren Sie über Leons Job? Ergänzen Sie.**

Foto 1: Heute Morgen musste Leon sehr früh aufstehen. Sein Service ist für Menschen, die keine
_____ oder keine _____ haben, bestimmte Dinge selbst zu erledigen.

Foto 2: Leon arbeitet _____ und ist sein eigener Chef. Wenn er mal warten
muss oder wenn es regnet, nutzt er die Zeit für _____.

Foto 3: Leon löst fast jedes _____ für seine Kunden. Wenn er etwas sucht,
_____ er es auch. Das ist sein Geheimnis.

Foto 4: Wenn Leon einen Gegenstand findet, der für einen Kunden interessant sein könnte,
schickt er ihm ein _____, damit er sehen kann, wie der Gegenstand aussieht.

3 Ellas Kolumne

Lesen Sie die Kolumne. Welche Aussage passt zu Ella? Kreuzen Sie an.

a ○ Änderungen sind anstrengend und machen unser Leben nicht unbedingt besser.
Wir sollten lieber in unserem ruhigen Alltag bleiben und keine Fehler riskieren.

b ○ Die meisten Menschen möchten kein Risiko eingehen und lassen lieber alles so,
wie es ist. Das ist schade, denn nur aus Fehlern lernen wir.

Ellas Film

A **Es** ist nicht leicht, aber **es** lohnt sich.

A1 Wer sagt was?

Kreuzen Sie an. Hören Sie dann und vergleichen Sie.

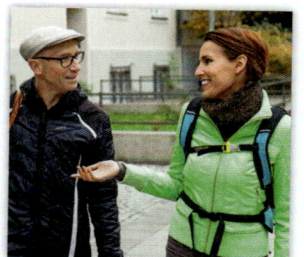

	Ella	Leon
a Es war drei Uhr, als mein Wecker heute Morgen geklingelt hat!	○	○
b Es ist unglaublich! Von so etwas kann man doch nicht leben!	○	○
c Es ist nicht leicht, aber es lohnt sich.	○	○
d Wenn es mal regnet, mache ich Büroarbeiten.	○	○
e Es ist verrückt! Du findest für jedes Problem eine Lösung.	○	○

A2 Wann benutzt man *es*? Ordnen Sie zu.

Befinden   Wetter   Tages- und Jahreszeiten   ~~allgemein~~

es in festen Wendungen	
allgemein :	Es ist (nicht) leicht/schwierig/schön/... Es gibt ... /Es lohnt sich.
_____ :	Es ist jetzt vier Uhr/Sommer/Nacht/...
_____ :	Es regnet /ist heiß /sind dreißig Grad /...
_____ :	Wie geht es Ihnen? /Wie geht's?

A3 Der eigene Chef sein

a Lesen Sie die Texte und kreuzen Sie an.

Hung Nguyen	Songül Nevin	Victor Krumm	
○	○	○	führt einen Altenpflegedienst.
○	○	○	besitzt ein Lebensmittelgeschäft.
○	○	○	hat in Berlin ein Restaurant aufgemacht.

Der eigene Chef sein

Hung Nguyen, 29 Jahre

Ich komme aus Vietnam und bin im Norden des Landes aufgewachsen.
Mein Vater hat in den 1980er-Jahren in der DDR gearbeitet. Als ich
geboren wurde, entschloss er sich, nach Vietnam zurückzugehen. Ich habe
5 in Vietnam Management studiert und bin mit 23 Jahren zum Studium nach Berlin gegangen.
Mein Vater hatte immer viel von Deutschland erzählt und ich wollte dieses Land unbedingt
kennenlernen. Das Leben in so einer Großstadt fand ich sehr aufregend. Anfangs hatte ich
manchmal ein bisschen Heimweh, aber dann habe ich meine Frau kennengelernt und bin
geblieben. In Berlin gibt es viele vietnamesische Restaurants. Der Wettbewerb ist sehr groß.
10 Vor drei Jahren habe ich trotzdem selbst ein kleines Restaurant eröffnet. Unsere Spezialität sind
Banh Mi. Das ist eine Art belegtes Brötchen mit Fleisch oder Ei, dazu Gemüse, Kräuter, Gewürze
und eine besondere Soße. Die gab es bis dahin in Berlin noch nicht. Gekocht habe ich schon
immer gern. Ich mache alles selbst, und es schmeckt den Gästen sehr. Mittlerweile verkaufe ich
Banh Mi auch auf Märkten. Streetfood, also schnelles Essen, das man auf der Straße kauft und
15 isst, ist hier gerade sehr beliebt.

Songül Nevin, 42 Jahre alt

Meine Eltern sind vor über 40 Jahren als Gastarbeiter aus der Türkei nach
Deutschland gekommen. Ich bin hier in Deutschland geboren. Nach der
Schule habe ich eine Ausbildung zur Krankenschwester gemacht und

20   sieben Jahre in einem Krankenhaus gearbeitet. Danach bin ich in die Altenpflege gewechselt und mir ist aufgefallen, dass es bei der Pflege von türkischen Patienten große Probleme gibt. Denn die deutschen Altenpflegerin-
nen kennen ihre Sprache und Kultur nicht. Darauf sollte man bei der Pflege Rücksicht nehmen.
Vor fünf Jahren habe ich einen interkulturellen Pflegedienst gegründet, um diese Menschen

25   richtig zu betreuen. Doch es war nicht einfach, Pflegekräfte mit türkischem Hintergrund zu
finden. Mittlerweile habe ich zwölf Mitarbeiterinnen. Ich gehe auch selbst noch zu Patienten.
Außerdem gebe ich Kurse, muss viel organisieren und gehe zu Ärzten und in Moscheen, um
den Pflegedienst vorzustellen. Denn Türken sind es nicht gewohnt, alte Menschen von Pflege-
diensten betreuen zu lassen. Viele wollen ihre Eltern selbst pflegen. Doch irgendwann ist es

30   ihnen zu anstrengend und dann freuen sie sich über unsere Hilfe.

Victor Krumm, 58 Jahre

Schon in meiner Heimat Russland habe ich jahrelang ein Geschäft geleitet.
Ich bin Kaufmann von Beruf und habe lange in einer Drogerie gearbeitet.
Als ich 1996 nach Deutschland kam, war klar: Irgendwann möchte ich

35   meinen eigenen Laden eröffnen. Ich habe ein paar Jahre in anderen
Geschäften gearbeitet und mich vor 15 Jahren mit einem Lebensmittel-
geschäft in Hamburg selbstständig gemacht. Es war ein Experiment und natürlich auch ein
finanzielles Risiko, aber es hat geklappt. Inzwischen arbeitet meine Frau ebenfalls mit im
Geschäft. Es macht uns beiden großen Spaß. Ich glaube, wir sind die geborenen Geschäfts-

40   leute und immer froh darüber, unsere Kunden glücklich zu sehen. Wir verkaufen ausschließ-
lich russische Produkte und somit auch ein bisschen Heimatgefühl. Rund 80 Prozent unserer
Kunden sind Russen. Bei uns gibt es alle Zutaten, die man für die russische Küche braucht.
Mein erster Laden war sehr klein. Ich hatte damals nur wenig Ware, höchstens 30 Artikel.
Die Kunden waren trotzdem begeistert, bei mir Lebensmittel zu finden, die es sonst hier nicht

45   gab. Schnell musste ich einen größeren Laden mieten. Heute ist er ein Supermarkt mit rund
700 Produkten.

b Lesen Sie die Texte noch einmal und markieren Sie alle Zahlen.
Machen Sie Notizen und sprechen Sie.

> Victor ist 1996 …

Hung Nguyen	Songül Nevin	Victor Krumm
29: Alter	42:	58:
1980:	40:	1996: nach Deutschland
23:	7:	15:
3:	5:	80:
	12:	30:
		700:

A4 Welche Geschäftsidee aus A3 finden Sie gut?

Oder haben Sie eine eigene Geschäftsidee? Erzählen Sie.

> Mein Traum wäre ein eigenes Kosmetik-
> studio. Es ist sicher nicht leicht, selbst-
> ständig zu sein, aber es wäre schön, …

B Ich will bei dem Laden sein, **um** dort **zu** warten.

B1 Was ist richtig? Kreuzen Sie an.
Ergänzen Sie dann die Tabelle.

a Leon will als Erster bei dem Laden sein,
  ○ damit er in Ruhe mit dem Verkäufer sprechen kann.
  ○ um dort Schuhe für einen Kunden zu kaufen.

b Leon kauft diese Schuhe,
  ○ damit sein Kunde ausschlafen kann.
  ○ um sie dem Kunden zu schenken.

Leon will als Erster bei dem Laden sein, _____ dort Schuhe für einen Kunden _____ kaufen.
Leon kauft diese Schuhe, _____ sein Kunde ausschlafen kann.

B2 Wozu macht Leon diesen Job? Sprechen Sie.

Leon möchte selbstständig arbeiten.
Leons Kunden müssen diese Dinge nicht selbst erledigen.
Er möchte möglichst viele verschiedene Menschen kennenlernen.
Er möchte viel rumkommen.
Er möchte nicht den ganzen Tag im Büro sitzen.
Sein Alltag wird interessanter.

> *Er macht diesen Job, um selbstständig zu arbeiten.*
> *..., damit seine Kunden ...*

B3 Kenntnisse im Beruf

3 ◄))6 **a** Hören Sie den Anfang. Welche sozialen Kompetenzen hören Sie? Kreuzen Sie an.

○ Teamfähigkeit ○ Pünktlichkeit ○ Toleranz ○ Konfliktfähigkeit ○ kommunikative Kompetenz
○ Kreativität ○ Zuverlässigkeit ○ Motivation ○ Flexibilität ○ Humor ○ Engagement

3 ◄))7 **b** Lesen Sie die Fragen (1–6) und die Antworten (a–f).
Hören Sie dann das Interview weiter und ordnen Sie zu.

Antwort

1 Warum sind diese sozialen Kompetenzen heute eigentlich so wichtig? ⓑ
2 Welche Soft Skills sollte ein Bewerber denn auf jeden Fall mitbringen? ○
3 Da ist überall die Rede von Teamfähigkeit und Konfliktfähigkeit. Was genau bedeutet das? ○
4 Gibt es noch andere wichtige Soft Skills? ○
5 Kann man diese Dinge eigentlich lernen? ○
6 Hätten Sie vielleicht noch ein paar Tipps für unsere Hörerinnen und Hörer? ○

a Kommunikative Kompetenz und ein sicheres Auftreten sind auf jeden Fall wichtig.
b Heute gibt es immer mehr Teamarbeit am Arbeitsplatz.
c Sie sollten wissen, was Sie gut oder auch nicht so gut können.
d Wichtig sind außerdem noch Motivation und Engagement.
e Vieles lernt man schon in der Kindheit, z.B. in der Familie oder in der Schule.
f Das bedeutet, man kann gut im Team arbeiten und auch mal Kompromisse eingehen.

⇆ B4 Wozu braucht man das? Arbeiten Sie in Gruppen.
Jede/r schreibt ein blaues und ein grünes Kärtchen. Mischen Sie die Kärtchen. Fragen und antworten Sie.

Was? Internet   Klimaanlage

Wozu? kühl sein   recherchieren

> *Wozu braucht man eine Klimaanlage?*
> *Damit es im Sommer in der Wohnung kühl ist.*

C1 Arbeitsalltag
Ergänzen Sie.

a Man sollte etwas tun. Aber man träumt nur.

Man sollte etwas tun, *statt nur zu träumen* .

b Man möchte viel rumkommen. Aber man sitzt nur im Büro.

Man möchte viel rumkommen, *statt* _____

_____ .

c Man kann nichts Neues lernen. Man muss Fehler machen.

Man kann nichts Neues lernen, *ohne* _____

_____ .

d Man möchte selbstständig arbeiten. Man möchte nicht ständig einen Chef vor der Nase haben.

Man möchte selbstständig arbeiten, *ohne* _____

_____ .

> Man sollte etwas tun, statt nur zu träumen.
>
> Man kann nichts Neues lernen, ohne Fehler zu machen.

C2 Unglücklich im Job

a Lesen Sie den Forumsbeitrag von Melly99. Was ist ihr Problem? Was wünscht sie sich?

> **Melly99**
> Hoffentlich habt ihr einen guten Rat für mich, ich bin nämlich ziemlich verzweifelt.
> Ich (26) bin Informatikerin und habe seit zwei Jahren eine Stelle bei einer Softwarefirma.
> Leider hat es mir dort von Anfang an nicht gefallen. Ihr könnt euch gar nicht vorstellen,
> wie langweilig dieser Job ist. Statt zu arbeiten, schaue ich spätestens ab 11 ständig auf
> die Uhr. Jeder macht brav sein Ding. Mit Teamarbeit hat das leider nichts zu tun. Ich hätte
> so gern interessante Aufgaben und ein junges, motiviertes Team. Was soll ich nur machen?
> Bin dankbar für jeden Beitrag.

b Wie sollte man sich in so einer Situation verhalten? Formulieren Sie Sätze.

Vielleicht lieber so ...

1 nichts entscheiden

2 um interessantere Aufgaben bitten
3 keine neue Stelle suchen
4 regelmäßig kleine Pausen machen
5 versuchen, mehr Verantwortung zu übernehmen
6 mit netten Kollegen etwas trinken gehen

und nicht so ...

→ nicht vorher mit dem Chef oder der Chefin über die Situation sprechen

→ sofort kündigen
→ nicht mit dem Betriebsrat sprechen
→ ständig auf die Uhr schauen
→ sich immer nur langweilen
→ sich über unsympathische Kollegen ärgern

> *Man sollte nichts entscheiden, ohne vorher mit dem Chef oder der Chefin über die Situation zu sprechen.*

> *Man sollte um interessantere Aufgaben bitten, statt ...*

C3 Schreiben Sie eine Antwort für Melly99 im Forum. Formulieren Sie höfliche Ratschläge.

An deiner Stelle würde ich ... | Du solltest vielleicht mal ... | Du könntest auch / zum Beispiel / vielleicht ...
Wie wäre es, wenn ...? | Wie findest du die Idee, ...? | Was hältst du davon, ...? | Versuch doch mal ...
Ich kann dir nur raten, ... | Am besten wäre es, wenn ...

D Verkaufsgespräche

3 ◀)) 8–10 **D1 Verkaufsgespräche führen**

a Welches Foto passt? Hören Sie und ordnen Sie zu.

  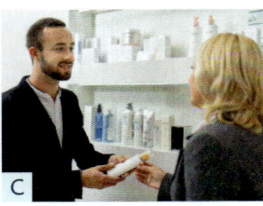

A   B   C

Gespräch	Foto
1	
2	
3	

b Was ist richtig? Hören Sie noch einmal und kreuzen Sie an.

Gespräch 1 ○ Der Kunde kann sich nicht entscheiden und möchte wiederkommen.
Gespräch 2 ○ Der Kunde kauft das Shampoo sofort, weil es so billig ist.
Gespräch 3 ○ Der Kunde kauft den Pullover, ohne ihn anzuprobieren.

D2 Machen Sie eine Tabelle und ordnen Sie zu.

Darf ich Ihnen … anbieten/empfehlen?   ~~Das ist mir zu teuer / …~~   Das muss ich mir noch überlegen.
Dürfte ich Sie etwas fragen?   Es kommt darauf an, was es kostet.   Haben Sie einen (bestimmten) Wunsch?
~~Ich hätte gern …~~   Ich kann mich noch nicht entscheiden.   Ist es möglich, …?   Wie wär's mit …?
Kann ich sonst noch etwas für Sie tun?   Sie wünschen?   Vielen Dank für Ihre Mühe/Hilfe.

den Kunden ansprechen:	
um Hilfe/Information bitten:	Ich hätte gern …
dem Kunden etwas anbieten:	
sich nicht entscheiden können:	Das ist mir zu teuer / …
das Gespräch beenden:	

D3 Rollenspiel: Ich hätte gern …

Arbeiten Sie zu zweit. Wählen Sie eine Situation aus und spielen Sie ein Gespräch.

In der Drogerie:
Sie brauchen Zahncreme, Waschmittel und eine neue Bürste.

Im Spielzeuggeschäft:
Sie suchen ein Geburtstagsgeschenk für Ihre dreijährige Nichte.

Verkäuferin/Verkäufer

Sie begrüßen den Kunden und bieten Hilfe an.

Sie empfehlen etwas.

Sie überzeugen die Kundin/den Kunden.

Sie fragen, wie die Kundin/der Kunde zahlen möchte.

Sie bedanken sich. Sie verabschieden sich.

Kundin/Kunde

Sie grüßen und sagen, was Sie möchten.

Sie können sich nicht entscheiden.

Sie entscheiden sich.

Sie möchten bar/mit EC-Karte / Kreditkarte zahlen.

Sie bedanken sich. Sie verabschieden sich.

E1 Eine schriftliche Reklamation

a Lesen Sie die Reklamation und ordnen Sie die Abschnitte.

E-Mail senden

○ Über eine schnelle Bearbeitung würde ich mich sehr freuen.
Mit freundlichen Grüßen
Nina Winter

○ Ich möchte Sie bitten, dass Sie die Rolle so schnell wie möglich reparieren oder mir
einen Ersatz schicken. Denn ich habe Anspruch auf einen neuen Koffer.

⑥ Bitte bestätigen Sie mir schriftlich bis spätestens zum 30.06.20.., dass Sie meine
Reklamation erhalten haben.

○ am 23.05.20.. haben Sie mir einen Reisekoffer geliefert.

○ Ich brauche den Koffer nämlich dringend für meine geschäftlichen Reisen. Anbei erhalten
Sie eine Kopie der Rechnung.

○ Leider musste ich feststellen, dass eine Rolle des Koffers beschädigt ist. Das ist sehr
ärgerlich.

○ Reklamation
Rechnungsnummer 14456332-1
Sehr geehrte Damen und Herren,

---

b Welches Foto passt zu der Reklamation in a? Kreuzen Sie an.

○
A

○
B

○
C

E2 Wählen Sie eine Situation und schreiben Sie eine Reklamation wie in E1.

A
Sie haben vor zwei Wochen einen Drucker gekauft.
Er funktioniert nicht, obwohl Sie alles so gemacht
haben, wie es in der Bedienungsanleitung steht. Sie
haben auch schon die Hotline angerufen, aber der
Drucker meldet „Fehler 5700" und druckt nicht. Sie
möchten das Gerät umtauschen. Wenn Sie nicht
innerhalb von zwei Wochen ein neues Gerät bekommen, möchten Sie Ihr Geld zurückhaben.

B
Sie haben einen neuen Bürostuhl bestellt,
jedoch ein anderes Modell als das gelieferte.
Sie sind ärgerlich, weil Sie bereits acht
Wochen auf den Stuhl warten mussten. Sie
haben schon zwei E-Mails geschrieben, aber
noch keine Antwort erhalten. Jetzt fordern
Sie Ihr Geld zurück.

Am … habe ich … / haben Sie … | Leider musste ich feststellen, dass …
Obwohl ich Ihnen schon zwei E-Mails geschickt habe, … / Ihre Hotline angerufen habe, …
Das ist sehr ärgerlich. | Ihr Service hat mich sehr enttäuscht. | Ich möchte Sie bitten/auffordern, dass Sie …
Bitte bestätigen Sie mir schriftlich bis zum …, dass Sie meine Reklamation erhalten haben.
Wenn ich bis zum … nichts von Ihnen höre, (dann) …
Über eine schnelle Bearbeitung würde ich mich sehr freuen.

Grammatik und Kommunikation

Grammatik

1 Verben und Ausdrücke mit *es* `ÜG` 5.25

allgemein:	Es ist (nicht) leicht/schwierig/schön/möglich/…
	Es gibt … Es lohnt sich.
Tages- und Jahreszeiten:	Es ist jetzt vier Uhr/Sommer/Nacht/…
Wetter:	Es regnet/ist heiß/sind dreißig Grad/…
Befinden:	Wie geht es Ihnen? Wie geht's?

Wozu braucht man das? Schreiben Sie.

~~Sonnencreme~~ Taschenlampe
Smartphone Regenschirm
Mütze Laptop Schere …

Sonnencreme braucht man, um sich vor der Sonne zu schützen.
…

2 Konjunktion *um … zu* + Infinitiv und *damit* `ÜG` 10.10

			Ende
Leon will als Erster bei dem Laden sein,	um	dort Schuhe für einen Kunden	zu kaufen.
Leon will als Erster bei dem Laden sein,	damit	er dort Schuhe für einen Kunden	kaufen kann.
Leon kauft diese Schuhe,	damit	sein Kunde	ausschlafen kann.

Was würden Sie gern mal anders machen? Schreiben Sie Sätze mit *statt/ohne … zu*.

Ich würde morgens gern mal länger schlafen, statt jeden Tag früh aufzustehen.
Ich würde …

3 Konjunktion *statt/ohne … zu* + Infinitiv `ÜG` 10.12

			Ende
Man sollte etwas tun,	statt	nur	zu träumen.
Man kann nichts Neues lernen,	ohne	Fehler	zu machen.

Kommunikation

ÜBER TRÄUME UND WÜNSCHE SPRECHEN: Es wäre schön, …

Mein Traum wäre, …
Es wäre schön, …

Wie möchten Sie in 20 Jahren leben? Schreiben Sie.

Mein Traum wäre, …
Ich möchte …

EIN VERKAUFSGESPRÄCH FÜHREN: Sie wünschen?

Sie wünschen? | *Haben Sie einen (bestimmten) Wunsch?*
Darf ich Ihnen … anbieten/empfehlen?
Wie wär's mit …?
Kann ich sonst noch etwas für Sie tun?
Zahlen Sie bar oder mit EC-Karte/Kreditkarte?
Ich hätte gern …
Dürfte ich Sie etwas fragen? | *Ist es möglich, …?*
Ich kann mich noch nicht entscheiden. | *Das muss ich mir noch überlegen.*
Das ist mir zu teuer. | *Es kommt darauf an, was es kostet.*
Kann ich auch mit EC-Karte/Kreditkarte bezahlen?
Vielen Dank für Ihre Mühe/Hilfe.

Im Geschäft: Sie suchen ein Geschenk für Ihre Frau / Ihren Mann / Ihre Tochter / …. Schreiben Sie ein Gespräch.

◇ *Guten Tag, wie kann ich Ihnen helfen?*
○ *Guten Tag. Ich suche …*

HÖFLICHE RATSCHLÄGE GEBEN: An Ihrer Stelle würde ich ...

An Ihrer/deiner Stelle würde ich ...

Sie sollten / Du solltest vielleicht mal ...

Sie könnten / Du könntest auch / zum Beispiel / vielleicht ...

Wie wäre es, wenn ...?

Wie finden Sie / findest du die Idee, ...?

Was halten Sie / hältst du davon, ...?

Versuchen Sie doch mal, / Versuch doch mal, ...

Ich kann Ihnen/dir nur raten, ...

Am besten wäre es, wenn ...

EINE REKLAMATION SCHREIBEN: Leider musste ich feststellen, dass ...

Am ... habe ich ... / haben Sie ...

Leider musste ich feststellen, dass ...

Obwohl ich Ihnen schon zwei E-Mails geschickt habe / Ihre Hotline angerufen habe, ...

Das ist sehr ärgerlich.

Ihr Service hat mich sehr enttäuscht.

Ich möchte Sie bitten/auffordern, dass Sie ...

Bitte bestätigen Sie mir schriftlich bis zum ..., dass Sie meine Reklamation erhalten haben.

Wenn ich bis zum ... nichts von Ihnen höre, (dann) ...

Über eine schnelle Bearbeitung würde ich mich sehr freuen.

Im Park bittet Sie eine alte Dame um Hilfe. Sie vermisst ihre Handtasche. Geben Sie ihr Ratschläge.

An Ihrer Stelle ...

TiPP

Wenn Sie eine Reklamation schreiben möchten, achten Sie darauf, dass Ihr Schreiben folgende Informationen enthält:
– Warum schreiben Sie?
– Was ist bisher passiert?
– Was soll die Firma tun?
– Was machen Sie, wenn weiterhin nichts passiert?

Sie möchten noch mehr üben? 3 11–13 AUDIO-TRAINING 🔊

Lernziele

Ich kann jetzt ...

A ... über eine eigene Geschäftsidee sprechen: *Mein Traum wäre ein eigenes Kosmetikstudio.* _____ ☺ ☺ ☺

B ... ein Ziel ausdrücken: *Er macht diesen Job, um selbstständig zu arbeiten.* _____ ☺ ☺ ☺

C ... höfliche Ratschläge geben und Alternativen ausdrücken: *An deiner Stelle würde ich ..., statt ... zu ... / ohne ... zu ...* _____ ☺ ☺ ☺

D ... ein Kundengespräch führen: *Dürfte ich Sie etwas fragen?* _____ ☺ ☺ ☺

E ... eine Reklamation schreiben: *Leider musste ich feststellen, dass eine Rolle des Koffers beschädigt ist.* _____ ☺ ☺ ☺

Ich kenne jetzt ...

4 Wörter zum Thema Altenpflege:
der Pflegedienst, ...

6 Wörter zum Thema Arbeitswelt:
der Bewerber, ...

6 Wörter zum Thema Reklamation:
reklamieren, ...

Zwischendurch mal ...

Schnell, schnell ...

3 ◀) 14–17 **1** Sehen Sie das Bild an. Hören Sie dann die Gespräche und ordnen Sie zu.

Gespräch	1	2	3	4
Bild				

3 ◀) 14–17 **2** Hören Sie die Gespräche noch einmal. Was ist richtig? Kreuzen Sie an.

1 ○ Der Redner will, dass die Welt schneller wird.

2 ○ Man hört eine Radiowerbung.

3 ○ Der Passagier kauft einen Hotdog.

4 ○ Der Sohn ist am Ende sehr traurig.

3 Suchen Sie sich eine Figur im Bild aus und schreiben Sie, was sie gerade denkt.
Lesen Sie vor. Die anderen raten: Wer ist das?

> *Oh Mann! Ich erreiche den Zug nicht mehr!*

> *Das denkt der Mann vor dem Ausgang. Richtig?*

→ ← Kennen Sie *iam*? → ←

Nein. Was ist *iam*? Entscheiden Sie selbst und
präsentieren Sie *iam* anschließend im Kurs.
Können Sie *iam* überzeugend, seriös, lustig, charmant verkaufen?
Am Ende sollte jede und jeder im Kurs das Gefühl haben:
Oh ja, ich brauche *iam*! *iam* ist genau das Richtige für mich!

1 Arbeiten Sie in Gruppen. Entscheiden Sie, was *iam* ist und machen Sie Notizen: Was kann man damit machen? Wie sieht es aus? Warum ist es super? ...

> Schokoriegel mit Nüssen, Bananen
> gesund (keine Kalorien) und lecker
> kostet nur 30 Cent

2 Präsentieren Sie *iam* im Kurs.

> „iam" ist ein Schokoriegel mit Nüssen und ...
> Er ... Und das Beste: ...

GEDICHT

Verkaufsgespräch

Hallo! Guten Tag! Was kann ich für Sie tun?
Haben Sie einen Wunsch oder sehen Sie sich nur um?
Jacken? Aber sicher! Die haben wir hier drüben.
Darf ich Ihnen einen Cappuccino anbieten?

Wie finden Sie die Jacke hier, ist die nicht wundervoll?
Fühlen Sie den Stoff! Die Qualität ist supertoll.
Probieren Sie mal, die macht auch eine gute Figur.
Und die Farbe passt perfekt zu Ihrer schönen Frisur.

Ich helfe Ihnen gern, was Schönes auszuwählen.
Diese Hose kann ich Ihnen sehr empfehlen.
Ein Designermodel – günstig wie nie!
Sie werden sehen, die ist genau das Richtige für Sie.

Kennen Sie die neuen schicken Freizeitblusen schon?
Die haben wir zurzeit in einer Niedrigpreisaktion.
Ein Sonderangebot: Sie nehmen vier und zahlen zwei.
Und ein Kilo Feinwaschmittel ist auch noch mit dabei.

Sehen Sie mal: Die Gürtel da, die sind sensationell.
Wollen Sie einen haben? Entscheiden Sie sich schnell!
Die sind extrem gefragt. Die gibt's nur kurze Zeit.
Also nutzen Sie doch bitte die Gelegenheit!

Sie möchten gerne zahlen? Bitte folgen Sie mir!
Vielen Dank für Ihren Einkauf. Die Kasse ist hier.
Natürlich können Sie auch mit Kreditkarte zahlen.
Viel Freude mit den Sachen! Bis zum nächsten Mal!

3 🔊 18

1 Hören Sie das Gedicht und lesen Sie mit.
Welche Sätze haben Sie beim Einkaufen schon selbst gehört? Markieren Sie.

2 Wie soll eine Verkäuferin / ein Verkäufer sein?
Was soll sie / er (nicht) tun? Sprechen Sie.

> Ich mag es nicht, wenn der Verkäufer zu viel redet.

Rund ums Wohnen

Folge 7: Streit ohne Ende

3 ◀)) 19–22　**1 Sehen Sie die Fotos an. Was meinen Sie?**
Warum heißt die Geschichte „Streit ohne Ende"? Wer sind die Personen?
Hören Sie dann und vergleichen Sie.

> Die Personen sind vermutlich … Vielleicht haben sie Streit, weil …

3 ◀)) 19–22　**2 Was ist richtig? Hören Sie noch einmal und kreuzen Sie an.**

a ○ Die Hanfmanns hatten mit einem Nachbarn in den letzten drei Jahren fünf Gerichtsprozesse.
b ○ Herr Hanfmann sägt sehr oft Brennholz neben dem Wohnzimmerfenster von Herrn Bremer.
c ○ Herr Bremer findet, dass das Lärm und Schmutz macht.
d ○ Herr Bremer hat Lösungen angeboten.
e ○ Die Hanfmanns sägen auch in den Ruhezeiten.
f ○ Herr Bremer nahm den Lärm mit Mikrofonen auf und beauftragte einen Rechtsanwalt.
g ○ Vor Gericht gewann Herr Hanfmann. Er musste keine neue Säge kaufen.
h ○ Herr Bremer hat neue Lärmschutzfenster einbauen lassen, weil das Sägen immer noch sehr laut ist.
i ○ Die Hanfmanns beschweren sich über einen Kratzer an ihrem Auto und über Müll auf dem
　　Grundstück. Sie verdächtigen Herrn Bremer.

Die zwei „R" – Ein Rezept für gute Nachbarschaft

von Ella Wegmann

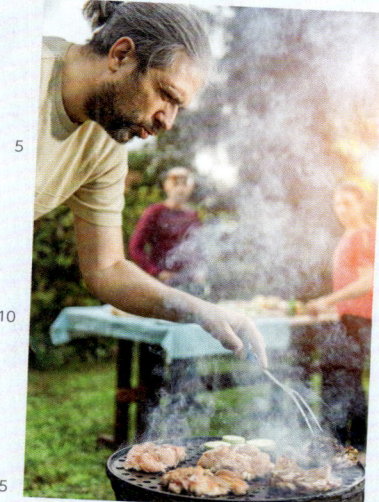

Ein schönes Haus mit einem großen Garten, draußen im Grünen vor der Stadt. Die Vögel singen, alles ist friedlich. Das ist zu schön, um wahr zu sein. Die Wirklichkeit sieht oft ganz anders aus. Sich über Nachbarn zu ärgern, gehört in Deutschland zu den häufigsten Problemen. Der Hund bellt zu oft. Die Musik ist zu laut. Der Rasen wird zu oft gemäht. Der Rasen wird zu selten gemäht. Der Nachbar grillt dauernd. Er räumt seinen Müll nicht weg. Darüber und über vieles mehr gibt es viel zu oft Streit. In einer aktuellen Umfrage wurde festgestellt, dass im Bundesland Baden-Württemberg vier von zehn Befragten schon mal Ärger mit den Nachbarn hatten. In Hamburg war es sogar jeder Zweite. Dabei wäre es doch so einfach: Der Nachbar lässt mich in *Ruhe* und ich ihn. Gibt es trotzdem ein Problem, lösen wir es höflich und mit *Respekt* voreinander. Glauben Sie mir: Mit den zwei „R" macht man alles richtig.

3 Wie finden Sie das Verhalten von Herrn Bremer und Herrn und Frau Hanfmann?
Hätten Sie Lösungsvorschläge für die Nachbarn? Sprechen Sie.

> *Es ist schade, dass die Nachbarn sich nicht einigen konnten. Vielleicht hätte ...*

4 Ellas Kolumne
Lesen Sie die Kolumne und beantworten Sie die Fragen.

– Worüber streiten sich Nachbarn in Deutschland häufig?
– Wie sieht Ellas Rezept für gute Nachbarschaft aus? Was sind die zwei „R"?

5 Hatten Sie schon mal Ärger mit Ihren Nachbarn? Erzählen Sie.

> *Ja, ich habe einen Nachbarn, der nachts oft laut Musik hört.*

Ellas Film

A ... **nicht nur** Lärm, **sondern auch** Schmutz.

3 ◀)) 23 A1 Hören Sie und ordnen Sie zu.
Verbinden Sie dann in der Tabelle.

entweder ... oder   zwar ... aber   nicht nur ... sondern auch

◆ Das macht ja _____ Lärm, _____ Schmutz.
   Ich habe _____ Lösungsvorschläge gemacht, _____
   die Hanfmanns haben sich überhaupt nicht dafür interessiert.

○ Der Anwalt hat geschrieben, dass wir _____ eine leisere Säge
   verwenden sollen, _____ die Sache vor Gericht geht.

nicht nur..., sondern auch ...	= oder
zwar ..., aber ...	= und
entweder ..., oder ...	= trotzdem

🔁 **A2 Kettenübung**

a Schreiben Sie zehn Wörter zum
   Thema „Wohnen" auf Kärtchen.

Nachbarn   Wohnung   Miete

b Ziehen Sie abwechselnd ein
   Kärtchen und beginnen Sie einen
   Satz mit *nicht nur ..., zwar ...,*
   entweder ... Ihre Partnerin /
   Ihr Partner ergänzt den Satz.

Meine Nachbarn sind zwar nett, ...

... aber manchmal auch ganz schön laut.
Die Wohnung ist nicht nur schön, ...

... sondern sie liegt auch
zentral. Die Miete ...

A3 Unsere Familienregeln

a Was ist das Thema? Ordnen Sie die Regeln zu.

⚪ Pflichten im Haushalt   ⚪ Kommunikation   ⚪ Eigentum & eigene Räume
6 Umgang miteinander   ⚪ Lärm und Ruhezeiten   ⚪ Mahlzeiten

Unsere Familienregeln:

1 Wir sind freundlich und
   schreien uns nicht an.
   Wir hören nicht nur zu, sondern
   lassen den anderen auch ausreden.

2 Wir essen mindestens einmal am Tag
   gemeinsam. Es liegen keine Zeitungen,
   Smartphones oder Spielsachen auf
   dem Tisch. Wir stehen erst auf, wenn
   alle fertig sind.

3 Jeder übernimmt nicht nur Aufgaben
   im Haushalt, sondern hält auch Ordnung.
   Alle Gegenstände kommen an ihren
   Platz zurück, wenn wir sie nicht mehr
   brauchen.

4 Wir nehmen Rücksicht.
   Wenn jemand entweder
   schläft oder krank ist,
   machen wir keinen
   Lärm. Es gelten Ruhe-
   zeiten zwischen 13.00 und 15.00 Uhr und ab
   21.00. In dieser Zeit muss zwar niemand
   schlafen, aber alle beschäftigen sich ruhig.

5 Wir achten die Privatsphäre. Wir klopfen an,
   wenn die Tür zu einem Zimmer geschlossen
   ist. Außerdem fragen wir um Erlaubnis,
   wenn wir etwas benutzen wollen, was uns
   nicht gehört.

6 Zu guter Letzt: Wir lachen viel miteinander
   und sind füreinander da!!!

b Lesen Sie die Situationen. Welche Regel aus a passt? Ergänzen Sie.
Passt das Verhalten zu der Regel? Notieren Sie ja oder nein.

	Regel	passt?
1 Elena braucht einen Radiergummi ✏️, einen Bleistift und Farbstifte 🖍 für ihre Hausaufgaben. Ihr Bruder ist nicht zu Hause, darum geht sie an seinen Schreibtisch und leiht sich alles.	⑤	_nein_
2 Felix macht seine Hausaufgaben am Küchentisch. Als er zum Fußballtraining geht, räumt er die Sachen weg.	○	
3 Die Familie sitzt am Frühstückstisch. Der Vater erwartet eine wichtige E-Mail von einem Kunden und guckt ständig auf sein Handy.	○	
4 Felix entdeckt, dass Elena mit seinem Handy gespielt hat. Er ist wütend und schreit sie an.	○	
5 Elenas Mutter hat starke Kopfschmerzen. Sie legt sich ins Bett und bittet die Kinder um Ruhe. Die Kinder setzen sich mit einem Puzzle 🧩 in die Küche.	○	

c Welche Regeln finden Sie sinnvoll? Wie ist es bei Ihnen?
Haben Sie heute oder hatten Sie früher Familienregeln? Erzählen Sie.

> Wir mussten/müssen ... | Wir durften/dürfen zwar nicht ..., aber ...
> Ich war/bin nicht nur zuständig für ..., sondern auch für ...
> Wir mussten/müssen entweder ... oder ....
> Was war/ist bei euch üblich?
> Durfte/Darf man ...? | Musste/Muss man ...?
> War/Ist das bei euch auch so?

> Bei uns zu Hause mussten wir nicht nur die Schuhe vor der Wohnung ausziehen, sondern auch Hausschuhe anziehen. War das bei euch auch so?

🔄 **A4 Unsere Hausordnung**
Arbeiten Sie in Gruppen. Wählen Sie eine Situation und fünf Themen.
Schreiben Sie eine Hausordnung. Präsentieren Sie Ihre Hausordnung im Kurs.

Umgang miteinander Kommunikation Ruhe Essen & Trinken Pünktlichkeit
Kleidung Sauberkeit Pflichten & Rechte Verbote ...

Regeln für unseren Deutschkurs

Umgang miteinander

1 Wir machen jeden Tag mindestens einer
   Kursteilnehmerin / einem Kursteilnehmer
   ein Kompliment.
2 ...

Schreiben Sie eine
Hausordnung für Ihre
Familie/WG.

Schreiben Sie eine
Hausordnung für den
Deutschkurs.

B Hätte ich bloß nichts gesagt!

3 ◀)) 24 **B1 Was wünscht Herr Bremer sich? Hören Sie und ergänzen Sie.**

Das ist passiert:	Wunsch:
Ich habe etwas gesagt.	__Hätte__ ich bloß nichts __gesagt__!
Die Hanfmanns sind hierher gezogen.	_____ sie bloß nie hierher _____!
Ich bin zum Rechtsanwalt gegangen.	_____ ich bloß nicht zum Rechtsanwalt _____!
Wir haben keine Lösung gefunden.	_____ wir bloß eine Lösung _____!

B2 Streit mit den Nachbarn
Sprechen Sie.

> Rücksicht nehmen   freundlicher sein   zuhören
> den Streit rechtzeitig beenden   aufmerksamer sein
> nicht hierher ziehen   nicht beim Vermieter beschweren
> Nachbarn zum Kaffee einladen   ...

> Hätte ich doch bloß mehr Rücksicht genommen.

Hätte ich	nur ...
Wäre ich	doch ...
	(doch) bloß ...

3 ◀)) 25–27 **B3 Beschwerden unter Nachbarn**

a Worüber beschweren sich die Leute (1–3)? Welcher Grund (A–F) passt?
Hören Sie und verbinden Sie.

b Hören Sie noch einmal und machen Sie Notizen.

Gespräch	Problem	Lösung?
1	Die Nachbarin wäscht spät abends die Wäsche.	

B4 Rollenspiele: Konflikte mit Nachbarn lösen
Arbeiten Sie zu zweit: Wählen Sie eine Situation aus B3. Welche Sätze wollen Sie benutzen?
Markieren Sie. Spielen Sie dann ein Gespräch.

Wir hatten doch abgemacht, dass ...	*Tatsächlich?*	*Das tut mir schrecklich leid.*	*Das ist ja wohl eine Frechheit!* | *Meinetwegen.*
Ich hätte da eine Bitte: ...	*Das ist ja merkwürdig.*	*Daran habe ich noch gar nicht gedacht.*	*Das ist ja lächerlich!*
Es wäre schön, wenn Sie da etwas Rücksicht nehmen könnten.	*Ach wirklich? Das ist mir noch gar nicht aufgefallen.*	*Klar, geht in Ordnung.*	*Also das ist ja ein starkes Stück!*
			Das geht Sie wirklich gar nichts an!

C Wohnungssuche

C1 Wohnung gesucht

a Lesen Sie den Anfang des Forumsbeitrags. Welches Problem hat Samira1992?

> **GÜNSTIGE WOHNUNG IN HAMBURG GESUCHT**
>
> **Samira1992:** Hallo!
>
> Ich ziehe in zwei Monaten nach Hamburg und finde einfach keine bezahlbare 1-2-Zimmerwohnung. Auf Luxus wie Balkon, Lift oder Terrasse kann ich gut verzichten, aber in zentraler Lage sollte sie liegen, am liebsten in Eimsbüttel. Weiß irgendjemand von einer freien Wohnung oder habt Ihr vielleicht einen Tipp für die Wohnungssuche?

b Welche Tipps geben die Leute Samira? Lesen Sie und ordnen Sie zu.

1 Erzähl vielen Leuten, dass Du eine Wohnung suchst.   2 Die Innenstadt ist besonders teuer! Du musst raus aus der Stadt.   3 Du musst flexibel sein und Kompromisse machen.   4 Teil Dir eine Wohnung!

○ **Bella:** Oje, in Eimsbüttel sind die Mieten besonders hoch. Ein paar Querstraßen weiter in Stellingen oder Lokstedt sind die Wohnungen manchmal wesentlich preiswerter.

○ **Albatros87:** Wir haben uns nach langer, vergeblicher Suche für die Alternative am Stadtrand in einem Vorort entschieden. Hier wohnen wir nicht nur günstig, sondern auch im Grünen. Und mit der Bahn dauert die Fahrt ins Zentrum gar nicht so lange.

○ **Vincent35:** In Deinen sozialen Netzwerken hast Du ja sicherlich von Deiner Suche geschrieben? In meinem werden manchmal Nachmieter gesucht. Ich denke beim nächsten Mal an Dich und stelle den Link hier ins Forum.

○ **DoroF:** Hast Du schon mal an eine Wohngemeinschaft gedacht? Gerade im Zentrum findet man ein WG-Zimmer nicht nur leichter, es ist auch meist wesentlich günstiger als eine kleine Wohnung.

WIEDERHOLUNG	denken **an**		denken **an**	
	Sache – **woran?**	Hast Du schon mal an eine WG gedacht?	Person – **an wen?**	Ich denke beim nächsten Mal an Dich.

c Was ist richtig? Lesen Sie noch einmal und kreuzen Sie an. Schreiben Sie dann vier eigene Sätze und tauschen Sie mit Ihrer Partnerin / Ihrem Partner.

1 ○ Samira sucht eine günstige Wohnung im Zentrum.   2 ○ Samira wünscht sich einen Balkon.

C2 Ihre Wohnsituation: Lesen Sie die Fragen und schreiben Sie einen Text.
Mischen und verteilen Sie die Texte und lesen Sie vor. Wer hat den Text geschrieben? Raten Sie.

– Worüber freuen Sie sich?
– Womit sind Sie zufrieden?
– Worüber / Über wen ärgern Sie sich?
– Worauf können Sie leicht / gar nicht verzichten?
– Wovon träumen Sie?
– Was fehlt Ihnen?

Ich wohne mit meiner Familie in einer kleinen 3-Zimmer-Wohnung. Die Wohnung liegt an einer großen Straße. Ich ärgere mich oft über den Lärm. Am meisten fehlt mir ein Balkon zum Innenhof. Ich träume von einem sonnigen Balkon, auf dem wir frühstücken können. …

D Garten im Niemandsland

D1 Deutsche Geschichte. Was meinen Sie? Wann ist was passiert?
Verbinden Sie. Lesen Sie dann den Text in D2 und vergleichen Sie.

a 1949–1989

b 1961

c 60er-Jahre

d 1989/1990

1 Die wirtschaftliche Situation in der BRD war so gut, dass zusätzliche Arbeitskräfte gebraucht wurden. Es kamen viele Migranten aus dem Ausland.

2 Es gab zwei deutsche Staaten: die BRD und die DDR. Berlin war eine geteilte Stadt. Der Ostteil gehörte zur DDR, der Westteil zur BRD.

3 Die beiden deutschen Staaten wurden wieder ein Land und die Mauer fiel.

4 Die DDR-Regierung baute eine Mauer durch Berlin. Ein paar Grundstücke, die eigentlich zur DDR gehörten, lagen nun auf der Westseite der Mauer und wurden daher nicht von der DDR genutzt.

D2 Osman Kalins Lebensgeschichte. Was macht Osman Kalin wann?
Lesen Sie den Text noch einmal und notieren Sie.

1963	1982	1989/1990

DAS HAUS AN DER MAUER

In Deutschland herrscht Ordnung. Egal, was man machen möchte, es gibt genaue Regeln dafür. Wer zum Beispiel ein Haus baut, muss alles Mögliche beachten: Türen müssen mindestens so und so breit sein, Fenster mindestens so und so groß, Treppenstufen mindestens so und
5 so hoch. Ein Haus wie das auf dem Foto wäre in Deutschland nicht möglich. Warum es dieses Haus trotzdem gibt und das auch noch mitten in Berlin, das erfahren Sie hier in drei Schritten:

1

1961 trennt die DDR-Regierung Ostberlin durch eine Mauer vom Westteil der Stadt. Um Beton zu sparen, macht man die Mauer möglichst gerade.
10 Ein paar Grundstücke, die eigentlich zur DDR gehören, bleiben im Westen. Zum Beispiel das kleine, dreieckige Stück Land nördlich der Thomaskirche im Stadtteil Kreuzberg (siehe Karte). Es wird zum „Niemandsland", auf dem bald nur noch Müll herumliegt.

2

In den 60er-Jahren erlebt Westdeutschland einen starken wirtschaftlichen Aufschwung, das soge-
15 nannte „Wirtschaftswunder". Arbeitskräfte fehlen, man holt „Gastarbeiter" ins Land. 1963 kommt auch der Türke Osman Kalin. 1982 zieht der Bauarbeiter mit seiner Familie nach Kreuzberg. Er sieht das kleine Grundstück an der Mauer. Wem gehört es? Niemand? Na, prima! Fleißig schafft er den Müll weg, baut einen Zaun, holt Erde und legt einen eigenen Obst- und Gemüsegarten an.

3

Mit der Wiedervereinigung Deutschlands kommt 1989/90 auch das Ende der Mauer. Osman Kalin
20 nutzt die Chance. Er vergrößert seinen Garten nicht nur, sondern baut aus altem Holz auch noch
ein zweistöckiges Häuschen hinein. Bis endlich klar ist, zu welchem Berliner Stadtteil das Grundstück
gehört, sind Kalin und seine „Sommerresidenz" längst zu einer Touristenattraktion geworden.
Nun können sogar die strengen deutschen Behörden nicht mehr anders. Trotz der fehlenden Baugenehmigung drücken sie ein Auge zu.

trotz der fehlenden Baugenehmigung
= obwohl die Baugenehmigung fehlt

> **SCHON FERTIG?** Sammeln
> Sie Wörter zum Thema
> „Geschichte/Politik".

D3 Was ist richtig? Lesen Sie noch einmal und kreuzen Sie an.

a Auf dem Grundstück an der Mauer lag viel Müll, weil das Grundstück
  ○ niemandem gehörte. ○ zwar der DDR gehörte, aber nicht genutzt wurde.
b Nach dem Mauerbau interessierten sich die Berliner in der BRD nicht für
  das Grundstück, weil es ○ der Kirche ○ der DDR gehörte.
c Nach der Wiedervereinigung baute Osman Kalin sein zweistöckiges
  Gartenhaus ○ mit ○ ohne Erlaubnis der Behörden.
d Osman Kalin hat keine Baugenehmigung. ○ Deshalb muss er das Grundstück
  verlassen. ○ Trotzdem können er und sein Haus auf dem Grundstück bleiben.

3 ◀)) 28–33 D4 Osman Kalins Haus

a Wie finden die Berliner das Haus von Osman Kalin? Hören Sie die Umfrage und kreuzen Sie an.

1	2	3	4	5
☺ ☹	☺ ☹	☺ ☹	☺ ☹	☺ ☹
○ ○	○ ○	○ ○	○ ○	○ ○

b Welche Aussage passt zu den Personen? Hören Sie noch einmal und ordnen Sie zu.

  ○ Tourismus: Das Haus ist eine wichtige Sehenswürdigkeit.
  ○ Gleiches Recht für alle: Kein Gebäude ohne Baugenehmigung.
  ○ Aussehen des Hauses: Das ist doch nun wirklich nicht schön.
  ○ Historisch wichtig: Das Haus erinnert an die Geschichte Berlins.
  ① Typisch Kreuzberg: Das Haus passt in unser Viertel.

D5 Wie gefällt Ihnen das Haus und seine Geschichte?
Sprechen Sie.

> *Na ja, das Haus sieht ziemlich komisch
> aus. Aber wenn ich in Berlin wäre, würde
> ich mir das unbedingt anschauen.*

Grammatik und Kommunikation

Grammatik

1 Zweiteilige Konjunktionen ÜG 10.13

Das macht ja	nicht nur	Lärm,	sondern auch	Schmutz.
Ich habe	zwar	Lösungsvorschläge gemacht,	aber	sie haben sich nicht dafür interessiert.
Wir sollen	entweder	eine leisere Säge verwenden,	oder	die Sache geht vor Gericht.

nicht nur..., sondern auch ...	= und
zwar ..., aber ...	= trotzdem
entweder ..., oder ...	= oder

2 Konjunktiv II Vergangenheit: Konjugation ÜG 5.18

ich	hätte		wäre	
du	hättest		wärst	
er/es/sie	hätte	gesagt	wäre	gegangen
wir	hätten		wären	
ihr	hättet		wärt	
sie/Sie	hätten		wären	

3 Konjunktiv II Vergangenheit: Irreale Wünsche ÜG 5.18

Hätte	ich bloß nichts	gesagt!
Wäre	ich bloß nicht zum Rechtsanwalt	gegangen!

4 Wiederholung: Verben mit Präpositionen ÜG 5.23

Verb + Präposition	Präpositionaladverb	Präposition + Personalpronomen	Fragewort	
	Sachen	Personen	Sachen	Personen
denken an	daran	an ihn/-/sie	Woran?	An wen?

5 Präposition: trotz + Genitiv ÜG 6.04

Trotz der fehlenden Baugenehmigung drücken die Behörden ein Auge zu.

trotz der fehlenden Baugenehmigung = obwohl die Baugenehmigung fehlt

Ihre Traumwohnung?
Schreiben Sie drei Sätze mit *nicht nur ..., sondern auch / entweder ..., oder / zwar ..., aber*.

Meine Traumwohnung hat nicht nur fünf Zimmer, sondern auch ...

Zu spät gekommen! Was denkt die Person? Schreiben Sie.

die Anzeige früher lesen
sofort anrufen
den Bus nicht verpassen
die Straße finden
nicht im Stau stehen
gleich hierher fahren

Hätte ich die Anzeige bloß früher gelesen.

Kommunikation

ÜBER GEPFLOGENHEITEN SPRECHEN: War das bei euch auch so?

Wir mussten/müssen ... | Wir durften/dürfen zwar nicht ..., aber ...
Ich war/bin nicht nur zuständig für ..., sondern auch für ... |
Wir mussten/müssen entweder ..., oder ... | Was war/ist bei euch üblich?
Durfte/Darf man ...? | Musste/Muss man ...? | War/Ist das bei euch auch so?

HÖFLICH KRITIK ÄUSSERN: Ich hätte da eine Bitte:

Wir hatten doch abgemacht, dass ...
Ich hätte da eine Bitte: ...
Es wäre schön, wenn Sie da etwas Rücksicht nehmen könnten.

AUF KRITIK ERSTAUNT REAGIEREN: Das ist ja merkwürdig.

Tatsächlich? | Das ist ja merkwürdig.
Ach wirklich? Das ist mir noch gar nicht aufgefallen.

AUF KRITIK FREUNDLICH REAGIEREN: Klar, geht in Ordnung.

Das tut mir schrecklich leid.
Daran habe ich noch gar nicht gedacht.
Klar, geht in Ordnung.

AUF KRITIK VERÄRGERT REAGIEREN: Das ist ja lächerlich.

Das ist ja wohl eine Frechheit!
Das ist ja lächerlich!
Meinetwegen.
Also das ist ja ein starkes Stück!
Das geht Sie wirklich gar nichts an!

Beschwerden unter Nachbarn:
Schreiben Sie das Gespräch
zwischen dem Mann und der Frau.

◊ Ach Herr Stein, haben Sie einen Moment Zeit?
○ Ja, natürlich. Was gibt's denn?
◊ Ich hätte da eine Bitte an Sie ...

Sie möchten noch mehr üben?

3 | 34–36 AUDIO-TRAINING

Lernziele

Ich kann jetzt ...

A ... Regeln verstehen und von Gepflogenheiten und Regeln erzählen: *Bei uns zu Hause mussten wir nicht nur ..., sondern auch ...* _____ ☺ ☺ ☹

B ... Kritik äußern und auf Kritik reagieren: *Es wäre schön, wenn Sie da etwas Rücksicht nehmen könnten.* _____ ☺ ☺ ☹

C ... Forumstexte zu Wohnungssuche verstehen: *Ich finde einfach keine bezahlbare Wohnung.* _____ ☺ ☺ ☹

... Von meiner Wohnsituation erzählen: *Ich träume von einem sonnigen Balkon.* _____ ☺ ☺ ☹

D ... einen Text zur deutschen Geschichte und eine Umfrage zu besonderen Orten in Deutschland verstehen: *Trotz fehlender Baugenehmigung drücken die deutschen Behörden ein Auge zu.* _____ ☺ ☺ ☹

Ich kenne jetzt ...

... 10 Wörter zum Thema *Haus* und *Wohnung:*
das Grundstück, ...

... 6 Wörter zum Thema *Beschwerden* und *Konflikte:*
die Rücksicht, ...

Wo und wie werden wir leben?

Sie interessieren sich für eine Zukunft in Deutschland? Dann sollten Sie diese vier Zukunftstrends für das Leben und Wohnen hier unbedingt kennen!

5 **Trend Nummer 1**
Deutschland wird viel älter werden. Der Anteil der über 60-Jährigen wird von 27 auf 36 Prozent steigen, der Anteil der unter 60-Jährigen wird von 73 auf 64 Prozent zurückgehen. Der Anteil der
10 Erwerbstätigen (20 bis 60 Jahre) wird besonders stark sinken, von 55 auf nur noch 47 Prozent im Jahr 2040.

Trend Nummer 2
Große Teile Ostdeutschlands verlieren Einwohner.
15 Es gibt eine starke Abwanderung aus den östlichen Bundesländern in den Westen, den Nordwesten und in den Süden Deutschlands. Manche Regionen werden bis 2045 etwa 20 bis 25 Prozent ihrer Bevölkerung verlieren. Nur in und um Berlin,
20 Dresden und Leipzig werden dann mehr Menschen leben als heute.

Trend Nummer 3
Immer mehr Menschen werden in Städten leben. Aber schon heute gibt es in den meisten Städten
25 viel zu wenige Wohnungen. Dieses Problem wird in den nächsten Jahren und Jahrzehnten noch schlimmer werden. Bis zum Jahr 2030 werden in und um München, Berlin, Frankfurt, Stuttgart und Hamburg etwa 750.000 Wohnungen fehlen. Was
30 dies bedeutet, kann man schon heute deutlich sehen: Die Mieten steigen hier besonders schnell.

Trend Nummer 4
Wohnen wird immer teurer. Die durchschnittlichen Wohnkosten steigen schon seit einiger Zeit
35 stärker als die Einkommen. Für Miete plus Mietnebenkosten (Betriebskosten, Heizung und Strom) muss man in manchen Gegenden Deutschlands heute bis zu 50 Prozent seines Einkommens bezahlen. In den Stadtzentren und in den schöne-
40 ren Stadtteilen können sich viele Leute schon jetzt kaum mehr eine Wohnung leisten.

---

1 Lesen Sie den Text und ergänzen Sie das Diagramm zu Trend Nummer 1:

über 60 Jahre   unter 60 Jahre   20 bis 60 Jahre   ~~0 bis 20 Jahre~~

jetzt   2040

} ....
} ....
} *0 bis 20 Jahre*

2 Lesen Sie noch einmal und markieren Sie: Welche Informationen finden Sie besonders interessant? Sprechen Sie.

> *Ich finde es interessant, dass es viel zu wenige Wohnungen geben wird. Warum ...*

Von Tür zu Tür

Räume ohne Fenster kann man sich leicht vorstellen. Denken Sie zum Beispiel an Kinos, Keller oder Garagen. Einen Raum ohne Tür gibt es nicht, man könnte ihn ja nicht mal betreten. Türen spielen aber nicht nur in unserem Leben eine wichtige Rolle, sondern auch in unserer Sprache. Im Deutschen findet man sehr viele Sprichwörter und Redewendungen, in denen die Tür vorkommt. Hier nur mal ein paar:

1 Kehren Sie doch bitte vor Ihrer eigenen Tür!
2 Man soll nicht mit der Tür ins Haus fallen.
3 Das besprechen wir nicht zwischen Tür und Angel.
4 Ich hatte dort schon einen Fuß in der Tür.
5 Meine Tür steht immer für dich offen.
6 Dort stand ich dann vor verschlossener Tür.
7 Es gibt Dinge, die erzählt man besser hinter verschlossener Tür.
8 Damit rennst du offene Türen bei mir ein.

1 Lesen Sie den Text. Ordnen Sie dann die Redewendungen und Sprichwörter aus dem Text zu.

a ⑥ Dort war niemand. Ich kam nicht rein.
b ◯ Darüber redet man nicht einfach so ohne Vorbereitung.
c ◯ Komm rein! Das muss nicht jeder hören.
d ◯ Du kannst mit allen Problemen zu mir kommen.
e ◯ Dort hatte ich schon Kontakte geknüpft.
f ◯ Das besprechen wir in aller Ruhe und ohne Eile.
g ◯ Kümmern Sie sich um Ihre eigenen Sachen!
h ◯ Du musst mich nicht überzeugen, ich denke genau wie du.

2 Gibt es in Ihrer Sprache ähnliche Sprichwörter oder Redewendungen? Können Sie sie ins Deutsche übersetzen?

3 Kennen Sie weitere deutsche Sprichwörter und Redewendungen? Sammeln Sie im Kurs.

Unsere WG

 1 Sehen Sie den Film. Aljoscha, Mona, Paulette ... Wer ist Ihnen am sympathischsten? Warum?

2 Haben Sie auch WG-Erfahrungen oder würden Sie gern in einer Wohngemeinschaft wohnen? Erzählen Sie.

Unter Kollegen

Folge 8: Der wichtige Herr Müller

4 🔊 1–4
1 **Was meinen Sie? Sehen Sie die Fotos an und beantworten Sie die Fragen.**
Hören Sie dann und vergleichen Sie.

Foto 1: Ella ist schlecht gelaunt. Warum?
Foto 2–4: Wo sind die beiden Frauen? Was machen sie dort?
Foto 3+4: Wer ist der Mann?

> *Vielleicht ist Ella schlecht gelaunt, weil die Frau keine Zeit für sie hat.*

4 🔊 1–4
2 **Was passt? Ordnen Sie zu. Hören Sie noch einmal und vergleichen Sie.**

E = Ella   JL = Jessica Langer   M = Herr Müller

a .... hat eine Idee für einen Artikel über die Arbeit als Journalistin.
b .... und .... langweilen sich.
c .... interviewt .... zum ersten Mal.
d .... freut sich, dass sie ihr großes Vorbild .... endlich mal kennenlernt.
e .... hält Sami Kirsch für einen tollen Journalisten.
f .... erzählt, dass man auf .... oft lange warten muss.
g .... meint, dass .... immer das Gleiche sagt.

Ella Wegmann

Du, Vivi, ich habe heute Jessica Langer kennengelernt!

Wer war das gleich noch mal? Eine Sportlerin?

Quatsch! Das ist die Kollegin, von der ich Dir schon so oft erzählt habe.

Ach ja! Die Berühmte aus Berlin?

Genau die, schau ...

Und? Wie ist die so?

Total nett! Überhaupt nicht eingebildet. Wir sind jetzt per *Du*, falls Dich das interessiert. Und sie hat mich zum Mittagessen eingeladen.

WOW! Ein richtig guter Tag für Ellamaus!?

3 Lesen Sie den Chat und beantworten Sie die Fragen.

– Was erfahren Sie über Jessica Langer?
– Wie findet Ella Jessica Langer?

4 Haben Sie ein Vorbild? Zeigen Sie ein Foto und erzählen Sie.

Mein großes Vorbild ist meine Freundin Svetlana. Zu ihr kann ich immer gehen, wenn ich Probleme habe. Sie kann sehr gut zuhören und hat immer gute Ratschläge.

Ellas Film

A Wir sind jetzt per *Du*, **falls** dich das interessiert.

A1 Ein guter Tag für Ella?

a Was bedeutet *falls*? Lesen Sie die Tabelle und kreuzen Sie an.

| Wir sind jetzt per *Du*, | falls | dich das | interessiert. |
| Kein Problem ist unlösbar, | falls | man seine Hausaufgaben ordentlich | gemacht hat. |

falls = ○ weil ○ wenn ○ obwohl

b Schreiben Sie Sätze mit *falls* und vergleichen Sie mit Ihrer Partnerin / Ihrem Partner.

1 Sie haben ein Problem? Dann können Sie sich gern an mich wenden.
2 Sie möchten noch etwas wissen? Dann können Sie einfach anrufen.
3 Sie haben noch Fragen? Dann sind meine Mitarbeiter immer für Sie da.

1 Falls Sie ein Problem haben, können ...

A2 Probleme im Büro

a Welche Überschrift passt? Überfliegen Sie den ersten Abschnitt und kreuzen Sie an.

○ **Gutes Zeitmanagement: Wie schaffe ich meine Aufgaben rechtzeitig?**

○ **Grenzen setzen: Wie lehne ich Aufgaben im Job ab?**

Sie kennen es sicher: Sie haben viel zu tun und wissen kaum, wie Sie Ihre Arbeit schaffen sollen. Plötzlich steht ein Kollege vor Ihnen und bittet Sie um Hilfe oder der Chef hat noch eine weitere Aufgabe für Sie. Sie möchten hilfsbereit sein und niemanden enttäuschen? Eventuell haben Sie auch Angst vor negativen Konsequenzen, falls Sie *Nein* sagen. Doch auch wenn es schwerfällt:
5 Es ist wichtig, rechtzeitig *Nein* zu sagen. Denn Sie wirken unzuverlässig, falls Sie Ihre Aufgaben dann doch nicht schaffen.

• Achten Sie darauf, wie Sie *Nein* sagen: Seien Sie freundlich, aber bestimmt.
• Erklären Sie, warum Sie *Nein* sagen müssen. Beachten Sie dabei, dass Sie mit kurzen und klaren Erklärungen sicherer wirken.
10 • Sprechen Sie das Problem auch an, falls Sie schon zugesagt haben und Ihnen erst nachher klar wird, dass Sie das zeitlich nicht schaffen können.
• Zeigen Sie Verständnis für die Situation des Kollegen bzw. des Chefs und bieten Sie Alternativen/Kompromisse an. Vielleicht können Aufgaben getauscht oder verschoben werden?

b Lesen Sie den Text jetzt ganz und beantworten Sie die Fragen.

1 Warum ist es nicht so leicht, im Job *Nein* zu sagen?
2 Wie sollte man Aufgaben ablehnen?
3 Was sollte man tun, wenn man eine Aufgabe abgelehnt hat?

A3 „Könnten Sie das für mich übernehmen?" – Wie reagieren Sie? Ordnen Sie zu.

Alternativen vorschlagen   auf Alternativvorschläge reagieren   Aufträge/Aufgaben ablehnen

Tut mir leid, aber ich habe gerade selbst viel zu viel zu tun.	*Wenn wir ... tauschen/verschieben, könnte ich dir/Ihnen vielleicht helfen.*	*Ja, gute Idee.*
Ich habe leider gerade überhaupt keine Zeit, zusätzliche Aufgaben zu übernehmen.	*Vielleicht könnte ... meine Aufgaben übernehmen, dann könnte ich ...*	*Ja, stimmt. Das wäre möglich.*
Da kann ich dir/Ihnen leider nicht helfen, weil ...	*Ich könnte dir/Ihnen helfen, falls du/Sie jemanden für meine Aufgaben/... findest/finden.*	*Ich spreche gleich mal mit ...*
Ich muss noch ... bis ... bearbeiten. / erledigen. / Deshalb ...		*Das geht leider nicht, weil ...*

A4 Rollenspiel: Arbeitsaufträge ablehnen

a Arbeiten Sie zu zweit: Wählen Sie die Rollen oder schreiben Sie eigene Rollenkärtchen. Markieren Sie in A3: Welche Sätze wollen Sie benutzen?

Partner A
Sie schaffen es nicht, die heutige Konferenz vorzubereiten. Sie bitten eine Kollegin / einen Kollegen um Hilfe. Es muss sich jemand um heiße und kalte Getränke, die Technik und um Blöcke und Kulis für die Teilnehmer kümmern.

Partner B
Sie müssen heute die morgige Geschäftsreise für der Chef vorbereiten. Eine Kollegin bittet Sie um Hilfe. Lehnen Sie die Aufgabe ab, nennen Sie den Grund und bieten Sie Alternativen an.

b Spielen Sie ein Gespräch. Tauschen Sie auch die Rollen.

A Kollegin/Kollege

B Kollegin/Kollege

Sie bitten B um Hilfe. Sie haben eine zusätzliche Aufgabe für B.

Sie lehnen die Aufgabe ab. Sie erklären, warum Sie *Nein* sagen.

Sie machen einen Alternativ-Vorschlag.

Sie reagieren auf den Vorschlag.

- ◆ Frau Richter, ich brauche dringend Ihre Hilfe.
- ○ Worum geht's denn?
- ◆ Ich schaffe es heute leider nicht, die Konferenz vorzubereiten. Es muss sich jemand um ... kümmern. Könnten Sie das für mich übernehmen?
- ○ Tut mir leid, aber ich habe ...
- ◆ ...

B Je länger man wartet, desto schlechter wird …

B1 Wo bleibt der denn so lange?

4 ◀)) 5 **a** Hören Sie und verbinden Sie. Ergänzen Sie dann die Tabelle.

1 Je länger man wartet,   desto länger muss man auf sie warten.
2 Je wichtiger die Leute sind,   desto weniger muss man glauben.
3 Je mehr man weiß,   desto schlechter wird die Stimmung.

| Je länger man _____, | desto/umso schlechter _____ die Stimmung. |

b Kettenspiel: Arbeiten Sie in Gruppen und schreiben Sie zehn Kettensätze.

> Je netter meine Kollegen sind, desto lieber gehe ich zur Arbeit.
> Je lieber ich zur Arbeit gehe, desto …

B2 Freundschaften im Job. Lesen Sie den Text. Was ist richtig? Kreuzen Sie an.

> **Freundschaften im Job haben positiven Einfluss auf das Betriebsklima. Trotzdem warnt die Karriereexpertin Tanja Pieper vor zu engen Freundschaften am Arbeitsplatz.**
>
> *Frau Pieper, Studien zeigen, dass Freundschaften am Arbeitsplatz das Betriebsklima verbessern. Je angenehmer die Arbeitsatmosphäre ist, desto weniger Stress haben die Mitarbeiter und desto*
> 5 *besser arbeiten sie. Warum warnen Sie trotzdem vor Freundschaften im Job?*
>
> Nun ja, Freundschaften im Job können auch zu Problemen führen. So kann zum Beispiel die Freundin plötzlich zur Chefin werden.
>
> 10 *Privat- und Berufsleben sollten also getrennt werden?*
>
> Nein, ein gutes Betriebsklima ist schon wichtig. Je kälter das Betriebsklima ist, desto schneller wechseln die Mitarbeiter den Betrieb und desto häufiger sind sie krank.
>
> 15 *Ist es nicht schwierig, immer auf Distanz zu bleiben?*
>
> Einen freundschaftlichen Umgang kann man nicht vermeiden. Aber der Kontakt muss trotzdem professionell bleiben.
>
> 20 *Und wie schafft man das?*
>
> Zunächst sollte man gute Zusammenarbeit nicht mit Freundschaft verwechseln. Außerdem gibt es am Arbeitsplatz natürlich Tabuthemen, beispielsweise Beziehungs-
> 25 probleme und Geldsorgen.

1 ○ Freundschaften im Job beeinflussen die Arbeitsleistung negativ.
2 ○ Frau Pieper meint, dass Freundschaften im Job auch problematisch sein können.
3 ○ Angestellte, die sich am Arbeitsplatz wohlfühlen, melden sich häufiger krank.
4 ○ Auch sehr private Gesprächsthemen sind am Arbeitsplatz sinnvoll.

⇄ B3 Kollegen oder Freunde? Machen Sie Notizen. Diskutieren Sie.

1 Sind Freundschaften im Job in Ordnung?
2 Welche Gesprächsthemen sind im Job okay/tabu?
3 Welche Regeln im Umgang mit Kollegen finden Sie wichtig?
4 …

> 1 Ja: sinnvoll, man arbeitet besser

◆ Ich finde, dass Freundschaften im Job nicht nur völlig in Ordnung, sondern auch sinnvoll sind. Denn je besser man sich mit den Kollegen versteht, desto besser arbeitet man.
○ Ja, das denke ich auch. Ich habe meine beste Freundin …

C1 Lesen Sie die Tabelle und ergänzen Sie.

a Das ist die Kollegin, _____von_____ _____der_____ ich dir so oft erzählt habe
(Ich habe dir so oft von ihr erzählt.)

b Sami gehört zu den Kollegen, _____ _____ ich nur Gutes sagen kann.
(Ich kann von ihnen nur Gutes sagen.)

c Das ist ein Mann, _____ _____ man Bescheid weiß,
wenn man einmal mit ihm gesprochen hat.
(Man weiß über ihn Bescheid, wenn man einmal mit ihm gesprochen hat.)

Bescheid wissen über	+ ihn/sie:	..., über den/die	... Bescheid weiß.
erzählen von	+ ihm/ihr:	..., von dem/der	... erzählt habe.
sagen von	+ ihnen:	..., von denen	... sagen kann.

C2 Wer ist ...? Ergänzen Sie und vergleichen Sie mit Ihrer Partnerin / Ihrem Partner.

1
Mit ihm bin ich monatelang durch Asien gereist.

2
Von ihm bekomme ich oft so schöne Gedichte.

3
Ich muss immer über sie lachen.

4
An sie denke ich oft.

Wer ist ...?

1 Tom? Das ist so ein verrückter Bekannter,
_____mit dem_____

2 Leo? Das ist mein treuester und romantischster Freund,
_____

3 Michaela? Das ist eine witzige Bekannte,
_____

4 Maria? Das ist eine meiner besten Freundinnen,
_____

bekannt → der/die Bekannte
ein Bekannter / eine Bekannte
auch so: Jugendlicher, Erwachsener,
Deutscher, ...

C3 Was machen Sie mit wem?
Notieren Sie Namen von Freunden, Nachbarn, Bekannten
und Kollegen auf einen Zettel. Tauschen Sie dann die Zettel
mit Ihrer Partnerin / Ihrem Partner. Fragen und antworten Sie.

◆ Alexander, wer ist Jibril?
○ Jibril ist ein Kollege, mit dem ich donnerstags nach
der Arbeit im Orchester spiele. Wer ist ...

der/ein Kollege
den/einen Kollegen
dem/einem Kollegen
auch so: einen Nachbarn, Menschen,
Journalisten, ...

Jibril – Kollege

D Von mir aus können wir uns gern duzen.

D1 Das *Du* anbieten

a *Du* oder *Sie*? In welchen Situationen werden Sie geduzt/gesiezt?
Erzählen Sie.

am Arbeitsplatz   von den Nachbarn   im Geschäft
in meiner Lieblingskneipe   im Verein   im Kindergarten
auf dem Elternabend   ...

> *Von den Nachbarn werde ich gesiezt.*

4 🔊 6–8   **b** Wo sind die Leute? Hören Sie und kreuzen Sie an.

Gespräch 1   ○ im Büro   ○ im Treppenhaus
Gespräch 2   ○ auf dem Spielplatz   ○ im Kindergarten
Gespräch 3   ○ auf dem Markt   ○ im Restaurant

4 🔊 6–8   **c** Was ist richtig? Kreuzen Sie an. Hören Sie dann noch einmal und vergleichen Sie.

1 ○ Frau Richter arbeitet schon lange in der Firma.
2 ○ Frau Stein soll sich an Herrn Ramsauer wenden, wenn sie Fragen hat.
3 ○ Die beiden Väter kommen zu spät zum Elternabend.
4 ○ Die beiden Väter treffen sich zum ersten Mal.
5 ○ Amadou Bah hat seinen ersten Arbeitstag als Koch.
6 ○ Lars Kramer ist für den Einkauf zuständig.

4 🔊 6–8   ## D2 Wie bieten die Leute das *Du* an? Wie nehmen sie das *Du* an?

Hören Sie noch einmal. In welchem Gespräch (1–3) hören Sie das? Ergänzen Sie.

das *Du* anbieten	Gespräch	das *Du* annehmen	Gespräch
Wir sagen hier alle *Du* zueinander. Wenn es Ihnen recht ist, dann können wir uns gern duzen.	○	Ja, gern! Ich heiße ...	○
Übrigens, von mir aus können wir uns gern duzen. Ich heiße ...	○	Schön! Hallo ... Ich bin ...	○
Ach, wollen wir uns nicht lieber duzen?	○	Alles klar! Ich heiße ...	○

D3 Rollenspiele: Arbeiten Sie zu zweit und wählen Sie eine Rollenkarte.

Wählen Sie ein bis zwei Situationen und spielen Sie ein Gespräch. Verwenden Sie die Sätze aus D2.

Wetter   Urlaub   Hobbys   Familie   Bücher   Filme   Essen   ...

Sie treffen eine Mutter aus dem Kindergarten Ihres Kindes auf dem Spielplatz und unterhalten sich. Die andere Mutter bietet Ihnen das *Du* an.

Sie treffen eine Nachbarin im Zug und kommen ins Gespräch. Im Laufe des Gesprächs bieten Sie der Nachbarin das *Du* an.

Sie treffen einen älteren Kollegen aus einer anderen Abteilung auf der Weihnachtsfeier und unterhalten sich. Der Kollege bietet Ihnen das *Du* an.

D4 Duzen oder Siezen?

a Überfliegen Sie den Text und ordnen Sie zu.

Im Privatleben   Grundsätzlich   Im Arbeitsleben

DUZEN ODER SIEZEN?

Gibt es da eigentlich verbindliche Regeln? Das ist eine schwierige Frage. Wir haben versucht, für Sie eine kurze Antwort zu finden.

1 _____ wird in der Regel gesiezt. Das gilt vor allem bei Kontakt zu Kunden sowie auf Ämtern und Behörden. Allerdings gibt es zunehmend Branchen, in denen das *Du* üblich ist, wie z. B. in der Computer-branche, in der Werbung, in der Gastronomie und auf dem Bau. Wird in einem Betrieb normalerweise gesiezt, dann bietet die Person das *Du* an, die eine höhere Position hat oder schon länger im Betrieb ist.

2 _____ wird im Vergleich zu früher mehr geduzt, also nicht nur in der Familie und unter Freunden. Das *Du* schafft Gemeinschaft, egal, ob man über die Kinder, die Nachbarn, denselben Arbeitsweg oder den Hund spricht. Es gilt dabei nach wie vor die altbekannte Regel, nach der die Älteren den Jüngeren das *Du* anbieten.

3 _____ kann man sicherlich sagen: Wer zu schnell duzt, gilt möglicherweise als unhöflich; wer zu lange siezt, kann steif wirken.

b Wer kann das *Du* anbieten? Wie lauten die beiden Regeln? Lesen Sie noch einmal und ergänzen Sie.

Im Arbeitsleben: Die Person, die _____

Im Privatleben: Die Person, _____

D5 Welche Regeln gelten in Ihrem Heimatland?

a Beantworten Sie die Fragen. Vergleichen Sie auch mit den Regeln in Deutschland und machen Sie Notizen.

1 Sagt man in Ihrer Sprache auch *Du* und *Sie*?
2 In welchen Situationen duzt/siezt man sich?
3 Wer darf das *Du* anbieten?
4 Was muss außer der Anrede noch beachtet werden, wenn man höflich sein möchte?

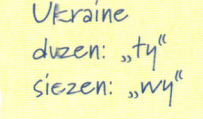

Ukraine
duzen: „ty"
siezen: „wy"

b Arbeiten Sie in Gruppen. Erzählen Sie von den Regeln in Ihrem Heimatland.

> Ähnlich wie im Deutschen gibt es im Ukrainischen auch zwei Anredeformen.
> Ich habe den Eindruck, bei uns in der Ukraine siezt man öfter als in Deutschland, z. B. sprechen sich an der Uni Dozenten und Studenten normalerweise mit „wy" an.

SCHON FERTIG? Hat Innen schon einmal jemand das *Du* angeboten? Schreiben Sie.

Grammatik und Kommunikation

Grammatik

1 Konjunktion: *falls* ÜG 10.11

	Konjunktion		Ende
Wir sind jetzt per *Du*,	falls	dich das	interessiert.
Kein Problem ist unlösbar,	falls	man seine Hausaufgaben ordentlich	gemacht hat.

> Was machen Sie am Wochenende? Schreiben Sie drei Sätze mit *falls*.

> Ich gehe ins Kino, falls es einen guten Film gibt.
> Ich mache ein Picknick, falls …

2 Zweiteilige Konjunktion: *je … desto/umso* ÜG 10.13

Je länger man wartet,	desto/umso schlechter wird die Stimmung.

> Im Berufsleben: Schreiben Sie Sätze mit *je … desto …* Wie viele Sätze finden Sie in fünf Minuten?

> Je mehr Berufserfahrung man hat, desto höher wird das Gehalt.
> Je besser ein Team zusammenarbeitet, desto …

3 Relativsatz mit Präpositionen ÜG 10.14

Ist das der Kollege,	von dem	man nur Gutes sagen kann? (sagen von + Dativ)
	von dem	du erzählt hast? (erzählen von + Dativ)
Ist das die Bekannte,	von der	man nur Gutes sagen kann?
	von der	du erzählt hast?
Sind das die Kollegen,	von denen	man nur Gutes sagen kann?
	von denen	du erzählt hast?

> Schreiben Sie so viele Sätze wie möglich zu einer Person.
> sprechen mit
> sich verabreden mit
> sich ärgern über
> denken an   warten auf
> spazieren gehen mit
> sich freuen über   …

Tina

4 Adjektiv als Nomen: *bekannt → die/der Bekannte* ÜG 4.06

	Nominativ	Akkusativ	Dativ
•	der Bekannte ein Bekannter	den Bekannten einen Bekannten	dem Bekannten einem Bekannten
•	die Bekannte eine Bekannte	die Bekannte eine Bekannte	der Bekannten einer Bekannten
•	die Bekannten – Bekannte	die Bekannten – Bekannte	den Bekannten – Bekannten

auch so: jugendlich → die/der Jugendliche
erwachsen → die/der Erwachsene
deutsch → die/der Deutsche

> Das ist meine Nachbarin Tina,
> – mit der ich am Wochenende manchmal spazieren gehe.
> – für die ich die Blumen gieße, wenn sie im Urlaub ist.
> – …

5 n-Deklination ÜG 1.04

	Nominativ	Akkusativ	Dativ
•	der/ein Kollege	den/einen Kollegen	dem/einem Kollegen
•	die/– Kollegen	die/– Kollegen	den/– Kollegen

auch so: der Mensch, der Nachbar, der Praktikant, der Herr, der Junge, der Pole, der Grieche, …

Kommunikation

AUFTRÄGE/AUFGABEN ABLEHNEN: Tut mir leid, aber …

Tut mir leid, aber ich habe gerade selbst viel zu viel zu tun. | Ich habe leider gerade überhaupt keine Zeit, zusätzliche Aufgaben zu übernehmen. | Da kann ich dir/Ihnen leider nicht helfen, weil … | Ich muss noch … bis … bearbeiten/erledigen/ … Deshalb …

ALTERNATIVEN VORSCHLAGEN: Ich könnte Ihnen helfen, falls …

Wenn wir … tauschen/verschieben, könnte ich dir/Ihnen vielleicht helfen. Vielleicht könnte … meine Aufgaben übernehmen, dann könnte ich … Ich könnte dir/Ihnen helfen, falls du/Sie jemanden für meine Aufgaben findest/finden.

AUF ALTERNATIVVORSCHLÄGE REAGIEREN: Ja, gute Idee.

Ja, gute Idee. | Ja, stimmt. Das wäre möglich. Ich spreche gleich mal mit … Das geht leider nicht, weil …

DAS *DU* ANBIETEN: Ach, wollen wir uns nicht lieber duzen?

Wir sagen hier alle Du zueinander. | Wenn es Ihnen recht ist, dann können wir uns gern duzen. | Übrigens, von mir aus können wir uns gern duzen. Ich heiße … | Ach, wollen wir uns nicht lieber duzen?

DAS *DU* ANNEHMEN: Ja, gern! Ich heiße …

Ja, gern! Ich heiße … | Schön! Hallo … Ich bin … | Alles klar! Ich heiße …

Schreiben Sie ein Gespräch.

> Ihr Kollege hat nächste Woche Urlaub und bittet Sie um Hilfe.

◇ Frau … / Herr …, ich brauche dringend Ihre Hilfe. Sie wissen ja, dass ich …

Das *Du* anbieten: Wählen Sie ein Bild und schreiben Sie ein Gespräch.

◇ Guten Tag. Ich bin Ihr neuer Nachbar.
◯ …

Sie möchten noch mehr üben?

Lernziele

Ich kann jetzt …

A … Ratgebertexte verstehen: *Wie lehne ich Aufgaben im Job ab?* _____ ☺ ☺ ☹
… Arbeitsaufträge ablehnen und Alternativvorschläge machen:
Tut mir leid, aber … _____ ☺ ☺ ☹
B … über Freundschaften im Job diskutieren: *Je besser man sich mit den Kollegen versteht, desto besser arbeitet man.* _____ ☺ ☺ ☹
C … erzählen, was mir andere Personen bedeuten und was ich mit ihnen unternehme: *Jibril ist ein Kollege, mit dem ich …* _____ ☺ ☺ ☹
D … das *Du* anbieten und annehmen: *Ach, wollen wir uns nicht lieber duzen?* _____ ☺ ☺ ☹
… von den Regeln für das Siezen und Duzen in Deutschland erzählen:
Im Arbeitsleben bietet die Person das Du an, die … _____ ☺ ☺ ☹

Ich kenne jetzt …

… 6 Wörter zum Thema *Arbeit*:
das Betriebsklima, …
_____
_____
_____

… 4 Charaktereigenschaften:
treu, …
_____

GEDICHT

Freundschaft

Refrain: Freundschaft nur bei Sonnenschein?
Kann keine echte Freundschaft sein.
Freundschaft ist wie ein gutes Haus:
Sie hält auch schlechtes Wetter aus.

Wenn du mich an der Schulter packst
und dabei lächelst und mir sagst,
dass das, was ich grad mache, Mist ist,
und dass du deshalb jetzt bei mir bist,
um mir zu helfen, zu verstehen
und einen besseren Weg zu gehen,
dann ist mein Ärger schnell verschwunden.
Ich habe einen Freund gefunden!

Refrain

Wenn meine Traurigkeit mal groß ist,
so groß, dass ich nicht weiß, was los ist,
bist du ganz nah und aufmerksam,
bist ehrlich, lügst mich niemals an.
Weißt du, wie wunderbar du bist?
Wie wichtig deine Freundschaft ist?
Ich geb' dir hoffentlich ein Stück
von diesem großen Glück zurück.

Refrain

4 ◀)) 12

1 Hören Sie das Gedicht und lesen Sie mit.
Was bedeutet: „Freundschaft nur bei Sonnenschein? Kann keine echte Freundschaft sein."? Sprechen Sie.

2 Was bedeutet für Sie „echte Freundschaft"? Erzählen Sie.

PROJEKT

„NETZWERKEN"

In der deutschen Umgangssprache gibt es seit einiger Zeit ein neues Verb: „netzwerken".
Es bedeutet: seine Beziehungen zu Kollegen, Geschäftspartnern, Bekannten, Nachbarn
oder Freunden verbessern und neue Beziehungen schaffen. Je größer das eigene Netzwerk
ist, desto schneller und einfacher kann man sich einen Rat holen, Hilfe organisieren und
Probleme lösen. Anders gesagt: Je besser dein Netzwerk ist, desto leichter ist dein Alltag.

1 Lesen Sie den Text „Netzwerken" auf Seite 104 und sammeln Sie im Kurs:
Wo kann man besonders gut Menschen kennenlernen?

Kollegin Lina

in der Arbeit ——— ICH ——— in der Freizeit ——— in Vereinen
——— in der Kneipe
——— im Internet / in sozialen Netzwerken
im Stadtteil
Nachbarn

2 Ergänzen Sie Personen in Ihrem persönlichen Netzwerk in 1 und erzählen Sie zu jeder Person, warum diese Person für Sie wichtig ist.

> Lina habe ich in der Arbeit kennengelernt. Mittlerweile sind wir gute Freundinnen. Sie kann gut zuhören und hilft mir, wenn ich Probleme habe. …

LESEN

Die Sterne lügen nicht

Es ist Nacht. Der Himmel ist klar und voller Sterne. Jeder Mensch, der dort hinauf sieht, kennt wahrscheinlich diesen Gedanken: Wie groß ist das Weltall! Wie klein bin ich! Schon vor Jahrtausenden haben Menschen beobachtet, dass in den verschiedenen Jahreszeiten ganz unterschiedliche Sterne dort oben zu sehen sind. Sie wollten wissen, warum Sonne, Mond und Sterne immer wieder über
5 den Himmel „wandern". Sie haben verstanden, dass das Leben auf der Erde ohne das Licht und die Wärme der Sonne nicht möglich wäre. Sie haben bemerkt, dass das Meer irgendwie mit dem Mond „zusammenarbeitet".
Deshalb haben sie geglaubt, dass man die Welt verstehen und sogar die Zukunft voraussagen kann, wenn man die Bewegungen der Sterne und Planeten genau kennt. So entstand die Astrologie. Auch heute noch glauben manche Menschen an
10 die „Macht der Tierkreiszeichen" und lassen sich persönliche Horoskope machen.

Diese Tierkreiszeichen gibt es in der westlichen Astrologie:

ERDZEICHEN: ruhig, tief, ändern sich nur langsam
Stier (21. April bis 20. Mai) sucht Sicherheit, sparsam, meist entspannt, liebt gutes Essen
15 **Jungfrau** (24. August bis 23. September) ruhig, fleißig, hilfsbereit, möchte geliebt werden
Steinbock (22. Dezember bis 20. Januar) zuverlässig, sucht Erfolg, arbeitet hart und fleißig

LUFTZEICHEN: viele Interessen, oft kopfbetont
20 **Zwillinge** (21. Mai bis 21. Juni) neugierig, kommunikativ, gern unter Menschen
Waage (24. September bis 23. Oktober) sucht das Gleichgewicht und die Gemeinschaft
Wassermann (21. Januar bis 19. Februar) tolerant,
25 freundlich, viel Verständnis für andere

WASSERZEICHEN: gefühlsbetont, empfindlich
Krebs (22. Juni bis 22. Juli) fantasievoll, sucht Sicherheit, liebt sein Zuhause
Skorpion (24. Oktober bis 22. November) intensive Gefühle,
30 oft sehr nachdenklich
Fische (20. Februar bis 20. März) starke Gefühle, gern allein, voller Liebe

FEUERZEICHEN: spontan, schnell, vertrauen ihrer Energie
Widder (21. März bis 20. April) sucht die Herausforderung,
35 immer in Bewegung
Löwe (23. Juli bis 23. August) steht gern im Mittelpunkt, braucht viel Aufmerksamkeit
Schütze (23. November bis 21. Dezember) sucht das Neue, liebt Abenteuer, langweilt sich schnell

1 Lesen Sie den Text. Welches Tierkreiszeichen sind Sie?
Passt die Beschreibung zu Ihnen? Sprechen Sie.

2 Gibt es in Ihrer Heimat dieselben Tierkreiszeichen oder haben Sie andere? Erzählen Sie.

Virtuelle Welt

Folge 9: Alex Müller ist weg!

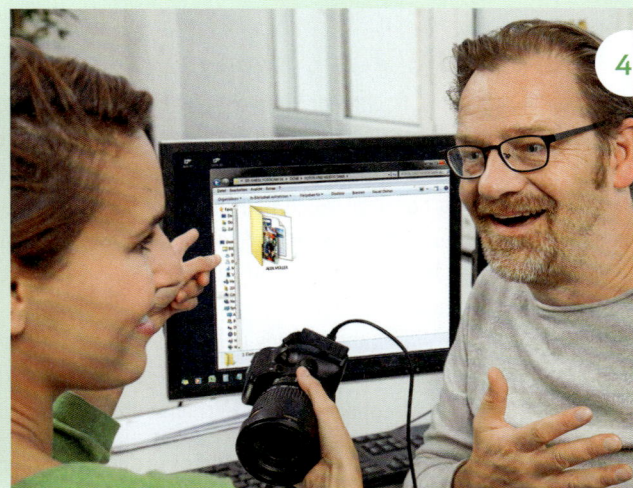

1 Wörter rund um den Computer

Arbeiten Sie zu zweit mit dem Wörterbuch. Welche Wörter verstehen Sie, welche nicht?
Schreiben Sie zu jedem Wort einen Beispielsatz. Wer hat zuerst alle Sätze geschrieben?

● der Ordner ● die Festplatte ● die Datei ● die Sicherungskopie
●/● das/der Virus ● der Monitor ● die Speicherkarte
● das Programm ● die Tastatur löschen umbenennen kopieren
anschließen speichern anklicken (he)runterladen

> Auf meinem Computer sind 39 Ordner.

2 Sehen Sie die Fotos an. Ordnen Sie zu und ergänzen Sie in der richtigen Form.

4 ◀)) 13–16

Hören Sie dann und vergleichen Sie.

● Computer ● Speicherkarte ● Ordner ● Kamera ● Sicherungskopie löschen speichern laden

Sami findet auf seinem Computer den _____ „Alex Müller" nicht. Er hat auch leider
keine _____ gemacht und glaubt, dass jemand den Ordner _____ hat.
Ella _____ ein Programm herunter, mit dem man Dateien finden kann. Sie findet aber nichts.
Sami wollte Fotos von seiner _____ auf seinen Computer kopieren.

Sind Maschinen besser als wir?

von Ella Wegmann

Ich hasse es, wenn ich irgendwelche dummen Arbeiten hundertmal hintereinander erledigen muss. Geht's Ihnen auch so? Und machen Sie dann auch irgendwann aus lauter Langeweile
5 die ersten Fehler? Tja, Maschinen können so etwas viel, viel besser. Sie erledigen tagelang die dümmsten Arbeiten, ohne einen einzigen Fehler zu machen. Sind die Maschinen also besser als wir? Quatsch! Man sollte lieber mal
10 scharf nachdenken, bevor man solch einen Unsinn glaubt. Es stimmt, der Computer kann schneller rechnen als wir. Aber genau dafür haben wir ihn doch erfunden: Damit wir selbst nicht mehr so viel rechnen müssen. Alle unsere
15 Werkzeuge und Maschinen haben wir entwickelt, um unser Leben leichter und bequemer zu machen. Es gibt also überhaupt keinen Grund, so zu tun, als ob unsere Erfindungen intelligenter und besser wären als wir. Seien
20 wir lieber mal ein bisschen stolz auf uns!

Ella findet heraus, was Sami falsch gemacht hat: Er hat den Ordner „Alex Müller" aus Versehen auf die Kamera‑_____ kopiert und von seinem _____ gelöscht. Der Ordner ist aber in der Kamera _____. Gott sei Dank! Der Ordner ist nun wieder da!

3 Hatten Sie auch schon einmal Probleme mit der Technik? Erzählen Sie.

> *Letzten Monat ist der Akku von meinem Handy kaputt-gegangen. Ich hatte kein Back-up gemacht. Und deshalb …*

4 Ellas Kolumne
Lesen Sie die Kolumne. Was ist richtig? Kreuzen Sie an.

   a ○ Die Menschen haben Werkzeuge und Maschinen erfunden, damit alles schneller geht.
   b ○ Auch Maschinen können Fehler machen.
   c ○ Menschen machen Fehler, wenn die Arbeit langweilig ist.

5 Welche Maschinen helfen Ihnen besonders im Alltag / in der Arbeit?

> *Ich habe vier Kinder. Wenn ich keine Wasch-maschine hätte, dann müsste ich die ganze Wäsche mit der Hand waschen. …*

Ellas Film

A Du suchst weiter, **während** ich ...

A1 Was kann man auch sagen? Kreuzen Sie an.

a Du suchst jetzt weiter nach der Datei, während ich das Programm runterlade.
  ○ Du suchst erst die Datei. Danach lade ich das Programm runter.
  ○ Du suchst die Datei. Zur gleichen Zeit lade ich das Programm runter.

b Alex Müller war Polizist, bevor er „Superstar" wurde.
  ○ Alex Müller war zuerst Polizist, danach „Superstar".
  ○ Alex Müller war zuerst „Superstar", danach Polizist.

c Nachdem du den Ordner „Alex Müller" auf die Kamera-Speicherkarte kopiert hattest, hast du ihn auf deinem Computer gelöscht.
  ○ Du hast den Ordner auf die Speicherkarte kopiert. Danach hast du ihn auf deinem Computer gelöscht.
  ○ Du hast den Ordner auf deinem Computer gelöscht. Danach hast du ihn auf die Speicherkarte kopiert.

> Du suchst nach der Datei, während ich das Programm runterlade.
> Alex war Polizist, bevor er „Superstar" wurde.
> Nachdem du den Ordner kopiert hattest, hast du ihn gelöscht.

A2 Was machen Ella und Sami wann? Schreiben Sie Sätze mit *bevor, während* und *nachdem*.

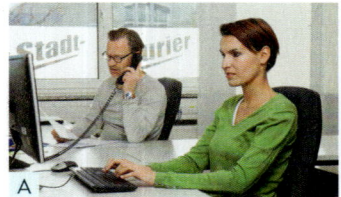

einen Artikel schreiben –
telefonieren

zehn Stunden arbeiten –
nach Hause gehen

einen Kaffee trinken –
zur Arbeit gehen

A Ella schreibt einen Artikel, ...

A3 Mitteilungen am Arbeitsplatz
Ergänzen Sie *bevor, während, nachdem*.

A

Achtung!

Ab 16 Uhr wird auf Ihrem Rechner ein neues Antivirenprogramm installiert. Drücken Sie bitte keine Taste, _____ die Installation läuft.

Ihre IT

B

Lieber Herr Lutz,

_____ Sie gestern das Haus verlassen hatten, rief Herr Nitsche aus der IT-Abteilung an. Bitte rufen Sie ihn an, _____ Sie versuchen, Ihren Laptop mit dem WLAN zu verbinden. Es ist wichtig!

Gruß, Martin Bauer

C E-Mail senden

Liebe Kollegen,
wie Ihr wisst, verlässt uns Gisela zum 1.10. Wir
wollen eine kleine Überraschungsparty für sie vorbereiten. Sagt uns doch bitte erst Bescheid, ob Ihr
am 30.9. um 17 Uhr Zeit habt, _____
wir uns dann Gedanken machen!
Und wer hat schon eine gute Idee, was wir Gisela
schenken könnten? _____ Ihr darüber
nachdenkt, sammeln wir schon einmal das Geld
dafür ein ☺!
Erika und Thomas

D E-Mail senden

Liebe Frau Hennig,
würden Sie den Vertrag mit TT Tilp
erst von Frau Orth unterschreiben
lassen, _____ Sie ihn
an Frau Kowalski senden?
Vielen Dank! Hermine Ritter

> **SCHON FERTIG?** Antworten Sie
> auf eine der Mitteilungen.

4 ◀)) 17 A4 Etwas planen

a Hören Sie. Was planen die Kollegen?

b Hören Sie noch einmal. Ergänzen Sie: T (Thomas), E (Erika), N (Nora) oder L (Luisa).

1. ◯ findet, die Küche ist zu klein für die Party.
2. ◯ macht Salate.
3. ◯ isst kein Fleisch.
4. ◯ besorgt Brot und Butter.
5. ◯ backt Kuchen.
6. ◯ kauft Getränke.
7. ◯ findet, dass es viel Arbeit ist, eine Party vorzubereiten.

⇄ A5 Im Vorbereitungskomitee

a Arbeiten Sie zu dritt. Wählen Sie eine Situation und organisieren Sie das Fest / das Picknick.

| kleine Überraschungsfeier für | Kursausflug mit Picknick |
| Ihre Kursleiterin / Ihren Kursleiter | |

> Was? Picknick am See
> Wie?
> Essen und Getränke?
> ...

Was? Wann? Wo/Wohin? Wie lange? ...
Kosten Essen/Getränke Fahrkarten Transportmittel ...

b Welche Sätze möchten Sie benutzen? Markieren Sie je zwei Sätze in jeder Rubrik.

jemandem eine Aufgabe geben

*Würdest du ...? | Wie wäre es, wenn
du ...? | Könntest du nicht ...?
Würdest du das tun?*

eine Aufgabe annehmen

*Das übernehme ich. | Ja, lass mich
das machen. | Das mache ich gern.
Darum kann ich mich kümmern.*

eine Aufgabe ablehnen

*Ich weiß nicht. Ich kann nicht so
gut ... | Das kommt für mich nicht
infrage. | Eher nicht. Aber ich
würde ...*

c Planen Sie und verteilen Sie die Aufgaben. Verwenden Sie Sätze aus b.

◆ Ich schlage vor, wir machen mit dem Kurs ein Picknick am See.
○ Und wie kommen wir dorthin?
▲ ...
◆ Könntest du einkaufen gehen, während ich ...?
▲ Klar. Darum kann ich mich kümmern, nachdem ich ...

B Du tust ja so, **als ob** ich keine Ahnung **hätte**.

B1 Wie ist es in Wirklichkeit? Ordnen Sie zu.
Hören Sie dann und vergleichen Sie.

Aber in Wirklichkeit …
war das ein Versehen.
kenne ich mich ziemlich
  gut damit aus.
finden wir eine Lösung für das Problem.

a Du tust ja so, als ob ich keine Ahnung hätte.
b Du tust so, als ob du die ganze Arbeit noch
  einmal machen müsstest.
c Du sagst das so, als ob ich das absichtlich getan hätte.

Du tust ja so, als ob ich keine Ahnung hätte.

B2 Schreiben Sie.

A *Ja, Mama. Alles gut, alles klasse!*

Sarah tut so, als ob … (gut gehen)

B *Ja, ja, Susi, ich habe ihn
repariert. Du weißt ja, ich
bin Computerspezialist!*

Max tut so, … (Computer reparieren können)

C *Tut mir leid, das geht
nicht, ich habe gerade
wahnsinnig viel zu tun!*

Hanna tut so, … (gerade arbeiten)

D *Ja, herrlich ist es hier.
Keine Wolke am Himmel!*

Fabian tut so, …
(schönes Wetter sein)

A … als ob es ihr
gut gehen würde.
Aber in Wirk-
lichkeit …

B3 Der Angeber

a Lesen Sie Michaels „Steckbrief" und hören Sie dann das Gespräch. Ergänzen Sie.

Was ist Ihr Beruf?	technischer Angestellter
Wo wohnen Sie?	in einem Wohnblock im Zentrum von Hamburg
Haben Sie ein Auto?	nein, im Moment nicht
Ihr Familienstand?	verheiratet, 2 Kinder
Was machen Sie in Ihrer Freizeit?	Fernsehen, Computer spielen
Wohin führte Ihre letzte Reise?	an die Nordsee

Im Gespräch tut er so, als ob …
Topmanager
_____
_____
_____
_____
_____

b Sprechen Sie.

Er tut so / Er sagt das so / Es scheint so /
Es hört sich so an / Es sieht so aus, als
ob … Aber in Wirklichkeit …

*Michael tut so, als ob er Topmanager wäre. Aber
in Wirklichkeit ist er technischer Angestellter.*

B4 Erfinden Sie selbst „Als-ob-Leute" wie Michael.
Arbeiten Sie zu zweit. Schreiben Sie einen „Steckbrief" auf ein Plakat und spielen Sie
ein Gespräch wie in B3a. Der Kurs beschreibt „Ihre" Person wie in B3b.

4 ◀) 20–23 **C1 Bedienungsanleitungen**

a Hören Sie und ordnen Sie zu.

A   B   C   D

Gespräch	1	2	3	4
Bild				

b Ordnen Sie die Gespräche den Sätzen zu.
Hören Sie dann noch einmal und vergleichen Sie.

Gespräch

Jemand liest die Bedienungsanleitung. Alles funktioniert wie beschrieben. ○

Jemand macht alles wie beschrieben. Trotzdem kommt immer wieder eine Fehlermeldung. ○

Jemand macht alles wie beschrieben. Es ist aber schwierig und dauert ziemlich lange. ○

Jemand versteht die Bedienungsanleitung nicht und beschließt, das Problem allein zu lösen. ○

C2 Im Waschsalon

a Was passt? Ordnen Sie zu.

wählen   schließen   öffnen   einfüllen   drücken   ~~einwerfen~~   läuft   einfüllen

1 Geld *einwerfen*   2 Tür _____   3 Wäsche _____   4 Programm _____

5 Waschmittel _____   6 Tür _____   7 Startknopf _____   8 Waschvorgang _____

b Spielen Sie ein Gespräch mit Ihrer Partnerin / Ihrem Partner.

Partner A

Sie sind im Waschsalon und möchten Ihre Wäsche waschen. Sie wissen nicht, wie das funktioniert. Bitten Sie um Hilfe.

Partner B

Erklären Sie Ihrer Partnerin / Ihrem Partner, was sie/er tun muss.

⌈ *Entschuldigung/Verzeihung, ich bin zum ersten Mal hier. Könnten Sie mir vielleicht sagen, wie das hier funktioniert?* ⌋

⌈ *Kein Problem, gern. | Sehen Sie, zuerst müssen Sie hier … | Dann … | Danach … | Und dann … Zuletzt müssen Sie …* ⌋

⇆ **C3 Wie funktioniert das? Sprechen Sie.**

Erklären Sie Ihrer Partnerin / Ihrem Partner, wie Sie mit Ihrem Handy: eine Sprachnachricht verschicken, Fotos versenden, einen neuen Kontakt erstellen, den Weg zur nächsten Haltestelle finden, das Passwort ändern, …

⌈ *Sieh mal, zuerst musst du auf das Symbol „Mikrofon" drücken. Dann …* ⌋

D Internetforum

D1 Was soll ich bloß tun?

Überfliegen Sie die Forumstexte und beschreiben Sie kurz die Situationen der beiden Personen.

A Hallo! Ich heiße Hanna und bin 42. Ich habe Angst, dass mein Sohn (16) spielsüchtig ist. An den Wochenenden spielt er ca. zehn bis 12 Stunden pro Tag und an Schultagen auch mindestens sechs Stunden. Er macht nichts anderes mehr, er trifft keine Freunde, er geht nicht raus, nichts! Jetzt haben wir gerade Herbstferien und da spielt er die ganze Nacht durch, bis 8 Uhr früh. Dann schläft er zehn Stunden und dann geht alles wieder von vorn los. Ich glaube sogar, gestern hat er gar nicht geschlafen, sondern durchgespielt. Wir wissen wirklich nicht mehr, wie wir mit der Situation umgehen sollen. Hat irgendwer einen guten Rat?

B Hallo zusammen, ich bin seit fünf Jahren mit meinem Mann zusammen. Letztes Jahr haben wir dann geheiratet und eine Wohnung gekauft, wofür wir einen Kredit aufnehmen mussten, der nun Monat für Monat abbezahlt werden muss. Mein Mann ist wirklich der liebste Mensch, den ich kenne, aber er kann nicht mit Geld umgehen. Den Kredit für die Wohnung muss ich ganz alleine abbezahlen, weil mein Mann sein sämtliches Geld für unwichtige Dinge ausgibt: einen Motorroller (der steht ungefahren in der Garage), ein neues Snowboard (obwohl er nicht Snowboard fährt), ein Mountainbike (obwohl er die Berge sowieso nicht mag), eine Spiel-Konsole (mit der er einmal gespielt hat) und so weiter und so fort. Ich habe schon oft versucht, mit ihm darüber zu reden, aber es nutzt nichts. Was soll ich bloß tun? Ich weiß irgendwie nicht mehr weiter. Danke für Eure Antworten! Eure Tami

> irgend-: irgendwer, irgendwie, irgendwann, ...

D2 In einem Forum antworten

a Wählen Sie einen Text aus D1 und schreiben Sie einen Kommentar dazu.

Das Gefühl/Problem kenne ich gut.	Ehrlich gesagt hat man den Eindruck, dass/als ob ...	Ich rate Dir ...
Mir geht es (manchmal) genauso.	Keine Ahnung, wieso Dich das so aufregt.	Ehrlich gesagt, würde ich ...
Auch bei mir/bei uns ...	Das finde ich unmöglich/über-trieben.	Versuch doch ...
Ich kann Dich gut verstehen.		Deshalb solltest Du ...
		An Deiner Stelle würde ich ...

Liebe Hanna,
das Problem ...

b Arbeiten Sie zu zweit. Tauschen Sie Ihre Kommentare.
Lesen Sie den Kommentar Ihrer Partnerin / Ihres Partners.
Schreiben Sie dann eine Antwort auf den Kommentar.

> Ich sehe das auch so wie Du/wie ... | Grundsätzlich würde ich Dir ja zustimmen, aber ... | Ich denke, so kann man das nicht sehen.

D3 Lebendiges Forum

Bilden Sie zwei Gruppen, eine für jeden Forumstext aus D1. Stellen Sie alle Kommentare und Antworten zusammen. Lesen Sie sie. Welchen Beitrag finden Sie besonders interessant? Wieso? Erzählen Sie.

4 ◀)) 24 E1 Hören Sie eine Radiodiskussion zum Thema „Digitale Welt".

a Um welche Themen geht es? Kreuzen Sie an.

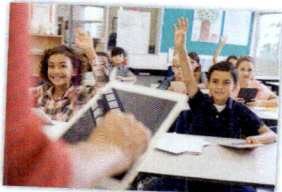

1 ⊠ Wie verändern Smartphones die Kommunikation zwischen den Menschen?
2 ○ Wie viele Kinder nutzen Smartphones?
3 ○ Welchen Einfluss haben die digitalen Medien auf Kinder und Jugendliche?
4 ○ Sollen auch Erwachsene Lernspiele am Computer machen?
5 ○ Welche Vorteile haben Smartphones im Alltag?

b Hören Sie die Diskussion noch einmal. Wer sagt was? Kreuzen Sie an.

	Frau Fröhlich	Herr Melkonian
1 In meinem Freundeskreis bleiben die Smartphones aus, wenn wir uns unterhalten.	⊠	○
2 Meine Freunde und ich – wir arbeiten den ganzen Tag digital. Im Büro und unterwegs.	○	○
3 Früher habe ich das gemacht: Ich habe mit meinen Freunden geredet und gleichzeitig auf meinem Smartphone Nachrichten geschrieben.	○	○
4 Man sollte nicht nur über die negativen Seiten der digitalen Welt sprechen.	○	○
5 Man kann heute umsonst weltweit telefonieren. Das ist ein Vorteil.	○	○
6 Es ist praktisch, dass man Fahrkarten nun über Handy kaufen kann.	○	○
7 Das Gehirn von Kindern entwickelt sich im echten Leben besser als am Bildschirm.	○	○
8 Lehrer und Eltern sollten gut darüber nachdenken, wie Kinder den Umgang mit digitalen Medien lernen.	○	○

⇄ E2 Diskussion: Ein Leben ohne Handy, PC und Internet – ist das möglich?

Arbeiten Sie zu fünft: Jede/r übernimmt eine Rolle. Bereiten Sie Ihre Rolle vor und notieren Sie sich Stichpunkte. Diskutieren Sie dann.

Anton Schürle
Moderator. Er leitet die Diskussion und achtet darauf, dass alle zu Wort kommen und ihren Standpunkt zum Thema sagen können.

Jan Schwarz
Vater von zwei Kindern (10/12). Die beiden haben kein Handy und dürfen nur eine halbe Stunde am Tag an den Computer.

Susan Klein
Erfolgreiche Managerin. Sie braucht ihr Handy privat und im Beruf und macht auch gern Computerspiele. Sie kann sich ein Leben ohne Handy nicht vorstellen

Andreas Taube
Er hat versucht, ein Jahr ohne Handy und Internet zu leben. Sein Lebensmotto war: „Ich bin dann mal offline." Sein Leben hat sich dadurch komplett geändert und er findet die Erfahrung toll.

Klara Schulze
Lehrerin an der Schiller-Gesamtschule in Berlin. Sie arbeitet viel mit Computern und Medien in ihrer Klasse. Sie findet, Kinder müssen lernen, mit Medien umzugehen. „Das ist unsere moderne Welt. Es gibt kein Zurück."

Grammatik und Kommunikation

Grammatik

1 Konjunktionen: *während, nachdem, bevor* `ÜG` 10.08

Du suchst nach der Datei, während ich das Programm runterlade.

Alex war Polizist, bevor er „Superstar" wurde.

Nachdem du den Ordner kopiert hattest, hast du ihn gelöscht.

2 Konjunktion: *als ob* `ÜG` 5.18

	Konjunktion	Ende: Konjunktiv II
Du tust ja so,	als ob ich keine Ahnung	hätte.

Schreiben Sie drei Sätze mit **während/nachdem/bevor**.

> **MONTAG** / **'STAG**
>
> 6.00 im Wald joggen gehen
> 8.00 frühstücken + private
>   E-Mails beantworten
> 18.00 bis 21.00: Lotte anrufen
> 22.00 spätestens ins Bett! ☺

> Nachdem ich heute
> aufgestanden war, ...
> Während ...
> Bevor ...

Willi tut so, ... Schreiben Sie drei Sätze mit *als ob*.

> Willi tut so, ...

Kommunikation

JEMANDEM EINE AUFGABE GEBEN: Würdest du ...?

Würdest du ...? | Wie wäre es, wenn du ...?
Könntest du nicht ...? | Würdest du das tun?

EINE AUFGABE ANNEHMEN: Das mache ich gern.

Das übernehme ich. | Ja, lass mich das machen.
Das mache ich gern. | Darum kann ich mich kümmern.

EINE AUFGABE ABLEHNEN: Eher nicht. Aber ...

Ich weiß nicht. Ich kann nicht so gut ... | Das kommt für mich nicht infrage.
Eher nicht. Aber ich würde ...

IRREALES AUSDRÜCKEN: Er tut so, ...

Er tut so / Er sagt das so / Es scheint so /
Es hört sich so an / Es sieht so aus, als ob ...
Aber in Wirklichkeit ...

UM HILFE BITTEN: Könnten Sie mir vielleicht sagen, ...?

Entschuldigung/Verzeihung, ich bin zum ersten Mal hier. Könnten Sie mir vielleicht sagen, wie das hier funktioniert?

ETWAS ERKLÄREN: Zuletzt müssen Sie ...

Kein Problem, gern.
Sehen Sie, zuerst müssen Sie hier ...
Dann ... | Danach ... | Und dann ...
Zuletzt müssen Sie ...

VERSTÄNDNIS/MITLEID ZEIGEN: Ich kann dich gut verstehen.

Das Gefühl/Problem kenne ich gut.
Mir geht es (manchmal) genauso.
Auch bei mir/bei uns ...
Ich kann dich gut verstehen.

ERSTAUNT/KRITISCH REAGIEREN: Das finde ich unmöglich.

Ehrlich gesagt, hat man den Eindruck, dass/als ob ...
Keine Ahnung, wieso dich das so aufregt.
Das finde ich unmöglich./übertrieben.

EINEN RAT GEBEN: Versuch doch ...

Ich rate dir ... | Ehrlich gesagt, würde ich ... | Versuch doch ...
Deshalb solltest du ... | An deiner Stelle würde ich ...

ETWAS KOMMENTIEREN: Ich denke, ...

Ich sehe das auch so wie du/wie ... | Grundsätzlich würde ich dir ja zustimmen, aber ... | Ich denke, so kann man das nicht sehen.

Erklären Sie dem Mann, wie der Fahrkartenautomat funktioniert.
Reiseziel eingeben
Verbindung wählen
Kauf bestätigen Geld
einwerfen / Geldkarte einstecken
Fahrkarte entnehmen

Zuerst müssen Sie das Reiseziel eingeben. Dann ...

Geben Sie der Frau drei Ratschläge.

Ich weiß nicht mehr, was ich tun soll. Mein Mann kommt jeden Abend von der Arbeit nach Hause und setzt sich vor den Fernseher. Mit mir redet er den ganzen Abend kein Wort.

Ich kann dich gut verstehen. ...

Sie möchten noch mehr üben?
4 25–27 AUDIO-TRAINING

Lernziele

Ich kann jetzt ...

A ... kurze Mitteilungen im Arbeitsalltag verstehen: *Bitte rufen Sie ihn an, bevor ...* ☺ ☺ ☹
... mit anderen etwas planen: *Das übernehme ich.* ☺ ☺ ☹
B ... Irreales mit *als ob* ausdrücken: *Er tut so, als ob er Topmanager wäre.* ☺ ☺ ☹
C ... eine Bedienungsanleitung verstehen: *Wählen Sie das Programm.* ☺ ☺ ☹
... erklären, wie etwas funktioniert: *Zuerst müssen Sie ...* ☺ ☺ ☹
D ... in einem Forum kommentieren und Ratschläge geben: *Ehrlich gesagt würde ich ...* ☺ ☺ ☹
E ... eine Radioreportage zum Thema „digitale Welt" verstehen. ☺ ☺ ☹
... über das Thema „digitale Welt" diskutieren: *In meinem Freundeskreis bleiben die Smartphones aus, wenn ...* ☺ ☺ ☹

Ich kenne jetzt ...

... 10 Wörter zum Thema *Digitale Welt*:
die Sicherungskopie, ...

🎼 Ich bin nicht „irgendwer"

1 Ich hab' mir ein Gerät mit Supermultifunktion gekauft,
ein Spitzenqualitätsprodukt der neuesten Generation,
mit Treibersoftware in der aktuellen Version.
Zum Starten braucht man leider eine Zahlenkombination.

Refrain:
Irgendwo steht das. ... Es muss doch irgendwo stehen!
Irgendwie geht das. ... Es muss doch irgendwie gehen!
Irgendwer weiß das. ... Irgendwer weiß es bestimmt!
Aber ich bin ja nicht irgendwer.

2 Also schau' ich lieber gleich in die Bedienungsanleitung
und stelle dabei fest: Das Ding hat 570 Seiten!
Muss ich wirklich Urlaub nehmen für die Vorbereitung?
Na, es hat ja keinen Sinn, jetzt schlechte Laune zu verbreiten.

3 Nach sieben Stunden Lesen hab ich immer noch nichts kapiert.
Ich weiß nur, dass das Startprogramm den Code nicht akzeptiert.
Jetzt habe ich die Software einfach noch mal installiert,
denn ich bin ja nicht der Typ, der die Geduld verliert.

4 13 Stunden sind vergangen, es ist mitten in der Nacht
und kein einziger Versuch hat mir irgendwas gebracht.
Deshalb hab' ich jetzt die Werkzeugkiste aufgemacht.
Und nun werden wir gleich sehen, wer hier als Letzter lacht!

Refrain:
Irgendwann reicht's mir! ... Und dann reicht's mir total!
Irgendwann reicht's mir! ... Und dann werd' ich brutal!
Irgendwann reicht's mir! ... Dann ist mir alles egal!
Ich bin nicht irgendwer, ist das klar? Ja?

1 Sehen Sie das Foto an. Was meinen Sie? Worum geht es in diesem Lied?

4 ◀)) 28 **2 Hören Sie das Lied und lesen Sie mit.**

4 ◀)) 28 **3 Hören Sie noch einmal. Die Stimmung des Mannes ändert sich. Ordnen Sie zu.**

wütend   verzweifelt   leicht genervt   ~~stolz~~

1. Strophe: _stolz_   3. Strophe: _____

2. Strophe: _____   4. Strophe: _____

4 Hatten Sie auch schon einmal ein Problem mit einem komplizierten Gerät? Erzählen Sie.

So funktioniere ich.
Was passt und was gar nicht geht.

In dieser Übung wollen wir eine „Bedienungsanleitung" für uns selbst schreiben. Sie soll den anderen zeigen: SO sollst du mit mir umgehen. DIES kannst du gern tun und DAS ist auch okay, aber DAS solltest du auf keinen Fall mit mir machen! Ein Beispiel? Aber gern! Leyla hat schon mal so eine „Bedienungsanleitung" für sich selbst geschrieben:

Bedienungsanleitung für Leyla

Ich funktioniere eigentlich völlig normal und problemlos.
Es gibt nur ein paar Dinge, die du unbedingt beachten solltest:

1. Ich stehe morgens nicht auf, bevor ich einen starken Kaffee bekommen habe.
2. Du solltest mich auf keinen Fall stören, während ich Musik höre.
3. Wenn du mich nicht ausreden lässt, bekomme ich schlechte Laune.
4. Ich brauche normalerweise ein kurzes Schläfchen, nachdem ich gegessen habe.
5. Ich muss mindestens einmal pro Woche tanzen gehen, sonst fühle ich mich nicht wohl.

1 Lesen Sie den Text und schreiben Sie eine „Bedienungsanleitung" für sich selbst.

2 Schreiben Sie eine „Bedienungsanleitung" für Ihre Partnerin / Ihren Partner.

3 Vergleichen Sie die beiden „Bedienungsanleitungen".

MENSCHEN SIND SO UNTERSCHIEDLICH!

Das kann man schon an den kleinsten Dingen sehen.
Zum Beispiel, wo jemand sein Geld mit sich herumträgt:
in einem Geldbeutel oder einfach in der Hosentasche? Oder, wo jemand sein Smartphone aufbewahrt: in der Jacke, in der Hose oder in einem Täschchen? Welche Schuhe jemand trägt. Wie jemand die Schuhe bindet. Wie jemand die Lernsachen transportiert. Welche verschiedenen Brillenformen die Leute tragen und, und, und ... In diesem „Forschungsspiel" geht es darum, in Ihrem Kurs ganz genau hinzusehen und festzustellen, wie unterschiedlich die Kursteilnehmer sind.

1 Wählen Sie mit Ihrer Partnerin / Ihrem Partner ein Thema aus dem Text.
Oder denken Sie sich selbst ein Thema aus. Welche Fragen wollen Sie stellen?
Machen Sie Notizen. Gehen Sie dann im Kurs herum und fragen Sie.

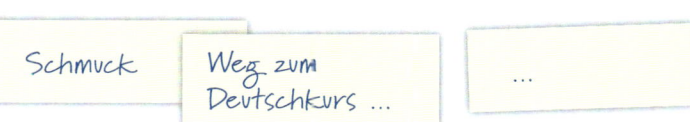

Geldbeutel
Wer hat einen?
Farbe? Größe?
Was ist noch in
deinem Geldbeutel?
...

2 Präsentieren Sie Ihre Ergebnisse im Kurs.
Erzählen Sie.

Interessant ist, dass fast alle einen Geldbeutel haben. Drei Frauen haben einen großen Geldbeutel. Gefallen hat uns, dass Fatima ein Foto von ihren Kindern in ihrem Geldbeutel hat. ...

Werbung und Konsum

Folge 10: Der Gute-Laune-Tee

1 Was passt? Verbinden Sie.

a veröffentlichen   Man bekommt Geld, wenn man Nachteile hatte.

b Hautausschlag   z.B. in einem sozialen Netzwerk oder in einer Zeitung berichten

c Schadensersatz   Punkte z.B. im Gesicht, auf der Brust oder am Hals

2 Sehen Sie die Fotos an. Hören Sie und beantworten Sie die Fragen.

5 ◀)) 1–4

Foto 1: Warum ist Ella schlecht gelaunt?

Foto 2: Was macht Philipp König bei Ella und Sami in der Redaktion?

Foto 3: Warum zeigt Sami ein Foto von Philipp König und einen Brief?

Foto 4: Warum ist Ella gut gelaunt?

3 Erzählen Sie die Geschichte.

● Stau ● Radiowerbung: Lecker „Gute-Laune-Tee" Philipp König ● Hautausschlag

Foto: ● soziales Netzwerk ● Ärger mit dem Rechtsanwalt ● Tee-Test …

Der strahlende Sieger

von Ella Wegmann

Philipp K. (28) hatte ziemlich viel Stress in letzter Zeit.
Zuerst bekam er allergischen Hautausschlag, weil er
einen „Wellness-Tee" getrunken hatte. Seine Erfahrung
postete er im Internet und bekam deshalb Probleme
5 mit seinem sozialen Netzwerk. Zuletzt lag auch noch Post
vom Rechtsanwalt im Briefkasten. Die Teefirma wollte
ihm verbieten, von dem Erlebnis öffentlich zu berichten.
Da reichte es K. Er kam mit dem Tee zum „Stadt-Kurier"
und wir machten einen Live-Allergie-Test in der Redak-
10 tion. Als wir der Firma das Ergebnis zeigten, nahm sie
den Tee vom Markt, entschuldigte sich bei K. und zahlte
ihm 500 Euro Entschädigung. Die Antwort des strahlen-
den Siegers: „Wer sich nicht wehrt, lebt verkehrt."

4 Ellas Kolumne

Was ist richtig? Lesen Sie die Kolumne und kreuzen Sie an.

a ○ Die Teefirma hat der Zeitung den Live-Allergie-Test verboten.
b ○ Die Firma verkauft den Tee nach dem Test nicht mehr.
c ○ Philipp König musste 500 Euro Schadensersatz an die Teefirma zahlen.
d ○ Philipp König meint: Wenn man ungerecht behandelt wird,
　　 muss man etwas dagegen tun.

5 Lassen Sie sich von Werbung beeinflussen? Erzählen Sie.

> Ich probiere manchmal neue Produkte aus, die ich
> in der Werbung gesehen habe. Vorige Woche …

> Wenn ich im Fernsehen
> Werbung sehe, schalte
> ich sofort um.

Ellas Film

A Der Tee soll **sowohl** lecker … **als auch** … machen.

A1 Produktwerbung

a Was passt? Verbinden Sie.

1 Der Tee soll sowohl lecker schmecken   als auch Post vom Rechtsanwalt.
2 Ella meint, dass der Tee weder lecker ist   noch sonst irgendwo veröffentlichen.
3 Philipp K. bekommt sowohl Probleme mit seinem Netzwerk   noch gute Laune macht.
4 Er darf das Foto weder im Internet   als auch gute Laune machen.

> **weder** lecker **noch** gesund = nicht lecker und nicht gesund
> **sowohl** lecker **als auch** gesund = lecker und gesund

b Schreiben Sie Sätze zu den Bildern.

1 Wellness-Tee
lecker und gesund

2 Fitnessriegel
kein Zucker und kein Fett

3 Limonade
schmeckt fruchtig und erfrischend

> 1 Der Tee soll sowohl lecker als auch …

SCHON FERTIG? Schreiben Sie eine eigene Produktwerbung.

5 ◀)) 5–8 A2 Kundenwünsche

a Hören Sie und ordnen Sie zu.

A

B

C

D

Gespräch	1	2	3	4
Bild				

b Ergänzen Sie: *weder … noch …* – *sowohl … als auch …* Hören Sie dann noch einmal und vergleichen Sie.

1 Ja, also, Sie haben mir dieses Kleid zugeschickt und … Ja, also ich bin wirklich sehr verärgert! … Beim Auspacken musste ich dann aber feststellen, dass das Kleid _weder_ die richtige Farbe _____ die richtige Größe hat. … Das ist nun schon die zweite falsche Lieferung!

2 Sie können einfach mit dem Zelt und Ihrer Rechnung an die Kasse gehen. – Tja, das ist ja das Dumme: Wir haben _____ die Verpackung _____ die Rechnung weggeworfen.

3 Bei meinem letzten Handy hatte ich _____ auf das Gerät _____ auf den Akku zwei Jahre Garantie. – … Aber die Hersteller haben da leider unterschiedliche Garantiebedingungen. … Ich kann das Gerät einschicken. … Wenn es am Gerät liegt, müssen Sie natürlich _____ für die Überprüfung _____ für die Reparatur bezahlen.

4 Hören Sie mal, ich komme gerade aus dem Urlaub zurück. Es war abgemacht, dass Sie _____ das Bad renovieren _____ die Wände streichen.

A3 Wer sagt was? Markieren Sie: Kunde oder Verkäufer.

Dazu möchte ich aber noch anmerken, dass... Ich musste nun leider feststellen, dass ...

Ich kann verstehen, dass Sie enttäuscht/verärgert sind. Das geht doch nicht.

Selbstverständlich, das ist überhaupt kein Problem. Ich bin wirklich sehr verärgert/enttäuscht.

Oh, das tut mir leid. Da sehe ich leider nur eine Möglichkeit: ... Es war abgemacht/vereinbart, dass ...

Das Hauptproblem war, ... Das kann man doch nicht machen.

Also, ich muss sagen, das hat mich schon etwas enttäuscht. Ach, wirklich? Das ist wirklich sehr ärgerlich.

Ich werde mich sofort persönlich darum kümmern.

A4 Rollenspiel: sich beschweren

a Arbeiten Sie zu zweit. Wählen Sie eine Situation oder finden Sie selbst eine Situation.

Kundin/Kunde:	Verkäuferin/Verkäufer:
Ihr Fotoapparat ist nicht so gut wie in der Werbung versprochen.	Vorschlag: Geld zurück
Sie sind mit dem Vorschlag einverstanden, aber Sie haben keine Rechnung.	Es wird die Rechnung benötigt.
Vorschlag: Umtausch	Umtausch möglich

Kundin/Kunde:	Fitnessstudio:
Sie haben im Fitnesskurs nicht wie versprochen 10 Kilo abgenommen.	Vorschlag: Gratisstunden
Sie wollen keine Gratisstunden, sondern das Geld zurück.	Es gibt kein Geld zurück.

b Spielen Sie ein Gespräch. Tauschen Sie auch die Rollen. Benutzen Sie Sätze aus A3.

Kundin/Kunde

Gruß – Sie stellen Ihr Problem vor und beschweren sich. Sie betonen, was Ihnen versprochen wurde/erklären genau, was nicht funktioniert hat.

Sie sind einverstanden oder Sie lehnen den Vorschlag ab und schlagen etwas anderes vor.

Sie sind einverstanden und bedanken sich oder Sie sind richtig verärgert. – Gruß

Verkäuferin/Verkäufer oder Mitarbeiterin/Mitarbeiter im Fitnessstudio

Sie zeigen Verständnis. Sie schlagen der Kundin/dem Kunden etwas vor.

Sie gehen auf den Vorschlag der Kundin/des Kunden ein oder Sie bedauern, dass Sie in diesem Fall nichts tun können.

Sie bedanken sich ebenfalls oder Sie sagen noch einmal, dass Sie in diesem Fall leider nichts tun können. – Gruß

B Warum fahre ich **dort**, **wo** der Stau …

B1 Welches Foto passt? Ordnen Sie zu.

A

B

C

D

1 Warum fahre ich immer genau dort, wo der Stau am schlimmsten ist?
2 Das, was du suchst, findest du immer dort, wo du zuletzt nachschaust.
3 Warum gehen Elektrogeräte immer kurz nach Ablauf der Garantie kaputt?
4 Die andere Schlange kommt stets schneller voran.

Satz	1	2	3	4
Foto				

> Warum fahre ich immer genau dort, wo der Stau am schlimmsten ist?
> Das, was du suchst, findest du immer …
>
> *auch so*: da / überall / die Stadt / der Ort /…, wo …
> *auch so*: nichts / etwas / alles /…, was …

5 🔊 9–12 **B2 Pannen und Missgeschicke**

a Hören Sie die Gespräche und ordnen Sie zu.

A

B

C

D

Gespräch	1	2	3	4
Foto				

b Ordnen Sie zu und ergänzen Sie *wo* oder *was*. Hören Sie noch einmal und vergleichen Sie.

alles   alles   alles   dort   nichts   etwas   etwas   ~~da~~

1 Ich finde meinen Schlüssel nicht. Lach nicht! Sag mir lieber, wo ich suchen soll! – Na, am besten __da__ ,
   _____ du ihn immer hinlegst. Oder vielleicht in deiner Handtasche.
2 Ich habe noch Milch mitgenommen. Sag mal, gibt's sonst noch _____ , _____
   wir brauchen? … – … Dass wir uns ausgerechnet _____ anstellen, _____ es am
   langsamsten geht.
3 Ist das _____ , _____ dir dazu einfällt? … – … Es gibt _____ , _____ ich richtig
   mache. … – … Es gibt so Tage, an denen geht _____ schief, _____ schiefgehen kann.
4 Warum dauert eigentlich _____ , _____ man noch schnell erledigen möchte, länger,
   als man denkt? – Keine Ahnung! Das ist _____ , _____ ich noch nie verstanden habe.

🔁 **B3 Peinliche und lustige Pannen und Missgeschicke**

Wählen Sie ein Bild oder wählen Sie ein eigenes Missgeschick. Schreiben Sie eine Geschichte.
Hängen Sie dann die Geschichten im Kurs auf. Lesen Sie und kommentieren Sie.

> Mir ist mal etwas richtig Peinliches passiert:
> Ich habe mal eine Nachricht abgeschickt, die
> für jemand anderen war. …

[Oje, wie peinlich! | Das kenne ich. Das ist mir auch schon passiert.]
[Da hast du später bestimmt noch oft darüber gelacht, oder?]

C Der **wohltuende** Tee

10

C1 Ordnen Sie zu und ergänzen Sie dann die Tabelle.

1 Ⓑ der wohltuende Tee
2 ◯ die sprechende Puppe
3 ◯ das hupende Fahrzeug
4 ◯ die leuchtenden Schuhe

- ein wohltuen**der** Tee ist ein Tee, *der wohltut* .
- ein hupen**des** Fahrzeug ist ein Fahrzeug, *das* .
- eine sprechen**de** Puppe ist eine Puppe, _____ .
- leuchten**de** Schuhe sind Schuhe, _____ .

C2 Markt der ungewöhnlichen Produkte

a Wie würden Sie diese Produkte nennen?

sprechend ~~kochend~~ singend fliegend wachsend schrumpfend korrigierend sich drehend ...

1 *der kochende*
Kühlschrank

2 _____

3 _____

4 _____

b Arbeiten Sie in Gruppen. Wählen Sie eins der Produkte aus a oder erfinden Sie ein neues Produkt. Machen Sie Notizen.

> Der kochende Kühlschrank
> — kennt alle Rezepte der Welt.
> — bestellt selbstständig alles, was er braucht, im Online-Supermarkt.
> — reinigt sich selbstständig.
> Das Essen gelingt immer und schmeckt ausgezeichnet.

c Sie wollen Ihr Produkt vorstellen. Markieren Sie die Redemittel, die Sie verwenden wollen. Bilden Sie dann neue Gruppen. Alle stellen das Produkt aus ihrer Gruppe vor.

> *Unser/Der/... ist einfach super!*
> *Stellen Sie sich nur vor, er kann nicht nur ..., sondern auch ...*
> *Damit können Sie sowohl ... als auch ...*
> *Das Beste kommt noch!*

> *Unglaublich! / Wahnsinn!*
> *Ach, wirklich? Das ist ja nicht zu glauben.*

- ◆ Unser kochender Kühlschrank ist einfach super! Er kann sowohl kühlen als auch kochen.
- ○ Unglaublich!
- ◆ Ja, aber das Beste kommt noch! Er kennt ...

d Welches Produkt gefällt Ihnen am besten? Warum? Sprechen Sie.

> *Also mir gefällt der kochende Kühlschrank am besten. Ich koche gar nicht gern und ...*

D Crowdsourcing

D1 Crowdsourcing – mit der Hilfe von vielen

5 🔊 13 **a** Hören Sie den Anfang der Reportage und kreuzen Sie an.

1 Wobei hat Fred mitgeholfen?
○ bei der Entwicklung eines neuen Produktes
○ bei der Gründung einer neuen Firma

2 Was bekommt Fred als Dank für seine Hilfe?
○ einen Arbeitsplatz beim *Nuss-Werk* in Bremerhaven
○ ein Paket mit dem neuen Nuss-Snack

5 🔊 14 **b** Wie wurde das Produkt entwickelt? Hören Sie die Reportage nun ganz und korrigieren Sie.

1 Zunächst hat die Firma *Nuss-Werk* ihre Kunden ~~in Briefen~~ dazu   *im Internet*
eingeladen, eine neue Nussmischung zu erfinden.

2 Auf der Internetseite des Unternehmens haben
2000 Firmen ihre Lieblingsmischung zusammengestellt.

3 Hinterher konnte telefonisch über die 50 am häufigsten
genannten Ideen abgestimmt werden.

4 Eine Jury probierte die drei besten Snacks und wählte
die Nussmischung, die produziert werden sollte.

5 Die Mitarbeiter des Unternehmens haben den
Namen für das neue Produkt entwickelt.

6 Für die Unternehmen ist das Crowdsourcing mit vielen Nachteilen
verbunden: Sie sparen einerseits Kosten für die Marktforschung,
andererseits auch Kosten für Verbrauchertests und Werbung.

7 Die Verbraucher, die freiwillig bei der Entwicklung von
neuen Produkten mithelfen, werden in der Regel gut bezahlt.

D2 Was halten Sie von Crowdsourcing?
Würden Sie bei so einem Projekt mitmachen? Sprechen Sie.

> *Na ja, es ist vielleicht beim ersten Mal spannend, aber …*

🔁 D3 Unsere Lieblingsschokolade

📱 **a** Arbeiten Sie in Gruppen. Stellen Sie Ihre Lieblingsschokolade zusammen.
Finden Sie auch einen passenden Namen für das Produkt.

> **Stellen Sie Ihre Lieblingsschokolade zusammen:**
> Schokoladenart: ○ weiß   ○ Vollmilch   ○ dunkel
> Weitere Zutaten: ○ Nüsse   ○ Beeren   ○ Marzipan
>   ○ Kokos   ○ Keks   ○ Honig
>   ○ Espresso   ○ Joghurt   ○ Zitrone
>   ○ Pflaume   ○ Aprikose   ○ …
> Gewürze: ○ Chili   ○ Salz   ○ Pfeffer
>   ○ Zimt   ○ Vanille   ○ Ingwer

> *Winterzauber!*
> *Dunkle Schokolade*
> *mit Ingwer, Zimt*
> *und Honig*
> *Für kalte Tage!*

b Stellen Sie Ihre Schokoladenkreation vor.
Welche Schokolade soll produziert werden? Stimmen Sie ab.

E1 Lesen Sie die Kolumne von Axel Hacke und beantworten Sie die Fragen.

Axel Hacke, Journalist und Kolumnist, geb. 1956 in Braunschweig

Tag für Tag die gleichen Kämpfe mit Luis: Ob er dieses Mal das Zähneputzen auslassen darf. Ob es nicht reicht, dass er sich gestern die Zähne besonders sorgfältig geputzt hat. … Paola hat dann neulich eine sprechende Zahnbürste gekauft, sehr schön, mit neongelber Bürste und einer kleinen sommersprossigen

5 Figur am Griff. Wenn Luis sich damit die Zähne zu putzen begann, sagte die Zahnbürste mit roboterhafter Stimme: „Weitermachen!" Sie redete, bis drei Minuten vorbei waren.

Das funktionierte gut. … Aber nun ist die Zahnbürste weg. Das kam so.

Eines Nachts wachte ich auf, weil ich eine leise Stimme hörte. Ich dachte, Luis

10 wäre wach geworden, stand auf, sah nach ihm, aber er schlief. … „Hat Paola den Fernseher vergessen?", dachte ich und machte mich auf den Weg zum Wohnzimmer. Dabei kam ich am Bad vorbei.
Aus dem Bad hörte ich ein leises, metallisches „Weitermachen!". Ich dachte: „Die Zahnbürste! Ist ein Dieb im Bad, hat sie aus Versehen berührt und …?" Entschlossen öffnete ich die Tür und machte Licht.
Die Zahnbürste war vom Waschbecken gefallen, lag auf dem Fußboden und sagte: „Weitermachen!"

15 Ich schüttelte sie, aber sie sprach weiter. Ich versuchte sie auszuknipsen, aber es gab keinen Schalter. Ich bedeckte sie mit drei Handtüchern, schloss die Tür und ging wieder ins Bett. Das „Weitermachen!" hörte nicht auf. Das Metallstimmchen war durch kein Handtuch aufzuhalten. „Weitermachen!", hörte ich. „Weitermachen!"
Ich ging wieder ins Bad. Versuchte, die Batterie aus dem Gerät zu nehmen. Sie

20 befand sich hinter einer Klappe, die mit einer winzigen Schraube verschlossen war. Ich suchte einen Schraubenzieher, aber alle Schraubenzieher, die ich fand, waren zu groß für diese winzige Schraube. Ich wurde nervös … und holte ein Messer, um die Schraube zu lösen.
Aber ich rutschte mit dem Messer ab und schnitt mich. Blutete. Leise fluchend

25 holte ich ein Pflaster. „Weitermachen!" … Ich war jetzt hysterisch. Was, zum Teufel, sollte ich tun? Ich konnte mir nicht den Rest der Nacht mit der Zahnbürste um die Ohren schlagen.
Ich ging ins Wohnzimmer, öffnete das Fenster und warf die Zahnbürste hinaus. … Die Zahnbürste fiel in eine tiefe Kanalbaugrube vor unserem Haus. „Weitermachen!", hörte ich leise aus der Tiefe. „Weitermachen!" Es war drei Uhr nachts.

WEITERMACHEN

30 Ein Betrunkener wankte den Bürgersteig entlang. Am Rand der Baugrube blieb er stehen und lauschte. „Es ist nichts!", rief ich. „Nur eine Zahnbürste!" Er blickte zu mir hinauf. „ Da llliegt wer dr nnn", lallte er, „muss runtagefallllln ssseinnnn …" „Weitermachen!", hörte ich leise. „Weitermachen!" „Es ist nur eine defekte Zahnbürste!", rief ich. „Gehen Sie weiter!" Ich dachte, wie es wäre, wenn er jetzt um Hilfe schreien und die ganze Straße wecken würde. Wenn man in der Baugrube nach einem Verschütte-

35 ten zu suchen begänne. Und nur eine Zahnbürste fände, eine kleine sprechende Zahnbürste mit neongelber Bürste … „Sssshanbürssste?", lallte der Mann. Er schwieg und starrte in die Grube. Dann wandte er sich mir zu: „Ich höre Sssahnbürsssten schprechn, Ssssahnbürsten schprechn auss der Tiefe sssu mir." Er schüttelte den Kopf und wischte sich mit der Hand übers Gesicht. „Scheiss-Sssauferei", hörte ich noch.

a Wer ist Paola? Wer ist Luis? Wer ist der Ich-Erzähler?
b Warum hat Paola die Zahnbürste gekauft?
c Was ist mit der Zahnbürste nachts im Badezimmer passiert? Wie hat der Erzähler zuerst reagiert?
d Warum hat er dann ein Messer geholt?
e Was hat er dann mit der Zahnbürste gemacht? Warum?
f Was ist daraufhin passiert?

Grammatik und Kommunikation

Grammatik

1 Zweiteilige Konjunktion: *sowohl … als auch* `ÜG` 10.13

Der Tee soll	sowohl lecker schmecken	als auch gute Laune machen.

sowohl lecker als auch gesund = lecker und gesund

2 Zweiteilige Konjunktion: *weder … noch* `ÜG` 10.13

Ella meint, dass der Tee	weder lecker ist	noch gute Laune macht.

weder lecker noch gesund = nicht lecker und nicht gesund

3 Relativsatz mit *wo* und *was* `ÜG` 10.14

Warum fahre ich immer genau	dort, wo	der Stau am schlimmsten ist?

auch so: da/überall/die Stadt/der Ort/…, wo …

Das, was	du suchst,	findest du immer …

auch so: nichts/etwas/alles/…, was …

4 Partizip Präsens als Adjektiv `ÜG` 4.05

Partizip Präsens		
wohltun	wohltuend	• der wohltuende /ein wohltuender Tee
hupen	hupend	• das hupende /ein hupendes Fahrzeug
sprechen	sprechend	• die sprechende /eine sprechende Puppe
leuchten	leuchtend	• die leuchtenden /leuchtende Schuhe

Ihre Einkaufs- und Essgewohnheiten: Schreiben Sie Sätze mit *sowohl … als auch* und *weder … noch*.

> Ich achte beim Einkauf sowohl auf Werbung als auch auf Sonderangebote.
> Ich trinke zum Frühstück …

Schreiben Sie einen Relativsatz mit *wo* oder *was* und überlegen Sie sich dann eine kleine Geschichte dazu.

> Das ist genau das, was Anton immer wollte. Vor vielen Jahren ist Anton …

Ordnen Sie zu und ergänzen Sie dann in der richtigen Form.

duften   klingeln   machen   ~~lachen~~   aufgehen

Mir gefallen am Morgen …

meine _lachenden_ Kinder

der _____ Kaffee

die _____ Sonne

ein fit_____ Frühstück

Aber der _____ Wecker gefällt mir überhaupt nicht.

Kommunikation

ENTTÄUSCHT/ÜBERRASCHT SEIN: Also, ich muss sagen, …

Ich bin wirklich sehr verärgert/enttäuscht.
Also, ich muss sagen, das hat mich schon etwas enttäuscht.

SICH BESCHWEREN: Das geht doch nicht.

Das geht doch nicht.
Das kann man doch nicht machen.

EIN PROBELM GENAUER BESCHREIBEN: Es war abgemacht, dass …

Dazu möchte ich aber noch anmerken, dass … | Ich musste nun leider feststellen, dass … | Es war abgemacht/vereinbart, dass, … | Das Hauptproblem war, …

MIT VERSTÄNDNIS AUF DEN KUNDEN REAGIEREN: Oh, das tut mir leid.

Ich kann verstehen, dass Sie enttäuscht/verärgert sind. | Selbstverständlich, das ist überhaupt kein Problem. | Ach wirklich? Das ist wirklich sehr ärgerlich. | Oh, das tut mir leid. Da sehe ich leider nur eine Möglichkeit. Ich werde mich sofort persönlich darum kümmern.

AUF ERZÄHLUNGEN ÜBER MISSGESCHICKE REAGIEREN: Oje, wie peinlich!

Oje, wie peinlich! | Das kenne ich. Das ist mir auch schon passiert. Da hast du später bestimmt noch oft darüber gelacht, oder?

EIN PRODUKT PRÄSENTIEREN: Das Beste kommt noch!

Unser/Der/… ist einfach super! | Stellen Sie sich nur vor, er kann nicht nur …, sondern auch … | Damit können Sie sowohl … als auch … | Das Beste kommt noch!

ERSTAUNEN AUSDRÜCKEN: Wahnsinn!

Unglaublich! / Wahnsinn! | Ach, wirklich? Das ist ja nicht zu glauben.

Der Kunde möchte das Laufrad umtauschen. Schreiben Sie ein Gespräch.

◇ Entschuldigen Sie?
○ Ja, bitte. Womit kann ich Ihnen helfen?
…

Sie möchten noch mehr üben? 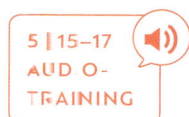 5 | 15–17 AUDO-TRAINING

Lernziele

Ich kann jetzt …

A …Produktwerbung verstehen: *Der Tee soll sowohl lecker schmecken als auch gute Laune machen.* _____ ☺ ☹ ☹
 … Beschwerden äußern: *Ich bin wirklich sehr verärgert.* _____ ☺ ☹ ☹
B … von Pannen und Missgeschicken erzählen: *Ich habe mal eine Nachricht abgeschickt, die für jemand anderen war.* _____ ☺ ☹ ☹
 … darauf reagieren: *Oje, wie peinlich!* _____ ☺ ☹ ☹
C … ein Produkt präsentieren: *Unser … ist einfach super!* _____ ☺ ☹ ☹
 … Erstaunen äußern: *Ach, wirklich? Das ist ja nicht zu glauben.* _____ ☺ ☹ ☹
D … eine Reportage verstehen: *Crowdsourcing – mit der Hilfe von vielen* _____ ☺ ☹ ☹
E … eine Kolumne verstehen: *Die sprechende Zahnbürste* _____ ☺ ☹ ☹

Ich kenne jetzt …

… 10 Wörter rund ums Produkt:
die Lieferung, …
_____
_____
_____
_____

Zwischendurch mal ...

GEDICHT

Willkommen bei Sternemarkt!

Überall, wo drei Sterne stehen,
kannst du in den Sternemarkt gehen.
Alles, was du willst, mein Kind,
bekommst du dort, wo die drei Sterne sind!

Es gibt sicher nichts, was dir besser gefällt
als der freche Rock hier für so wenig Geld.
Der macht dich jugendlich, der macht dich schön,
zieh ihn mal an, du wirst super aussehen!

Ach, diese Hose da ist wirklich schick!
Nein, liebes Kind, du bist doch nicht dick!
Übergrößen? Na klar, gibt's auch.
Und die hier, die macht einen schlanken Bauch.

Dies ist das neueste Trainingsgerät.
Es kostet nicht viel und ist Topqualität.
Wirst sehen, du hättest das niemals gedacht,
wie schlank und wie glücklich dich so etwas macht.

Hier kommt noch etwas, das du haben musst:
Der bunte Schmuck, der macht selbstbewusst.
Die Kette ist frech und sehr attraktiv.
Komm, häng sie um! Denke positiv!

5 ◀)) 18 **1 Hören und lesen Sie das Gedicht.**
Was soll man bei „Sternemarkt" kaufen? Warum? Sprechen Sie.

> *Man soll einen Rock kaufen. Dann sieht man jugendlich und hübsch aus.*

2 „Wirtschaft und Werbung leben davon, dass die Menschen unzufrieden sind."
Was denken Sie über diesen Satz? Haben Sie Beispiele? Sprechen Sie.

> *Viele Menschen finden sich zu dick und kaufen deshalb Diätprodukte ... Das finde ich schade. Denn ...*

> *Viele Leute haben keine Zeit, Sport zu machen. Deshalb kaufen sie sich teure Fitnessgeräte, um zu Hause Sport zu machen. Oft benutzen sie die aber gar nicht. Denn auch dafür braucht man Zeit.*

HÖREN

Hallo? Hier spricht die AUTOMATIK AG

5 ◀)) 19 **1 Hören Sie das Gespräch. Was ist richtig? Kreuzen Sie an.**

a ○ Herr Meier bekommt einen Anruf von einem Reklamations-Automaten.
b ○ Er war am 13. August Gast in einem selbstfahrenden Taxi.
c ○ Der Taxifahrer beschwert sich über Herrn Meier.
d ○ Herr Meier sagt, dass er nichts Schlimmes gemacht hat.
e ○ Der Automat hat eine Videoaufnahme. Dort kann man alles hören, was Herr Meier gesagt hat.
f ○ Herr Meier hat laut geflucht und den Taxifahrer beleidigt und das Auto kaputt gemacht.
g ○ Herr Meier bittet den Automaten um Entschuldigung.
h ○ Der Automat nimmt die Entschuldigung nicht an.

2 Denken Sie sich selbst lustige Beschwerden von Geräten oder Dingen über das Verhalten ihrer Besitzer aus. Stellen Sie Ihre Ideen im Kurs vor.

> *Mein Handy würde sagen: „Also, Ümit! Du redest immer so laut und außerdem auch viel zu lange! Außerdem schreibst du so viele Nachrichten! Das ist total stressig für mich. ..."*

> *Also mein Kochtopf würde sagen: „Kiril, ich stehe hier immer rum und habe nichts zu tun! Und wenn ich mal zum Einsatz komme, dann muss ich so langweilige Sachen kochen! Puh!"*

LANDESKUNDE

Revolution und Geschäft

Außenwerbung sieht man überall in deutschen Städten. Sie klebt auf Plakaten, sie hängt an Bushaltestellen und Hauswänden, sie läuft auf großen Monitoren in U-Bahn-Stationen. Und dann gibt es da auch noch diese sonderbaren runden Türme aus Beton. Mehr als 60.000 sind es in Deutschland. In diesem Text
5 erfahren Sie, seit wann es sie gibt, warum es sie gibt und wie sie heißen.

Gehen wir zurück ins Jahr 1848. In Berlin und anderen deut-
10 schen Städten gab es damals eine Revolution. Naja, sagen wir besser: einen Revolutionsversuch. Viele Menschen wollten, dass aus den vielen kleinen
15 deutschen Staaten ein großes neues Deutschland wird. Auch der Druckereibesitzer Ernst Litfaß in Berlin war dafür. Er druckte und verkaufte sogar eine revolutionäre Zeitung. Aber die Herrscher in den kleinen Staaten wollten ihre Macht nicht verlieren
20 und sorgten dafür, dass die Revolution ein Misserfolg wurde. Da änderte Herr Litfaß schnell seine politische Meinung und hatte eine neue Geschäftsidee. Die Berliner Polizei ärgerte sich damals über die vielen Plakate und Info-Zettel, die die Leute ein-
25 fach überall an die Wände klebten.

Ernst Litfaß hatte bei einem Besuch in Paris kleine runde Türme extra für Werbeanzeigen gesehen. Er machte der Berliner Polizei ein Angebot: Er würde solche Türmchen in Berlin aufstellen, aber nur, wenn
30 Plakate nur noch dort angeklebt werden dürfen.

Berlins neue Anschlag Säulen.

Gesagt, getan! Wer in Berlin Plakatwerbung machen wollte, musste ab 1855 zu Ernst Litfaß gehen. Für
35 diesen Service musste man natürlich bezahlen. 1865 gehörten Litfaß schon 150 Plakattürme in der ganzen Stadt. Von den Bürgern wurden sie „Litfaßsäulen"
40 genannt. So wurde Litfaß reich und die Polizei freute sich. Weil sie nun genau kontrollieren konnte, welche Informationen man in Berlin sehen konnte und welche nicht.

1 Sehen Sie die Fotos an. Was ist eine Litfaßsäule? Lesen Sie dann und vergleichen Sie.

2 Lesen Sie noch einmal und erzählen Sie, wie die Litfaßsäule entstanden ist.

1848 in Deutschland Revolutionsversuch – viele Plakate und Zettel an Wände kleben – Polizei nicht gefallen – Herr Litfaß eine Idee: Türmchen aufstellen – nur dort Plakate kleben – Leute mussten zu Herrn Litfaß – Geld bezahlen – Plakate nur dort aufhängen – 1865 schon 150 Litfaßsäulen in der Stadt – Herr Litfaß viel Geld verdienen

3 Fotografieren Sie eine Litfaßsäule oder Werbung. Zeigen Sie Ihr Bild und sagen Sie, wo Sie die Litfaßsäule gesehen haben. Oder erzählen Sie, warum Sie die Werbung mögen.

Miteinander

Folge 11: Alles „bestens", oder?

5 ◀)) 20 **1 Sehen Sie die Fotos an.**

Was meinen Sie? Was ist eine Kürbisstation? Hören Sie und vergleichen Sie.

5 ◀)) 20–23 **2 Sehen Sie die Fotos an. Hören Sie und beantworten Sie die Fragen.**

Foto 1: Wo ist Ella? Was macht sie da?

Foto 2: Warum filmt Ella den Mann?

Foto 3: Worüber spricht Ella mit dem Mann?

Foto 4: Wie erklärt der Mann sein Verhalten?

3 Wie finden Sie das Verhalten des Mannes?

> *Also, ich finde das nicht so schlimm. Der Bauer muss damit rechnen, dass es immer Leute gibt, die betrügen und nicht bezahlen.*

> *Das ist doch illegal! Ich finde, das muss angezeigt und bestraft werden.*

Stadt-Kurier

Ellas Tag

Alles hat seinen Preis
von Ella Wegmann

Billig, billig, billig! Alles muss heute billig sein. Und am billigsten ist ganz umsonst. Alles bekommen und nichts dafür geben. das wäre für manche Leute die ideale Welt.

5 Also „vergessen" sie schon mal, die Zeitung zu bezahlen, die sie aus dem Zeitungskasten nehmen. Oder sie parken am Blumenfeld, schneiden sich einen schönen großen Strauß ab, sehen nach links und rechts und fahren

10 einfach weiter, ohne Geld in die Kasse zu werfen. Wisst ihr kleinen (und großen!) Diebe eigentlich, was ihr tut? Ihr zerstört Vertrauen! Ohne Vertrauen werden wir aber keine gute Zukurft haben. Es wird uns allen

15 schlechter gehen. Tja, alles hat seinen Preis. Am Ende wird alles teurer werden. Nein, bloß das nicht, schreit ihr? Dann hört auf zu stehlen!

4 Ellas Kolumne
Was ist richtig? Lesen Sie die Kolumne und kreuzen Sie an.

a ○ Manche Menschen möchten alles umsonst bekommen.

b ○ Sie stehlen z. B. Zeitungen aus Zeitungskästen.

c ○ Ella meint, dass damit das Vertrauen kaputt gemacht wird.

d ○ Aber das beeinflusst unsere Zukunft nicht.

5 Was bedeutet die Redewendung „Alles hat seinen Preis"?
Was meinen Sie? Sprechen Sie.

> *Vielleicht heißt das, dass alles immer teurer wird.*

> *Nein, das glaube ich nicht. Damit meint man wahrscheinlich …*

El as Film

A Sie **werden** jetzt sofort hier **weggehen**!

5 ◀)) 24 **A1 Hören Sie und ergänzen Sie.**

◆ Hören Sie: ... Sie _werden_ jetzt sofort hier _____, damit ich losfahren kann. ...
In Ordnung?

○ Nein, das ist nicht in Ordnung. Wissen Sie, wenn jeder einfach Kürbisse nimmt und nicht bezahlt,

dann _____ es im nächsten Sommer hier keine billigen Kürbisse mehr _____.

Sie werden jetzt sofort hier weggehen.

5 ◀)) 25–29 **A2 Welche Aussage passt zu welchem Foto?**

a Ordnen Sie zu. Hören Sie dann und vergleichen Sie.

A   B   C   D   E

1 Ⓑ Auch im benachbarten Ausland wird es in den Skigebieten voraussichtlich lange Staus geben.

2 ◯ Mach dir keine Sorgen, Mama. Ich werde keinen einzigen Tropfen Alkohol trinken.

3 ◯ Sie werden auf der Stelle hier wegfahren. Sie behindern die Fußgänger.

4 ◯ Der neue Job gefällt mir gut. Mein Mann und ich werden jetzt versuchen, so schnell wie möglich eine Wohnung in Bremen zu finden.

5 ◯ Anfang Juni fange ich eine Ausbildung zum Hotelfachmann an.

> Anfang Juni fange ich eine Ausbildung zum Hotelfachmann an.
> Drückt aus, was man in der Zukunft macht.

> Ich werde keinen einzigen Tropfen Alkohol trinken.
> Drückt Vorhersagen/Vermutungen, Aufforderungen, Versprechen und Vorsätze/Pläne aus.

b Was ist richtig? Hören Sie noch einmal und kreuzen Sie an.

1 ◯ Der Wetterbericht meldet neue Schneefälle und sagt Staus voraus.

2 ◯ Der junge Mann verspricht, mit dem Taxi nach Hause zu fahren.

3 ◯ Die Politesse fordert den Mann auf wegzufahren, weil er im Halteverbot parkt.

4 ◯ Die Frau zieht zuerst allein nach Bremen und ihre Familie kommt später nach.

5 ◯ Der junge Mann muss erst richtig Deutsch lernen, bevor er mit der Ausbildung beginnen kann.

🔁 **A3 Gute Vorsätze: Ab morgen ...**

Überlegen Sie sich ein Thema und notieren Sie gute Vorsätze. Spielen Sie dann ein Gespräch.

> **Gesundheit:**
> – endgültig das Rauchen aufgeben
> – mich bemühen, regelmäßig Sport zu machen
> – jede Erkältung ernst nehmen

> **Freizeit:**
> ein Instrument,
> z.B. Flöte lernen
> ...

> **Arbeit:**
> ...

[So geht das nicht mehr weiter. Ab morgen ... / In Zukunft / Nächsten Montag ... | Das habe ich mir fest vorgenommen. | Das verspreche ich dir.]

[Eine tolle Idee! Das ... Nicht schlecht. Mal sehen, ... Wirklich? Das ist ja super!]

[Ach, ist das nicht ...? | Ich weiß ja nicht ... Bist du sicher / Meinst du wirklich, dass ...? | Das ist doch nicht realistisch!]

B1 Welcher Satz hat die gleiche Bedeutung? Kreuzen Sie an.

> Ich wollte einfach nur schnell los, **da** ich schon viel zu spät dran bin.

○ Ich wollte einfach nur schnell los, obwohl ich schon viel zu spät dran bin.
○ Ich wollte einfach nur schnell los, weil ich schon viel zu spät dran bin.

Ich wollte einfach nur schnell los, **da** ich schon viel zu spät dran bin.

B2 Gutes Benehmen?

a Lesen Sie den Text und ordnen Sie die Überschriften zu.

1 Die Bahn als Büro
2 Wie pünktlich ist pünktlich?
3 Rücksicht in öffentlichen Verkehrsmitteln
4 Eine Frage der Erziehung?!
5 Das Smartphone allzeit bereit
6 Augenkontakt – ja oder nein?

Gute Umgangsformen im Alltag

Höflichkeit und ein guter Umgang miteinander – eigentlich ganz selbstverständlich, oder?
Nur: Was ist eigentlich gutes Benehmen? Was für manche als unhöflich gilt, ist für Menschen
aus einer anderen Generation oder einer anderen Kultur vielleicht durchaus üblich. Gutes
Benehmen ist auf jeden Fall eine Frage des Respekts gegenüber seinen Mitmenschen und der
jeweiligen Kultur, in der man sich bewegt. Wir alle kennen Alltagssituationen, die wir als
unhöflich empfinden. Lesen Sie hier ein paar Beispiele:

A ○ Sie haben sich mit einem Freund am Hauptbahnhof verabredet. Es war geplant, dass er
   Sie vom Zug abholt. Er verspätet sich um 20 Minuten, ohne Sie vorher informiert zu haben.

B ○ Sie unterhalten sich mit mehreren Kollegen über ein wichtiges Thema. Einer in der Runde
   nimmt plötzlich sein Handy und schreibt eine Nachricht, während die anderen weitersprechen.

C ○ Ein Mann unterhält sich mit seiner Kollegin. Während des Gesprächs vermeidet er es, sie
   direkt anzusehen.

D ① Sie sitzen im ICE im Speisewagen und möchten in Ruhe essen. Neben Ihnen führt ein junger
   Mann minutenlang mit lauter Stimme Geschäftstelefonate.

E ○ Sie haben der kleinen Tochter von Freunden ein Geschenk mitgebracht. Die Kleine weigert
   sich, „Danke" zu sagen, nimmt das Geschenk und verschwindet in ihr Zimmer. Die Eltern
   schauen zu, ohne etwas zu sagen, und lächeln.

F ○ Sie fahren mit der U-Bahn. Neben Ihnen sitzt ein junger Mann und isst einen Döner mit
   Zwiebeln. Sie finden den Geruch unerträglich.

SCHON FERTIG? Was finden Sie unhöflich? Finden Sie weitere Beispiele aus dem Alltag.

b Wie beurteilen Sie das Verhalten der Personen? Ordnen Sie die
Situationen (A–F) in a auf der Skala ein und begründen Sie Ihre Meinung. Wie ist das bei Ihren?

völlig in Ordnung	in Ausnahmen möglich	absolut unmöglich
10	5	0

> In meiner Heimat wäre es eindeutig unhöflich, wenn man in der U-Bahn isst.

> Ich finde es nicht schlimm, mit dem Handy zu telefonieren, da das mittlerweile vollkommen normal ist. Deshalb würde ich Situation D bei 10 einordnen.

C Ach, seien Sie doch bitte so nett!

5 ◀⑴ 30 **C1 Ärger im Straßenverkehr**

a Welche Situation passt? Sehen Sie die Fotos an, hören Sie das Gespräch und kreuzen Sie an.

      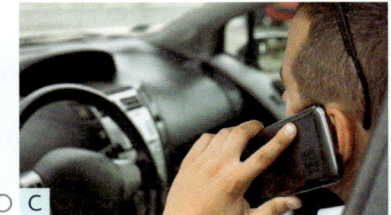

○ A   ○ B   ○ C

b Was ist richtig? Hören Sie noch einmal und kreuzen Sie an.

1 ○ Der Mann ist zu schnell gefahren. Er hat sich nicht an die Geschwindigkeitsbeschränkung gehalten.
2 ○ Er hatte es eilig und hat vom Handy aus nur schnell die Bank angerufen.
3 ○ Der Mann muss ein Bußgeld zahlen und bekommt einen Punkt in Flensburg.
4 ○ Der Polizist akzeptiert seine Entschuldigung und lässt ihn fahren.
5 ○ Der Polizist droht mit einer hohen Strafe, wenn der Mann das Bußgeld und den Punkt
     nicht akzeptiert.

c Wer sagt das? Kreuzen Sie an.

	Polizist	Fahrer
1 Tut mir leid, das ist mir wirklich unangenehm.	○	○
2 Da haben Sie ja vollkommen recht.	○	○
3 Tut mir leid, aber das ist nicht in Ordnung.	○	○
4 Ach, kommen Sie, so schlimm war das doch gar nicht.	○	○
5 Das kommt überhaupt nicht infrage!	○	○

🔄 **C2 Rollenspiel: Im Straßenverkehr**

📱 Arbeiten Sie zu zweit. Wählen Sie eine Situation und spielen Sie ein Gespräch.

> Sie haben mit dem Fahrrad bei Rot die Straße überquert. Strafe: 60,– Euro Bußgeld und ein Punkt in Flensburg

> Sie sind auf der Landstraße außerhalb einer Ortschaft 35 km/h zu schnell gefahren. Strafe: 120,– Euro und ein Punkt in Flensburg

> **außerhalb** einer Ortschaft = nicht in einer Ortschaft
> **innerhalb** einer Ortschaft = in einer Ortschaft

Polizistin/Polizist

Sie sagen, was der/die andere falsch gemacht hat.

Sie akzeptieren die Entschuldigung nicht. Der/Die Fahrer/in soll Strafe zahlen.

Fahrerin/Fahrer

Sie entschuldigen sich und erklären die Situation.

Sie wollen das nicht und versuchen, den Polizisten/die Polizistin zu überreden.

> Tut mir leid, das ist mir wirklich unangenehm. | Sie haben ja vollkommen recht. | Ich wollte nur schnell …
> Aber hören Sie, es war doch keine Absicht. | Es wird bestimmt nie wieder vorkommen. | Ach, bitte, so schlimm
> war das doch gar nicht. | Ach, seien Sie doch bitte so nett. | Können Sie nicht mal ein Auge zudrücken?

> Aber das geht doch nicht. | Das ist nicht in Ordnung. | Das kommt überhaupt nicht infrage.

D1 Lesen Sie die Zitate.

Welches Zitat gefällt Ihnen? Warum? Was ist damit gemeint?
Sprechen Sie.

> Mir gefällt das Zitat …
> Ich glaube, das bedeutet …

> Fremde sind vielleicht Freunde, die wir heut' noch nicht kennen.
>
> *Friedrich Nietzsche, 1844–1900, deutscher Philosoph*

> Fremd ist der Fremde nur in der Fremde.
>
> *Karl Valentin, 1882–1948, deutscher Kabarettist und Komiker*

> Jeder ist Ausländer – fast überall.

D2 Straßeninterviews

5 ◀)) 31 **a** Hören Sie den Anfang des Interviews. Was ist das Thema? Kreuzen Sie an.

- ○ Ausländer in Deutschland
- ○ das Gefühl von Fremdheit
- ○ Interkulturelle Missverständnisse

5 ◀)) 32–35 **b** Hören Sie die Interviews. Zu wem passen die Aussagen? Ordnen Sie zu.

A ○ Das Gefühl von Fremdheit hat mit der kulturellen und geografischen Distanz zum Herkunftsland zu tun.

B ○ Wenn man auf der Flucht ist und seine Heimat verlassen musste, fühlt man sich zuerst überall fremd und hat Heimweh.

C ○ Man kann sich auch im eigenen Land fremd fühlen, wenn man die Menschen um sich herum nicht versteht.

D ○ Wenn man an vielen verschiedenen Orten gelebt hat und für fremde Kulturen offen ist, gibt es dieses Gefühl von Fremdheit eigentlich nicht.

1

2

3

4

D3 Haben Sie sich schon einmal irgendwo fremd gefühlt?

Warum? Erzählen Sie.

> Ja, dieses Gefühl kenne ich. Als ich vor zwei Jahren nach Deutschland kam, war alles so fremd und ich habe kein Wort verstanden.

E Andere Länder, andere Sitten

E1 Andere Sitten

a Lesen Sie den ersten Abschnitt (Zeile 1–7) und beantworten Sie die Fragen.

– Woher kommt der Autor Rafik Schami?
– Wo lebt er und wie lange lebt er schon dort?

b Lesen Sie den ganzen Text. Wie verhalten sich Deutsche und Araber
bei privaten Einladungen? Markieren Sie im Text.

Andere Sitten

In Damaskus fühlt sich jeder Gastgeber beleidigt, wenn seine Gäste etwas zu essen
mitbringen. Und kein Araber käme auf die Idee, selber zu kochen oder zu backen,
wenn er bei jemandem eingeladen ist. Die Deutschen sind anders. Wenn man sie
einlädt, bringen sie stets etwas mit: Eingekochtes vielleicht oder Eingelegtes,

5 manchmal auch selbstgebackenen Kuchen und in der Regel Nudelsalat. Warum
Nudelsalat, mit Erbsen und Würstchen und Mayonnaise? Auch nach zweiundzwanzig
Jahren in Deutschland finde ich ihn noch schrecklich.
In Damaskus hungert ein Gast am Tag der Einladung, weil er weiß, dass ihm eine Prüfung
bevorsteht. Er kann nicht bloß einfach behaupten, dass er das Essen gut findet, er muss es

10 beweisen, das heißt eine Unmenge davon verdrücken. Das grenzt oft an Körperverletzung,
denn keine Ausrede hilft. Gegen die Argumente schüchterner, satter oder auch magenkranker
Gäste halten Araber immer entwaffnende, in Reime gefasste Erpressungen bereit.
Deutsche einzuladen ist angenehm. Sie kommen pünktlich, essen wenig und fragen neugierig
nach dem Rezept. Ein guter arabischer Koch kann aber gar nicht die Entstehung eines

15 Gerichts, das er gezaubert hat, knapp und verständlich beschreiben. Er fängt bei seiner Großmutter an und endet bei lauter Gewürzen, die kein Mensch kennt, da sie nur in seinem Dorf
wachsen und ihr Name für keinen Botaniker ins Deutsche zu übersetzen ist. Die Kochzeit
folgt Gewohnheiten aus dem Mittelalter, als man noch keine Armbanduhr hatte und die
Stunden genüsslich vergeudete. Ein unscheinbarer Brei braucht nicht selten zwei Tage Vorbe-

20 reitung, und das unbeeindruckt von aller modernen Hektik.
Deutsche Gäste kommen nicht nur pünktlich, sie sind auch präzise in ihren Angaben. Wenn
sie sagen, sie kommen zu fünft, dann kommen sie zu fünft. Und sollten sie wirklich einmal
einen sechsten Gast mitbringen wollen, telefonieren sie vorher stundenlang mit dem Gastgeber, entschuldigen sich dafür und loben dabei die zusätzliche Person als einen Engel der guten

25 Laune und des gediegenen Geschmacks.
So großartig Araber als Gastgeber sind, als Gäste sind sie dagegen furchtbar. Sie sagen, sie
kommen zu dritt um zwölf Uhr zum Mittagessen. Um sieben Uhr abends treffen sie ein. Und
vor Begeisterung über die Einladung bringen sie Nachbarn, Cousins, Tanten und Schwieger-
söhne mit. Aber das bleibt ihr Geheimnis, bis sie vor der Tür stehen. Sie wollen dem Gastge-

30 ber doch eine besondere Überraschung bereiten. Einmal zählten wir in Damaskus eine Pro-
zession von 29 Menschen vor unserer Tür, als meine Mutter ihre Schwester eingeladen hatte,
um mit ihr nach dem Essen in Ruhe zu reden.
Ein leichtfertiges arabisches Sprichwort sagt: Wer vierzig Tage mit Leuten zusammenlebt, wird
einer von ihnen. Seit über zweiundzwanzig Jahren lebe ich inzwischen mit den Deutschen

35 zusammen, und ich erkenne Veränderungen an mir. Aber die Mitbringsel der Gäste? Wein kann
ich inzwischen annehmen, aber Nudelsalat – niemals.

dtv
Rafik Schami
Gesammelte Olivenkerne
aus dem
Tagebuch der Fremde

c Welche Unterschiede zwischen deutschen und arabischen Gästen finden Sie interessant?

Mitbringsel   Größe der Portionen   Rezept   Uhrzeit   Anzahl der Gäste   ...

> Ich finde es interessant, dass Araber die Gastgeber nicht beleidigen möchten und deshalb nichts mitbringen. ...

E2 Einladungen in meinem Land

Wie verhält man sich, wenn man zum Essen eingeladen ist? Und wie verhält man sich als Gastgeber? Machen Sie Notizen und sprechen Sie.

- Anzahl der Gäste
- Mitbringsel
- Vorbereitung
- ...

> Bei uns in der Türkei kommt man nie mit leeren Händen zu einer Einladung. Man sollte immer etwas mitbringen, z. B. Süßigkeiten.

E3 Gute Tipps

a Arbeiten Sie in Gruppen. Wählen Sie eine Situation und fünf Themen. Was sollte die Person in der Situation unbedingt wissen? Schreiben Sie ein Plakat mit Tipps, die hilfreich sein können.

Pünktlichkeit   Kleidung   Wetter   Essen   Grüße
Öffnungszeiten   öffentliche Verkehrsmittel   Nachbarn   ...

Eine Freundin / Ein Freund aus Ihrer Heimat kommt zum ersten Mal nach Deutschland.

Sie möchten Ihrer deutschen Kollegin / Ihrem deutschen Kollegen helfen, damit sie/er bei dem ersten Aufenthalt in Ihrem Heimatland keine Probleme bekommt.

b Stellen Sie Ihre Tipps im Kurs vor.

Bei uns in / In ... sollte man ...
Es ist üblich/notwendig, ...
Sie/Er muss wissen, dass ...
Ich würde ihr/ihm erklären, dass ...
Ich denke, sie/er darf es nicht falsch verstehen/missverstehen, wenn ...

Tipps für Jordanien:
Kleidung:
Öffentlichkeit – Schulter bedecken, keine kurzen Hosen, nicht zu kurze Röcke, ...

> Bei uns in Jordanien sollte man in der Öffentlichkeit die Schulter bedecken und ...

Grammatik und Kommunikation

Grammatik

1 Futur I ÜG 5.08

		Position 2		Ende
Aufforderung	Sie	werden	jetzt sofort hier	weggehen!
Vorhersage/ Vermutung	Auch im Ausland	wird	es lange Staus	geben.
Versprechen	Ich	werde	keinen einzigen Tropfen Alkohol	trinken.
Vorsatz/Plan	Ich	werde	jeden Abend eine Stunde	joggen.

So kann man auch ausdrücken, was in der Zukunft passiert:
Anfang Juni fange ich eine Ausbildung zum Hotelfachmann an.

2 Konjunktion: *da* ÜG 10.09

	Konjunktion	Ende
Ich wollte einfach nur schnell los,	da ich schon spät dran	bin.

Kommunikation

> **VORSÄTZE FORMULIEREN:** So geht das nicht mehr weiter.

So geht das nicht mehr weiter. Ab morgen / In Zukunft / Nächsten Montag / ...
Das habe ich mir fest vorgenommen.
Das verspreche ich dir.

> **ETWAS BEURTEILEN:** Ich finde es (nicht) schlimm, ...

Ich finde es (nicht) schlimm, ...
In meiner Heimat wäre es eindeutig unhöflich, wenn ...

> **ZUSTIMMUNG AUSDRÜCKEN:** Das ist ja super!

Eine tolle Idee. Das ... | Nicht schlecht. Mal sehen, ...
Wirklich? Das ist ja super!

> **ZWEIFEL AUSDRÜCKEN:** Ich weiß ja nicht ...

Ach, ist das nicht ...? | Ich weiß ja nicht ... Bist du sicher?
Meinst du wirklich, dass ...? | Das ist doch nicht realistisch!

Was sind Ihre Pläne für den Sommer? Schreiben Sie drei Sätze.

> Im Sommer werde ich ...

Was sind Ihre guten Vorsätze fürs nächste Jahr? Schreiben Sie fünf Sätze.

regelmäßig Sport machen
aufhören zu rauchen
weniger Schokolade essen
vor elf Uhr ins Bett gehen ...

> Ich werde ...

Was meinen Sie? Was verspricht die Frau?

> Ich werde nicht mehr ...

Wen oder was lieben Sie und warum? Schreiben Sie Begründungen mit *da*.

> Ich liebe meine Stadt, da sie so alt und schön ist. Ich liebe meine Schwester, da ...

SICH ENTSCHULDIGEN: Ich wollte nur schnell ...

Tut mir leid, das ist mir wirklich unangenehm.

Sie haben ja vollkommen recht.

Ich wollte nur schnell ...

Aber hören Sie, es war doch keine Absicht.

Es wird bestimmt nie wieder vorkommen

EINE ENTSCHULDIGUNG NICHT AKZEPTIEREN: Das ist nicht in Ordnung.

Aber das geht doch nicht.

Das ist nicht in Ordnung.

Das kommt überhaupt nicht infrage.

JEMANDEN ÜBERREDEN: Ach, seien Sie doch bitte so nett.

Ach, bitte, so schlimm war das doch gar nicht.

Ach, seien Sie doch bitte so nett.

Können Sie nicht mal ein Auge zudrücken?

TIPPS FÜR MEIN HEIMATLAND GEBEN: Es ist üblich, ...

Bei uns in / In ... sollte man ...

Es ist üblich/notwendig, ...

Sie/Er muss wissen, dass ...

Ich würde ihr/ihm erklären, dass ...

Ich denke, sie/er darf es nicht falsch verstehen/missverstehen, wenn ...

Sie kommen eine halbe Stunde zu spät zum Unterricht. Was sagen Sie?

Entschuldigung, tut ...
Ich ... Es ...

Ihr ausländischer Kollege isst Schokolade, bietet Ihnen aber nichts an. Ist sein Verhalten in Ihrem Heimatland in Ordnung? Schreiben Sie.

Bei uns in ...

Sie möchten noch mehr üben?

5 | 36–38
AUDIO-TRAINING

Lernziele

Ich kann jetzt ...

A ... Aufforderungen, Vorhersagen/Vermutungen, Versprechen, Vorsätze
und Pläne ausdrücken: *Sie werden jetzt sofort hier weggehen!* _____ ☺ ☺ ☹

B ... Umgangsformen beurteilen und meine Meinung begründen:
Ich finde es nicht schlimm, mit dem Handy zu telefonieren. _____ ☺ ☺ ☹

C ... über Regeln und Fehler im Straßenverkehr sprechen: *Tut mir leid,
das ist mir wirklich unangenehm.* _____ ☺ ☺ ☹

D ... kurze Interviews und einen Erfahrungsbericht zum Thema
„Fremdsein" verstehen und darüber sprechen: *Ja, das Gefühl
kenne ich.* _____ ☺ ☺ ☹

E ... Verhaltenstipps für mein Heimatland beschreiben:
Ich würde ihr/ihm erklären, dass ... _____ ☺ ☺ ☹

Ich kenne jetzt ...

... 4 Wörter zum Thema *Fremde*:
Flucht ...
_____

_____

... 6 Wörter zum Thema *Verhalten*:
sich verhalten, ...
_____

_____

Herzlich willkommen!

Wenn wir mit jemandem reden, senden wir unserem Gesprächspartner viele Informationen. Wir sprechen die **Worte** ja nicht einfach nur, wir betonen sie auch. Das tun wir mit unserer
5 **Stimme**, unserem **Gesichtsausdruck** und unserem **Körperausdruck**. Womit wir wohl die meisten Informationen weitergeben? Mit den Worten, könnte man meinen.
Aber sehen Sie nun mal die drei Fotos an. Die
10 Frau sagt dreimal „Herzlich willkommen!" Aber ihr Gesichtsausdruck, ihr Körperausdruck und sicher auch ihre Stimme sagen dreimal etwas anderes. Worte allein sagen also ziemlich wenig. Hätten wir nur die Worte, dann würden wir wie
15 ein Roboter sprechen. Erst durch unsere Stimme, durch unseren Gesichtsausdruck und unsere Körperhaltung wird das, was wir sagen, farbig und bekommt Sinn.
Beim Telefonieren haben wir leider nur unsere
20 Stimme, um für „Farbe" im Gespräch zu sorgen. Wissenschaftliche Tests haben gezeigt, dass sich in Telefongesprächen nur durch den Klang unserer Stimme schon nach wenigen Sekunden entscheidet, ob der Gesprächspartner uns als sym-
25 pathisch oder unsympathisch empfindet.
Noch wichtiger als das, **was** wir sagen, ist also, **wie** wir es sagen. Übrigens: Wenn Sie am Telefon besonders freundlich wirken wollen, versuchen Sie mal, beim Sprechen zu lächeln. Ihre Stimme
30 wird sofort sehr viel sympathischer klingen!

1 Lesen Sie den Text.

Was finden Sie am wichtigsten: Wort, Stimme, Gesichtsausdruck oder Körperausdruck? Sprechen Sie.

2 Sehen Sie das linke Foto im Text an.

Machen Sie den Gesichtsausdruck und den Körperausdruck nach und sagen Sie mit der passenden Betonung: „Herzlich willkommen!" Wiederholen Sie dies dann mit den beiden anderen Fotos.

Der Ton macht die Musik.

Unsere Geschichte geht so: Mike Wetzich ist Programmierer und hat sich schriftlich bei der Firma „IT-Systems" beworben. Emma Heintz ist Personalchefin bei „IT-Systems". Sie ruft Herrn Wetzich an, um ihn zu einem Bewerbungsgespräch einzuladen. Von diesem Gespräch gibt es drei verschiedene Versionen: A, B und C. Jedes Mal hat unser Sprecher die Stimme von Mike Wetzich anders gesprochen. Hören Sie selbst!

1 Lesen Sie die Überschrift. Was bedeutet „Der Ton macht die Musik."?

5 ◀)) 39–41 **2** Lesen Sie den Text und hören Sie die Telefongespräche A, B und C.
Nach welchem Telefonat freut sich Frau Heintz wohl am meisten auf den
Besuch von Herrn Wetzich? Warum?

3 Überlegen Sie sich zwei Sätze.
Sagen Sie etwas Unfreundliches so dass es nett klingt, und etwas Freundliches so, dass es schrecklich
klingt. Achten Sie dabei nicht nur auf Ihre Stimme, sondern auch auf Ihren Gesichts- und Körperausdruck.

FILM

Das geht gar nicht!

Aljoscha   Mona   Paulette

1 Sehen Sie den Film an.
a Beantworten Sie die Fragen.

Was kritisiert Aljoscha? Wie finden Paulette und Mona den Erotsalat? Was kritisiert Mona?

b Wie finden Sie Aljoschas Idee mit alten Brötchen? Sprechen Sie.

2 „Aus alt mach neu!"
Werfen Sie alte Dinge lieber weg? Oder gibt es Dinge, die Sie wiederverwerten oder wieder benutzen?

> Also, ich werfe lieber alles weg. Sonst hat man viel zu viel Zeug zu Hause in der Wohnung.

> Ich bringe alte Kleidung zur Altkleidersammlung. Das Spielzeug von meinen Kindern habe ich auf dem Flohmarkt verkauft, als meine Kinder nicht mehr damit gespielt haben.

Soziales Engagement

Folge 12: Das weiß der Kuckuck.

1 Was bedeutet „ehrenamtlich arbeiten"? Kreuzen Sie an.

Man arbeitet, z. B. in einem sozialen Bereich ...
○ fest angestellt.   ○ freiwillig und bekommt kein Geld dafür.

2 Welches Tier ist das? Ordnen Sie zu.

○ ein Kuckuck
○ eine Biene

1   2

6 ◀)) 1–4

3 Was meinen Sie? Sehen Sie die Fotos an und beantworten Sie die Fragen.
Hören Sie dann und vergleichen Sie.

Foto 1:   Warum telefoniert Tobi mit Ella?
Foto 2–4: Wo sind Tobi und Ella?
Foto 2–4: Was machen sie dort?
Foto 2+3: Warum interviewt Ella Tobi und die Kinder?

Nachbarschaftshilfe – Jeder hilft jedem

von Ella Wegmann

Sechs Wochen lang keine Schule? Kinder finden das toll, ganz klar. Aber für Eltern kann die schulfreie Zeit zum Problem werden. Wer hat schon Zeit und Geld, so lange in den
5 Urlaub zu fahren? Besonders Alleinerziehende wissen oft nicht, wohin mit ihrem Kind während der großen Ferien. Zum Glück gibt es Organisationen, die Hilfe anbieten.

Die „Nachbarschaftshilfe e. V." veranstaltet
10 schon seit über zehn Jahren ein buntes Sommerferienprogramm für Sechs- bis Zehnjährige. Die Eltern können also ganz beruhigt zur Arbeit gehen, weil ehrenamtliche Helfer sich um eine sinnvolle und abwechslungsreiche
15 Freizeitgestaltung für die Kinder kümmern Wir vom „Stadt-Kurier" finden diesen gemeinnützigen Einsatz prima und möchten allen freiwilligen Helfern hier
20 einmal von ganzem Herzen danken. Übrigens: Auch Sie können helfen, indem Sie Geld spenden oder selbst
25 Mitglied werden.

6 ◀)) 1–4 **4 Hören Sie noch einmal. Markieren und korrigieren Sie die Fehler.**

                 ehrenamtlich
Tobias arbeitet ~~fest angestellt~~ für die Nachbarschaftshilfe und bietet eine Theatergruppe für Kinder an. Seine Kollegin fällt aus, da sie sich ein Bein gebrochen hat. Tobias fehlt für übermorgen noch eine zweite Aufsichtsperson. Tobias ist allein für das Kinder-Ferienprogramm verantwortlich. Es gibt Bastel-, Tanz- und Musikkurse, Hausaufgabenbetreuung, Schwimmbadbesuche, Kinderfilme und eine Theatergruppe. In der Theatergruppe spielen die Kinder ein Stück, das Tobias geschrieben hat. Es heißt: „Ferien für die Tiere." Bisher gibt es eine Biene, einen Hund und einen Kuckuck. Ella und Tobias haben einander geholfen: Tobias musste den Kurs nicht ausfallen lassen und Ella kann einen Artikel schreiben.

5 Ellas Kolumne

Lesen Sie die Kolumne und beantworten Sie die Fragen.

Welche Schwierigkeiten haben Eltern im Sommer häufig?
Was ist die Nachbarschaftshilfe? Wer arbeitet in der Nachbarschaftshilfe?
Wie kann man die Nachbarschaftshilfe unterstützen?

6 Helfen Sie sich gegenseitig in Ihrer Nachbarschaft / Ihrem Haus? Erzählen Sie.

Ellas Film

A Ich bin Mitglied, **seit** ich 16 bin.

6 ◀)) 5 **A1 Ergänzen Sie *bis* oder *seit/seitdem*. Hören Sie und vergleichen Sie dann.**

a Ich bin Mitglied, _seit_ ich 16 bin.

b Das Programm geht die ganzen Ferien über, _____
die Schule wieder anfängt.

c _____ ich gehört habe, dass meine Kollegin
sich den Arm gebrochen hat, suche ich Ersatz.

d Es dauert zwei Wochen, _____ meine Kollegin wieder dabei sein kann.

Wie lange ...?	..., seit/seitdem ich 16 bin.
	..., bis die Schule wieder anfängt.

A2 „Von Nachbarn für Nachbarn e.V."

a Überfliegen Sie das Programm des Vereins und ordnen Sie die Rubriken zu.

Angebote für alle Generationen   Angebote für Eltern und Kinder
Unterstützung zu Hause   Angebote für Senioren

Von Nachbarn für Nachbarn e.V.

1

Kinderpark	Kinder ab zwei Jahren verbringen einen spannenden Vormittag ohne ihre Eltern. Bis die Kinder sich eingewöhnt haben, dürfen die Eltern sie natürlich begleiten.	Mo 9.00 – 12.00 Uhr
Zirkusschule	Für 8-12-Jährige: Wir lernen und üben Zirkustechniken, bis wir sie auf dem Sommerfest vor Publikum aufführen können.	Do 15.00 – 17.00 Uhr
Mittagsbetreuung	Grundschüler erhalten eine warme Mahlzeit und werden bei der Erledigung ihrer Hausaufgaben unterstützt.	täglich 11.15 – 15.00 Uhr
sonstige Angebote	Tagesmuttervermittlung, Beratung in Erziehungsfragen	

2

Töpferkurs	Seit Sie pensioniert sind, sind Sie auf der Suche nach einem neuen Hobby? Dann sind Sie hier richtig.	Mi 10.00 – 12.00 Uhr
Schreibwerkstatt	Lebenstagebuch: Sie möchten Erinnerungen von früher aufschreiben? Schreibend suchen wir nach kleinen und vielleicht vergessenen Augenblicken, die das Leben liebenswert machen.	Di 15.00 – 17.00 Uhr
Computer- und Handykurs für die Generation 60plus	In kleiner Runde beschäftigen wir uns mit den neuen Medien.	Fr 10.00 – 12.00 Uhr

3

Offenes Café	Nachbarschaftlicher Treffpunkt zum Kennenlernen und Austausch von Erfahrungen: für Groß und Klein und Alt und Jung	täglich 10.00 – 12.00 Uhr 15.00 – 17.00 Uhr
Singkreis	Für alle Musikfreunde, die gern singen oder ein Instrument spielen	So 18.00 – 19.00 Uhr

4

– Vermittlung von „Essen auf Rädern" – Begleit- und Fahrdienste – kleine Tätigkeiten im Haushalt – Besuchsdienste: Zuhören oder Vorlesen, Gespräche	stundenweise nach Vereinbarung

b Hat die Nachbarschaftshilfe ein passendes Angebot? Wenn ja, welches?
Lesen Sie noch einmal und notieren Sie. Ein Angebot passt nicht. Welches?

1 Sie arbeiten zukünftig montags am Vormittag und suchen eine Betreuung für Ihre dreijährige Tochter.
2 Sie lieben Musik und würden gern mit anderen zusammen singen.
3 Ihr achtjähriger Sohn denkt sich gern Geschichten aus und sucht einen Schreibkurs.
4 Sie möchten Menschen aus der Nachbarschaft kennenlernen.
5 Ihre Mutter hat sich einen Arm gebrochen und muss zweimal wöchentlich zum Arzt gefahren werden.
6 Sie haben ein Tablet von Ihrem Enkel bekommen und wissen nicht, wie es funktioniert.

1 ja, Kinderpark
2 …

6 ◀) 6–7 **A3 Anruf bei der Nachbarschaftshilfe**
a Hören Sie und beantworten Sie die Fragen.

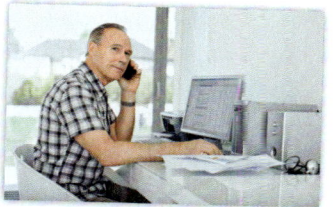

	Probleme	Lösungen
Gespräch 1		
Gespräch 2		

b Ergänzen Sie *seit/seitdem* und *bis*. Hören Sie dann noch einmal und vergleichen Sie.

1 a Ich bin alleinerziehend, _____ mein Mann und ich uns getrennt haben
  b _____ es um 13.00 Uhr ein warmes Mittagessen gibt, können die Kinder spielen.
  c _____ wir wieder einen freien Platz haben, müssen Sie allerdings etwas
    Geduld haben.

2 a _____ mein Mann gestorben ist, lebe ich allein.
  b Damit ist mir wirklich sehr geholfen, _____ ich wieder allein zurechtkomme.
  c _____ ich den Unfall hatte, fehlen mir vernünftige Mahlzeiten.

🔁 **A4 Rollenspiel: Anruf bei der Nachbarschaftshilfe „Von Nachbarn für Nachbarn e.V."**
Wählen Sie eine Situation und suchen Sie ein passendes Angebot in dem Programm auf Seite 144.
Rufen Sie bei der Nachbarschaftshilfe an. Ihre Partnerin / Ihr Partner arbeitet bei
der Nachbarschaftshilfe und versucht zu helfen. Tauschen Sie dann die Rollen.

Sie möchten für Ihre Enkel Geschichten aus Ihrem Leben aufschreiben.	Sie spielen Gitarre und möchten mit anderen zusammen Musik machen.	Sie benötigen dreimal in der Woche Betreuung für Ihre zweijährige Tochter.

Ich weiß nicht, ob ich bei Ihnen richtig bin.
Ich habe da ein Problem. Seitdem ich …,
Ich bin leider gerade in einer blöden Situation.
Ich weiß nicht, was ich machen soll. / wie ich das machen soll.
Können Sie mir da vielleicht weiterhelfen?

Jetzt erzählen/sagen Sie erst mal …
Was ist denn genau Ihr Problem?
Keine Sorge, wir werden Ihnen (dabei) helfen.
Keine Sorge, wir werden sicher eine Lösung finden.
Ich bin ganz sicher, dass …

Bis wir/Sie …, müssen Sie Geduld haben
Ich habe da eine Idee. / einen Vorschlag.
Wie wäre es denn, wenn …

B Auch Sie können helfen, **indem** Sie Geld spenden.

B1 Verbinden Sie.

a Auch Sie können helfen,

b In der Nachbarschaftshilfe können Sie sogar mitmachen,

c Die Nachbarschaftshilfe hilft den Eltern,

d Die Kinderbetreuung darf nicht stattfinden,

indem sie ein Ferienprogramm für Kinder anbietet.

ohne dass eine zweite Aufsichtsperson dabei ist.

ohne dass Sie Mitglied sind.

indem Sie Geld spenden oder selbst Mitglied werden.

| Wie? | ..., indem Sie Geld spenden. |

| Wie? | ..., ohne dass Sie Mitglied sind. |
| | ..., ohne Mitglied zu sein. |

B2 Vereine in Deutschland

a Überfliegen Sie den Text. Was ist ein Verein? Kennen Sie Vereine? Sind Sie Mitglied in einem Verein?

> Es gibt in Deutschland rund 600.000 Vereine. Vereine sind Organisationen, in denen sich Menschen zusammenfinden, die gemeinsame Interessen haben. Um Mitglied in einem Verein zu werden, müssen Sie eine Beitrittserklärung abgeben. Als Mitglied können Sie dann die Angebote des Vereins nutzen, Menschen kennen- lernen und gemeinsam Dinge unternehmen. Wer will, kann auch aktiv in einem Verein mitarbeiten. In einigen
> 5 Vereinen muss man für die Mitgliedschaft einen kleinen Beitrag bezahlen.
> Neben Sportvereinen gibt es Musikvereine, soziale Vereine, Jugendklubs, Elternvereine, Tierschutzvereine, die Freiwillige Feuerwehr und vieles mehr. 44 % der Deutschen sind Mitglied in mindestens einem Verein. Beson- ders beliebt in Deutschland sind Sportvereine. Beinahe jeder dritte Deutsche verbringt dort seine Freizeit.

b Lesen Sie den Text und kreuzen Sie an: *indem* oder *ohne dass*.

1 Sie werden Mitglied in einem Verein,
   ○ indem ○ ohne dass   Sie eine Beitrittserklärung unterschreiben.

2 Sie können auch Mitglied in einem Verein sein, ○ indem ○ ohne dass   Sie aktiv mitarbeiten.

3 In einigen Vereinen können Sie auch Mitglied sein, ○ indem ○ ohne dass   Sie einen Mitglieds- beitrag zahlen.

c Lesen Sie den Text weiter. In welchen Vereinen sind die Personen?
Warum finden sie diesen Verein wichtig?

> Vor zwei Jahren bin ich hier nach Darmstadt gezogen. Das war anfangs gar nicht so leicht, da ich
> 10 niemanden kannte. Ein Freund gab mir den Tipp: Tritt in einen Verein ein! Da lernst du neue Leute kennen! Erst dachte ich: „Na ja, ich weiß nicht …" Dann habe ich aber geschaut, was mich so interessiert. Und nun habe ich klettern gelernt! Ich hätte ohne den Verein niemals innerhalb so kurzer Zeit neue Freunde gefunden.

Nikolin

> Früher war ich im Verein total aktiv. Ich habe Brände gelöscht, war bei Einsätzen dabei. Jahr-
> 15 zehntelang! Jetzt geht das natürlich nicht mehr. Aber ich helfe, indem ich die Kinder betreue und versorge, solange die Eltern im Einsatz sind. Was mir besonders gefällt, sind natürlich die Feste, die wir regelmäßig feiern! So bin ich immer in Kontakt mit Menschen.

Jürgen

B3 Welche Vereine würden Sie interessieren? Was halten Sie von Vereinen? Sprechen Sie.

Mich würde ein Sport- verein interessieren.

Ich spiele lieber im Park Fußball. Dort kann ich Leute treffen, ohne dass es etwas kostet.

C1 Überfliegen Sie den Artikel in C2.

Worum geht es? Was meinen Sie?

C2 Lesen Sie nun den Artikel.

a Beantworten Sie die Fragen.

1 Wie viele Deutsche arbeiten ehrenamtlich in wohltätigen Organisationen?
2 Welche Aufgaben übernehmen sie z. B.?

3 Welche Personengruppen engagieren sich besonders häufig?
4 Was macht die Agentur „Tatendrang"?

Engagement macht stark!

„Engagement macht stark!" Unter diesem Motto stand in diesem Jahr die „Woche des bürgerschaftlichen Engagements", die jedes Jahr den Einsatz der vielen freiwillig Engagierten anerkennt. In diesem Jahr wurde
5 besonders auf die Bedeutung des Engagements für die Integration von Migranten/Migrantinnen hingewiesen. Insgesamt engagieren sich mehr als 31 Millionen Menschen in Deutschland freiwillig und ohne Lohn in ihrer Freizeit. Sie organisieren sich in einer Million
10 Vereinen, Bürgerinitiativen oder Selbsthilfegruppen. Sie pumpen Fußbälle auf, rasieren und frisieren Pflegebedürftige, restaurieren alte Häuser, engagieren sich als Babysitter, springen für kranke Lehrer ein, unterstützen Geflüchtete. Allein 60.000 Helfer sind zum
15 Beispiel in den rund 900 Vereinen der „Tafel" tätig. Sie sammeln in Supermärkten Lebensmittel kurz vor dem Verfallsdatum ein und verteilen sie an Bedürftige. „Alle reden von sozialer Kälte. Aber wir erleben jeden Tag das Gegenteil",
20 berichtet ein „Tafel"-Vorstand. „In Deutschland ist das Wir-Gefühl auf dem Vormarsch."

Insgesamt engagieren sich Männer etwas mehr als Frauen. In der Arbeit mit Geflüchteten sind aber vor
25 allem Frauen und junge Leute aktiv. Gerade die Zahl der Jugendlichen steigt beständig. Sie machen ein „freiwilliges soziales Jahr", ein „freiwilliges ökologisches Jahr" oder sie sind im „Bundesfreiwilligendienst" tätig und arbeiten in dieser Zeit in Altenheimen,
30 Sportvereinen oder Naturschutzgruppen. Inzwischen haben sich in allen größeren Städten Freiwilligenagenturen gebildet. Ein Beispiel ist die Agentur „Tatendrang" in München. Unter dem Motto „Spenden Sie Zeit
35 statt Geld" organisieren sie Einsatzmöglichkeiten. „Wir arbeiten mit mehr als 430 Einrichtungen zusammen. Wir finden immer etwas, was passt – für den Berufstätigen, der ein paar Stunden Zeit im Monat spenden
40 will, wie für die Rentnerin, die regelmäßig einmal pro Woche mit einem Kind spricht und lesen übt.

Die dunklen Vorhersagen einer egoistischen Spaßgesellschaft von „Ichlingen" haben sich offensichtlich nicht erfüllt. Im Gegenteil: Die Bereitschaft zum
45 Engagement wächst und wächst!

---

b Was finden Sie besonders interessant/überraschend/...? Markieren Sie zwei Aspekte und vergleichen Sie mit Ihrer Partnerin / Ihrem Partner. Erzählen und kommentieren Sie.

◆ Es überrascht mich, dass sich mehr Männer als Frauen engagieren. Das hätte ich nicht gedacht.
○ Ja, stimmt. Vielleicht ...

> **SCHON FERTIG?** Sammeln Sie Wörter, die für Sie wichtig sind.

C3 Persönliches Engagement: Was tun Sie / würden Sie gern tun? Erzählen Sie.

sich für etwas begeistern   sich für etwas engagieren/einsetzen   bei etwas mitmachen   ...

> *In meiner Familie engagieren sich alle außer meiner Schwester. Ich bin in einem Umweltschutzverein und ...*

| außer | alle außer meiner Schwester = alle, nur meine Schwester nicht |

D Dieser Mensch war mir ein Vorbild.

D1 Eine Karikatur
Was fällt Ihnen spontan dazu ein? Sprechen Sie.

Albert Schweitzer (1875–1965):
Arzt, Theologe, Musiker und Philosoph; durch sein Engagement für den Frieden wurde er für viele Menschen auf der ganzen Welt zum großen Vorbild.

6 ◀)) 8–9 D2 Radio Nordwest „Menschen helfen Menschen"
a Welche Überschriften passen? Hören Sie und wählen Sie aus.

Gespräch	A	B
Überschrift		

b Was ist richtig? Hören Sie noch einmal und kreuzen Sie an.

Gespräch A
1 Die Schülerin ruft ○ eine Klinik ○ den Rettungsdienst an.
2 Als die Dame nicht mehr auf Ansprache reagiert, ○ beginnt die Schülerin sofort mit Erste-Hilfe-Maßnahmen. ○ holt sich die Schülerin telefonisch Rat bei den Sanitätern.
3 Die Anruferin meint, dass ihre Mutter nur überlebt hat, weil ○ die Sanitäter so schnell eingetroffen sind. ○ die Schülerin so schnell gehandelt hat.

Gespräch B
4 Frau Melchinger engagiert sich seit ○ einem halben Jahr ○ mindestens einem Jahr für Geflüchtete.
5 Eine syrische Mutter wohnt mit ihrem Kind ○ zusammen mit Frau Melchinger in einer WG. ○ im Haus von Frau Melchinger in einer kleinen Wohnung im Dachgeschoss.
6 Das Zusammenleben in dem Haus von Frau Melchinger ○ klappt gut. ○ führt zu Konflikten.

⇄ D3 Wer ist Ihr persönliches Vorbild?
a Machen Sie Notizen.

| Wer? | Wie ist/war die Person? | Was macht sie / hat sie gemacht? | Was hat Sie besonders beeindruckt? |

b Gruppenarbeit: Erzählen Sie.

Als ich noch zur Schule gegangen bin, war meine Tante mein großes Vorbild. Sie war sehr lebensfroh und tolerant. Bei ihr waren viele Dinge erlaubt, die bei uns zu Hause verboten waren. Sie hat mir immer geraten, meinen eigenen Weg zu gehen. Ich wollte immer werden wie meine Tante.

Als ich …, war mein Vorbild …
Sie/Er war sehr …
Sie/Er hat oft …
Am meisten hat mich beeindruckt, …
Ich wollte immer werden wie …

E1 Lesen Sie den Forumsbeitrag. Was ist das Problem von Rieke20?

Gewissensfrage

Meine Freundin hat mir vorgestern zum Geburtstag einen selbstgestrickten Wollpullover geschenkt. Sie hat sich viel Mühe gegeben und unglaublich viel Zeit investiert. Trotzdem, der Pullover sieht wirklich schlimm aus. Nun weiß ich gar nicht, wie ich damit umgehen soll. Soll ich ihr sagen, dass mir der Pullover nicht gefällt? Wenn ich das tue, ist sie bestimmt verletzt. Soll ich den Pullover schönreden oder einfach gar nichts sagen? Aber dann müsste ich den Pullover ja auch mal tragen. Was würdet ihr machen? Rieke20

E2 Was meinen Sie?

a Arbeiten Sie zu zweit. Lesen Sie die Argumente. Welche Argumente finden Sie richtig? Markieren Sie.

– Man hat als Freund die Pflicht, die Wahrheit zu sagen.
– Auch wenn man dadurch einen Nachteil hat, sollte man ehrlich sein.
– Das Zusammenleben der Menschen funktioniert besser, wenn man auch mal etwas schönredet.
– Wenn man einem Menschen mit einer kleinen Lüge helfen kann, ist das gut.

b Sammeln Sie weitere Argumente und sprechen Sie.

– Freunden die Wahrheit sagen
– Freundin Mühe gegeben
– Pullover nicht wichtig
– ...

> Wir denken zwar, dass man Freunden die Wahrheit sagen sollte, aber deine Freundin hat sich viel Mühe gegeben, deshalb ...

E3 Welche Meinung haben Sie?

a Arbeiten Sie zu zweit. Wählen Sie eine Gewissensfrage aus und schreiben Sie einen Kommentar.

1
Ein Kollege, der mit uns im Auto zur Arbeit fährt, ist oft sehr unpünktlich. Wir müssen dann nicht nur warten, sondern kommen auch häufig zu spät. Wir haben das Problem schon mehrmals angesprochen. Das hilft aber immer nur kurze Zeit. Was sollen wir tun?

2
Mein Freund hat immer seltener Zeit und ich weiß auch oft nicht, was er so macht, wenn wir uns nicht sehen. Ist es okay, heimlich die Nachrichten auf seinem Handy zu lesen?

1 Wir würden nicht einfach losfahren. Stell dir vor, der Kollege wird deshalb entlassen. Dafür möchte man ja nicht verantwortlich sein.

b Tauschen Sie Ihren Kommentar mit einem anderen Paar und kommentieren Sie.

Ja, stimmt. Das wäre schlimm. Aber wir würden uns das Verhalten des Kollegen auch nicht einfach gefallen lassen. Vielleicht solltet ihr ...

Grammatik und Kommunikation

Grammatik

1 Konjunktion: *seit/seitdem* `ÜG` 10.08

	Konjunktion	Ende
Ich bin Mitglied,	seit/seitdem ich 16	bin.

2 Konjunktion: *bis* `ÜG` 10.08

	Konjunktion	Ende
Das Programm geht die Ferien über,	bis die Schule wieder	anfängt.

3 Konjunktion: *indem* `ÜG` 10.12

	Konjunktion	Ende
Auch Sie können helfen,	indem Sie Geld	spenden.

4 Konjunktionen: *ohne dass / ohne ... zu* + Infinitiv `ÜG` 10.12

	Konjunktion	Ende
In der Nachbarschaftshilfe können Sie sogar mitmachen,	ohne dass Sie Mitglied	sind.
	ohne Mitglied	zu sein.

5 Präposition: *außer* + Dativ `ÜG` 6.04

außer	alle außer meiner Schwester = alle, nur meine Schwester nicht

---

Meine letzten zehn Jahre: Schreiben Sie fünf Sätze. Verwenden Sie dabei *seit* und *bis*.

> Ich habe bei meinen Eltern gewohnt, bis ich geheiratet habe.
> Seit ich in Deutschland lebe, besuche ich einen Deutschkurs.

Soziales Engagement: Schreiben Sie vier weitere Möglichkeiten mit *indem*.

> Ich kann mich sozial engagieren, indem ich eine Fußballmannschaft betreue.
> Ich kann mich sozial engagieren, indem ...

alle/niemand außer: Wie viele Ausnahmen finden Sie in fünf Minuten?

> In meiner Familie sind alle außer mir politisch interessiert.
> In unserem Deutschkurs kommt niemand außer unserer Lehrerin aus Deutschland.

Kommunikation

UM HILFE BITTEN: Können Sie mir da vielleicht weiterhelfen?

Ich weiß nicht, ob ich bei Ihnen richtig bin. | Ich habe da ein Problem. Seitdem ich …, | Ich bin leider gerade in einer blöden Situation. | Ich weiß nicht, was ich machen soll. / wie ich das machen soll. | Können Sie mir da vielleicht weiterhelfen?

NACHFRAGEN: Was ist denn genau Ihr Problem?

Jetzt erzählen/sagen Sie erst mal … | Was ist denn genau Ihr Problem?

JEMANDEN BERUHIGEN: Ich bin ganz sicher, dass …

Keine Sorge, wir werden Ihnen (dabei) helfen. | Keine Sorge, wir werden sicher eine Lösung finden. | Ich bin ganz sicher, dass …

EINE LÖSUNG ANBIETEN: Wie wäre es denn, wenn …

Bis wir/Sie …, müssen Sie Geduld haben. | Ich habe da eine Idee. / einen Vorschlag. | Wie wäre es denn, wenn …

VORBILDER BESCHREIBEN: Ich wollte immer werden wie …

Als ich …, war mein Vorbild … | Sie/Er war sehr … | Sie/Er hat oft … Am meisten hat mich beeindruckt, … | Ich wollte immer werden wie …

Frau Ott ruft bei der Nachbarschaftshilfe an. Schreiben Sie ein Gespräch.

◇ Nachbarschaftshilfe Neustadt, Klemens hier. Was kann ich für Sie tun?
○ Ach, ich weiß gar nicht, ob ich bei Ihnen richtig bin.
◇ …

Sie möchten noch mehr üben?

6 | 10–12 AUDIO-TRAINING 🔊

Lernziele

Ich kann jetzt …

A … Programme einer Nachbarschaftshilfe verstehen:
Wir üben Zirkustechniken, bis wir sie aufführen können. _____ ☺ ☺ ☹
… um Hilfe bitten: *Ich habe da ein Problem. Seitdem ich …* _____ ☺ ☺ ☹
B … einen Text über das Vereinsleben in Deutschland verstehen:
Ich hätte ohne den Verein niemals innerhalb so kurzer Zeit neue Freunde gefunden. _____ ☺ ☺ ☹
… die eigene Meinung zu Vereinen äußern: *Im Park kann ich Leute treffen, ohne dass es etwas kostet* _____ ☺ ☺ ☹
C … einen Artikel über persönliches Engagement verstehen:
Engagement macht stark! _____ ☺ ☺ ☹
… erzählen, wofür man sich engagiert: *Ich bin in einem Umweltschutzverein.* _____ ☺ ☺ ☹
D … Hörerbeiträge im Radio verstehen _____ ☺ ☺ ☹
… ein Vorbild beschreiben: *Am meisten hat mich beeindruckt, …* _____ ☺ ☺ ☹
E … Gewissensfragen kommentieren: *Wir denken zwar, dass man Freunden die Wahrheit sagen sollte, aber …* _____ ☺ ☺ ☹

Ich kenne jetzt …

… 7 Wörter zum Thema *soziales Engagement*:

ehrenamtlich, ..

Zwischendurch mal ...

ICH KANN VIEL. – WIR KÖNNEN MEHR! Zusammen sind wir schneller, stärker, schlauer, besser, ...

Alles könnte so einfach sein, ... wenn man es nur könnte! Wenn man eine Ahnung hätte, wie es geht. Oder wenn man wenigstens wüsste, wer einem helfen kann. Na, wo ist das Problem? Schauen wir doch einfach mal, was wir im Kurs so alles können! Wir zeigen hier ein paar Beispiele, was man in verschiedenen Bereichen so alles können könnte. Aber natürlich gibt es noch viel, viel mehr. Was können **WIR**? Finden wir es zusammen heraus!

Lernen und Wissen:
– Sprachunterricht geben
– Mathematik erklären
– Gesundheitstipps geben
...

Sport und Hobbys:
– Gymnastikübungen zeigen
– Krafttraining durchführen
– Gesangsunterricht geben
– als DJ Musik auflegen
...

Handwerkliches:
– Fahrräder reparieren
– Haare schneiden und frisieren
– Schminken
– Schönheitsberatung
– Ordnung schaffen und
  sauber machen
...

Organisieren:
– ein Fest vorbereiten
– gut und günstig einkaufen
– Spiele oder Wettbewerbe leiten
...

Was können wir?

a Lesen Sie den Text. Schreiben Sie auf einen blauen Zettel: *Dabei kann ich helfen.*
Und auf einen grünen Zettel: *Dabei brauche ich Hilfe.*

Dabei kann ich helfen:
– Tischdekoration basteln
– Suppen kochen   Murat

Dabei brauche ich Hilfe:
– Prozentrechnen
– Formulare ausfüllen   Murat

b Hängen Sie die Zettel auf. Wer kann wem helfen?
Suchen Sie passende Kursteilnehmer/innen.

Murat, ich kann dir helfen. Ich bin gut in Mathe. ...

Das Leben ist hart!

Du sitzt nachts wach im Bett, obwohl du dringend Schlaf brauchst, weil du morgen eine wichtige Prüfung hast. Du brauchst ein Passwort für dein neues Onlinekonto, nur weißt du nicht, wie man ein wirklich sicheres Passwort macht. Von gestern sind eine Menge gekochte Nudeln übrig, aber du würdest wahnsinnig gern was richtig Leckeres und Frisches essen. Wenn du im Supermarkt einen Einkaufswagen brauchst, hast du natürlich wieder keinen Euro im Geldbeutel. Tja, das Leben ist wirklich hart. Aber wir sind härter. Wir lösen jedes Problem!

1 Lesen Sie den Text. Wählen Sie ein Problem oder finden Sie selbst ein Alltags-Problem.
Schreiben Sie Lösungstipps.

Problem: Regenschirm zu Hause vergessen
Lösungen: – wieder nach Hause gehen
*   und Schirm holen*
*   – im Café einen Kaffee trinken,*
*   bis es nicht mehr regnet*
*   – eine Person freundlich bitten, ein Stück*
*   gemeinsam unter dem Schirm zu gehen*
*   – nach Hause gehen und dort bleiben*
*   – ein Taxi nehmen*

2 Lesen Sie Ihre Lösungstipps vor.
Welchen Tipp finden die anderen besonders gut?

> *Ich finde die Idee witzig, jemanden zu fragen, ob ich unter den Schirm darf. ...*

HÖREN

Reden wir darüber ...

Fred

E-Mail senden

Von: Jonas@bmx.de

Hallo Onkel Jonas, wie geht's Dir? Mir geht's nicht so toll. Ich brauche unbedingt 1500 Euro. Kannst Du mir die leihen? Ich ruf Dich nachher an, okay?
Liebe Grüße
Fred

War schön. Aber jetzt ist es vorbei. Vergiss es einfach! Basti

Stell dir vor Cécile, Basti hat mit Anne Schluss gemacht!

Hi Basti! Lust auf Kino? Cécile

6 ◀)) 13–16

1 Sehen Sie die Bilder an und lesen Sie die Nachrichten. Hören Sie dann.
Wer ist wer? Ergänzen Sie die Namen in den Bildern oben.

Kirsten   Cécile   Jonas   Hermine   ~~Fred~~   Anne   Sebastian (Basti)

2 Hören Sie noch einmal. Was ist richtig? Kreuzen Sie an

a Fred bezahlt die Miete für seine Wohnung ○ immer pünktlich. ○ oft zu spät.
b Jonas leiht Fred das Geld, weil Jonas Freds ○ Onkel ○ Bruder   ist.
c Sebastian will Kirsten überzeugen, dass er ○ sie ○ Anne   am liebsten mag.
d Sebastian hat mit ○ Anne ○ Kirsten   ○ persönlich ○ mit einer Nachricht   Schluss gemacht.

3 Was raten Sie Fred, Jonas, Anne und Kirsten?

Aus Politik und Geschichte

Folge 13: Nicht aufgeben! Weitermachen!

6 ◀)) 17–20

1 Sehen Sie die Fotos an und hören Sie.
In welcher Reihenfolge sprechen Ella und Herr Wirth über die Themen? Ordnen Sie.

○ der Lernhilfeverein *1* Herrn Wirths Beruf ○ Tipps für junge Migranten
○ die Kindheit und die Flucht aus Schlesien ○ Herrn Wirths Familie

6 ◀)) 17–18

2 Hören Sie noch einmal Teil 1 (Foto 1 und 2). Was wissen Sie über Herrn Wirth?
Ergänzen Sie Stichpunkte. Sprechen Sie dann.

Alter — Herr Wirth — der Lernhilfeverein: Bildung für Kinder aus Migrantenfamilien — Hilfe bei Hausaufgaben

Beruf

Familie

E-Mail senden

Hallo Herr Wirth!
Möchten Sie engagierte junge Leute kennenlernen? Meine Freunde
Hubert und Mischa haben für den kommenden Freitagabend ein
„Fest der Vielfalt" organisiert. Menschen aus verschiedenen Ländern
bringen selbst zubereitetes Essen nach Rezepten aus ihrer Heimat mit.
Haben Sie Lust, mitzukommen? Ich könnte Sie vom Bahnhof abholen.
Liebe Grüße, Ella

< **Elia Wegmann**

Liebe Ella,
„Fest der Vielfalt" – das klingt
sehr gut. Und am Freitagabend
habe ich auch noch nichts vor.
Mein Zug kommt um 18:43 Uhr an.
Passt das?
Herzliche Grüße
August Wirth

Wunderbar!
Ich hole Sie ab.
Bis dann!

+

6 ◀)) 19–20   **3 Hören Sie noch einmal Teil 2 (Fotos 3 und 4). Welche vier Tipps gibt
Herr Wirth jungen Migrantinnen/Migranten? Kreuzen Sie an.**

◯ Keine Angst vor Fehlern!   ◯ Das Glück kommt von allein!   ◯ Lernt Deutsch!
◯ Bewegt euch nicht nur in der digitalen Welt!   ◯ Technik ist für den Beruf am wichtigsten!
◯ Nehmt Rücksicht auf ältere Menschen   ◯ Lernt dazu und bildet euch weiter!

4 Welche Tipps finden Sie richtig und wichtig?
Haben Sie noch mehr Tipps für junge Leute? Sprechen Sie im Kurs.

5 Lesen Sie Ellas E-Mail und die Nachrichten. Beantworten Sie dann die Fragen.

– Wozu wird Herr Wirth eingeladen?
– Wie kommt er dort hin?

E las Film

A Das **wurde** von ... Menschen **erkämpft**.

A1 Lesen Sie Ellas Reportage über Herrn Wirth.

a An welche Informationen aus der Foto-Hörgeschichte können Sie sich erinnern?
Markieren Sie in der Reportage.

6 ◀)) 17–20   **b** Hören Sie noch einmal die Foto-Hörgeschichte und vergleichen Sie.

Tun, was man tun kann

Mit seinen 81 Jahren ist August Wirth körperlich und geistig noch topfit und kann sich an die
Ereignisse aus seinem langen Leben gut erinnern. Neun Jahre war er alt, als die Welt seiner
Kindheit zerstört wurde. Das geschah im Jahr 1945, in den letzten Monaten des Zweiten Welt-
kriegs. Im Februar wurde sein Vater bei einem Bombenangriff getötet. Im Mai musste August
5 mit seiner Mutter und den beiden Geschwistern die Heimat in Schlesien verlassen und nach Westen fliehen.

Als der alte Mann von dieser Flucht berichtet, werden seine Augen feucht und seine Stimme zittert leicht.
„Es ist gar nicht wegen damals", sagt er. „Nein, ich muss an die Flüchtlinge denken, die heute zu uns kommen.
Sie haben alles verloren und müssen ihr Leben neu anfangen. Genau wie wir damals." Wie hat seine Familie
das geschafft? „Wir haben zusammengehalten", sagt August Wirth. „Meine Mutter war eine wunderbare Frau.
10 Sie hat wie eine Löwin für unsere Zukunft gekämpft."
Leicht war das nicht, denn obwohl sie Deutsche waren, wurden die Flüchtlinge aus dem Osten im Westen
Deutschlands nicht begeistert empfangen. Die Wirths haben den Neustart in der neuen Heimat trotzdem
geschafft. August konnte sogar studieren. Er ist Lehrer geworden. Die schlimme Anfangszeit nach der Flucht
hat er nie vergessen. Er hat es immer als wichtige Aufgabe verstanden, Kinder und Jugendliche zu fördern,
15 die es schwerer haben als andere.
Ab Beginn der 1960er-Jahre kamen immer mehr Arbeitsmigranten aus Südeuropa nach Deutschland. Sie hatten
meist nur wenig Schulbildung und beherrschten die deutsche Sprache kaum oder gar nicht. Deshalb konnten
sie ihren Kindern beim Lernen nicht richtig helfen. August Wirth organisierte Hausaufgabenhilfen und zusätzliche
Deutschkurse. 1975 ist dann sogar ein Lernhilfeverein für Kinder aus Migrantenfamilien gegründet worden.
20 Mit öffentlichen Geldern und mit privaten Spenden sorgt dieser Verein bis heute dafür, dass die begabtesten Kinder
von Migranten Abitur machen und studieren können. Außerdem kümmerte er sich darum, dass von den örtlichen
Betrieben auch für Migrantenkinder Ausbildungsplätze zur Verfügung gestellt wurden.
Die Arbeit des Vereins war und ist sehr erfolgreich. Vor zwei Jahren zum Beispiel wurde in August Wirths Heimatstadt eine junge Frau aus einer Migrantenfamilie zur zweiten Bürgermeisterin gewählt. „Sie ist die Tochter von
25 einem meiner ersten ausländischen Schüler", sagt der alte Mann nicht ohne Stolz. „Man muss einfach tun, was man
tun kann. Mit vielen kleinen Schritten schafft man am Ende auch eine große Strecke."

A2 Zusammenfassung

Lesen Sie noch einmal. Ordnen Sie zu. Ergänzen Sie dann die Tabelle.

gestellt getötet gewählt gegründet zerstört empfangen

a August Wirth war neun Jahre alt, als die Welt seiner Kindheit _____ wurde.

b Denn Ende des Zweiten Weltkrieges wurde sein Vater _____ und er musste fliehen.

c Die Flüchtlinge wurden im Westen leider nicht herzlich _____ .

d Herr Wirth hat sich in den 1960er-Jahren für Migranten engagiert und später ist
sogar ein Lernhilfeverein _____ worden.

e Der Verein kümmerte sich darum, dass Migrantenkindern Ausbildungsplätze zur Verfügung
_____ wurden.

f In Herrn Wirths Heimatstadt wurde sogar eine junge Frau zur 2. Bürgermeisterin _____ .

| 1975 | *ist* | ein Lernhilfeverein | _____. |
| Sie | *wurde* | zur 2. Bürgermeisterin | _____. |

A3 Biografien

a Arbeiten Sie zu dritt. Wählen Sie eine der Personen oder wählen Sie eine Person aus Ihrem Heimatland.

Jérôme Boateng   Sibel Kekilli   Werner von Siemens

b Recherchieren Sie im Internet: Was für eine Biografie hat „Ihre Person"?
Suchen Sie Informationen zu folgenden Themen und notieren Sie Stichpunkte.

– wer?
– wann gelebt/geboren?
– ihre/seine Kindheit und Jugend

– ihre/seine Familie
– ihre/seine Ausbildung
– besondere Ereignisse in ihrem/seinem Leben

c Erarbeiten Sie eine kleine Präsentation über „Ihre Person":
Erstellen Sie Folien oder Plakate mit den wichtigsten Informationen
und notieren Sie, was Sie zu den Folien sagen möchten.

> Jérôme Boateng:
> – sehr bekannter deutscher Fußballspieler
> – 1988 in Berlin geboren
> – Karriere: beim FC Bayern und in deutscher Nationalmannschaft
> …

d Stellen Sie „Ihre Person" im Kurs vor. Verwenden Sie die
Redemittel, um die Präsentation zu strukturieren.

Wir erzählen euch etwas über … | Zuerst möchten
wir über … sprechen. | Nun zu ihrer/seiner Kindheit/
Jugend/Familie: … | Wir möchten euch auch
Informationen über … geben. | Der nächste Punkt
unserer Präsentation ist … | Zum Abschluss
beschäftigen wir uns mit … | Nun habt ihr einen
Einblick in das Leben von … erhalten. | Habt ihr
noch Fragen? | Vielen Dank für eure Aufmerksamkeit.

Wir erzählen euch etwas über Jérôme Boateng.
Er ist ein sehr bekannter deutscher Fußball-
spieler. Er ist 1988 in Berlin geboren. Zuerst
möchten wir über seine Kindheit und Jugend
sprechen …

B Das war eins der **größten** Probleme.

6 ◀) 21 **B1 Ordnen Sie zu. Hören Sie dann und vergleichen Sie.**

älteren größte begabtesten

a Meine _____ Geschwister und ich sind nach dem Krieg mit unserer Mutter von
   Schlesien nach Westdeutschland geflohen.

b Nach dem Krieg wurde der _____ Teil Schlesiens dann von Polen beansprucht.

c Ich habe Spenden gesammelt, damit die _____ jungen Migranten studieren konnten.

WIEDERHOLUNG			
groß	• der größere / größte Teil	ein größerer Teil	
größer	• das größere / größte Problem	ein größeres Problem	
am größten	• die größere / größte Frage	eine größere Frage	
	• die größeren / größten Fragen	größere Fragen	

6 ◀) 22–24 **B2 Umfrage: Wenn Sie in Deutschland etwas ändern könnten ...**

a Hören Sie drei Interviews. Was würden die Personen ändern? Notieren Sie.

1 _____

2 _____

3 _____

b Ordnen Sie zu und ergänzen Sie in der richtigen Form. Hören Sie dann noch einmal und vergleichen Sie.

1 groß schnell ~~gut~~

Eine Ganztagsbetreuung würde zu einer
besseren Vereinbarkeit von Familie und
Beruf führen. Schüler mit Migrations-
hintergrund würden viel _____
Fortschritte bei ihren Deutschkenntnissen
machen. Und wenn Schüler unterschiedlicher
kultureller Herkunft mehr Zeit gemeinsam
verbringen würden, würde das zu einem
_____ gegenseitigen
Verständnis führen.

2 groß arm bezahlbar

Ich würde _____ Wohnraum für alle
schaffen! Gerade in vielen _____ Städten
ist es für _____ Menschen unmöglich,
eine Wohnung zu finden, die sie sich leisten können.

3 hoch scharf streng

Wir bräuchten _____ Gesetze!
Höchstgeschwindigkeit 120 Stundenkilometer,
_____ Verkehrskontrollen und
_____ Strafen für Temposünder!

🔁 **B3 Wie ist das bei Ihnen?**

Arbeiten Sie in Gruppen: Wählen Sie ein Thema aus B2 oder
sprechen Sie über ein Thema, das Sie interessiert. Vergleichen
Sie auch mit Ihrem Heimatland.

> *Ein Tempolimit kann ich nur
> befürworten! Auch bei uns ...*

Ich bin für/gegen ..., weil ...
Davon halte ich (nicht) viel, denn ... | Das kann
ich nur befürworten/ablehnen. | Ganz meine
Meinung. | Meiner Meinung/Ansicht nach ...
In diesem Zusammenhang finde ich auch
wichtig, dass ...

Bei uns / In ... ist das ... genau(so) wie / anders als ...
Das ist bei uns nicht so streng wie ... / strenger als ...
Auch bei ... gibt es strengere Gesetze/Vorschriften.
Das ist hier ganz anders. Der Unterschied ist, dass ...
Verglichen mit ... / Im Gegensatz zu ... | Ich finde es
besser so, wie es in ... ist.

C1 **Waren Sie schon einmal bei einer Demonstration?**
Wofür/Wogegen war sie?
Erzählen Sie.

> Ich war noch nie auf einer Demonstration. Aber wenn es eine Demonstration für/gegen … geben würde, wäre ich sofort dabei.

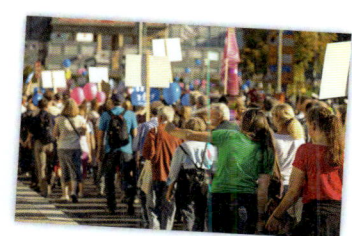

C2 **Zeitungsmeldungen**

a Lesen Sie und ordnen Sie die Meldungen den Fotos zu.

A

B

C

1
Bundesweite Menschenketten gegen Rassismus – für Menschenrechte und Vielfalt

Ein breites Bündnis aus verschiedenen Vereinen, Religionsgemeinschaften und Gewerkschaften hat am vergangenen Sonntag – zum internationalen Weltflüchtlingstag – dazu aufgerufen, ein deutliches Zeichen gegen Fremdenhass und Rassismus zu setzen. In ganz Deutschland folgen rund 40.000 Menschen dem Aufruf. In Berlin, München, Leipzig, Hamburg und in anderen Städten bildeten die Teilnehmenden lange Menschenketten und verbanden symbolisch religiöse, soziale, kulturelle und politische Einrichtungen mit Flüchtlingsunterkünften, um für ein offenes Europa zu demonstrieren.

3
Kinder zu teuer?

Rund 50 Kinder und Jugendliche demonstrierten bei der Hauptversammlung des Sportvereins Hermannsburg am Freitagabend gegen die Schließung ihres städtischen Schwimmbades. „Kinder zu teuer?" und „Lasst uns das Schwimmbad!" forderten sie auf ihren selbst geschriebenen Plakaten.

2
Für einen fairen Milchpreis!

Immer mehr Milchbauern in Deutschland müssen ihre Höfe aufgeben, weil es sich für sie nicht mehr lohnt, Milch zu produzieren. Für einen Liter Milch bekommen die Bauern aktuell ca. 20 Cent. „Das ist deutlich zu wenig", so ein Sprecher des Bauernverbandes, „denn allein die Produktionskosten für einen Liter belaufen sich auf ca. 33 Cent". Um auf diesen Missstand hinzuweisen, protestierten am Freitag etwa 50 Milchbauern vor dem Landwirtschaftsministerium. „Wir sind heute hier, weil wir mindestens 40 Cent brauchen, um unsere Familien ernähren zu können", so einer der protestierenden Bauern. „Die Politik kann uns damit nicht allein lassen!"

b Ergänzen Sie die Informationen aus den Texten.

	Wer protestiert?	Wogegen/Wofür?	Wo?
Text 1	rund 40.000 Menschen		
Text 2			
Text 3			

C3 **Kurzbericht**

Suchen Sie eine Zeitungsmeldung zu einem Thema, das Sie interessant finden.
Notieren Sie die wichtigsten Informationen und berichten Sie darüber im Kurs.

Wer? Was? Wann? Wo?

SCHON FERTIG? Haben Sie in Deutschland schon eine Demonstration oder einen Streik gesehen? Wofür bzw. wogegen? Schreiben Sie.

D Aus der deutschen Geschichte

D1 Die Geschichte Berlins nach 1945

a Sehen Sie die Fotos an. Welche Bauwerke oder historischen Ereignisse kennen Sie? Sprechen Sie im Kurs.

b Ordnen Sie die Fotos aus a den Bildunterschriften zu. Vergleichen Sie im Kurs.

1 Ⓔ Berlin ist nach dem Zweiten Weltkrieg eine zerstörte Stadt.
2 ◯ Deutschland wird 1945 in vier Besatzungszonen geteilt.
3 ◯ 1949 werden zwei deutsche Staaten gegründet.
4 ◯ Die Mauer in Berlin wird 1961 gebaut und teilt Berlin in Ost und West.
5 ◯ Die Grenze zwischen Ost- und Westdeutschland wird 1989 geöffnet.
6 ◯ Im Bundeskanzleramt arbeitet die Regierungschefin / der Regierungschef.

D2 Ein Vortrag

6 ◀)) 25   **a** Hören Sie den Vortrag. Über welche Themen wird gesprochen? Ordnen Sie.

◯ Mauerbau   ◯ Besatzungszonen   *1* Zerstörung Berlins im Zweiten Weltkrieg
◯ das Bundeskanzleramt   ◯ Öffnung der Grenze
◯ Flucht über die Grenze zwischen West- und Ostdeutschland   ◯ Gründung von BRD und DDR

6 ◀)) 26–29   **b** Hören Sie den Vortrag noch einmal in Abschnitten. Was ist richtig? Kreuzen Sie an.

Abschnitt 1:   a ◯ Das Kriegsende war am 8. Mai 1945.
             b ◯ Die Siegermächte wussten genau, wie es mit Deutschland weitergehen soll.

Abschnitt 2:   a ◯ Deutschland wurde in vier Zonen geteilt: die amerikanische und die
                     britische Zone im Westen, die französische und die sowjetische im Osten.
             b ◯ Aus den Westzonen wurde die BRD, aus der Ostzone die DDR.

Abschnitt 3:   a ◯ Viele Menschen in der DDR waren unzufrieden und gingen in die BRD.
                     Deshalb wurde eine Mauer zu Westdeutschland gebaut.
             b ◯ Nach dem Mauerbau 1961 flohen nur noch wenige Menschen aus der DDR,
                     weil es zu gefährlich und schwierig war.

Abschnitt 4:   a ◯ Aufgrund der Unzufriedenheit der DDR-Bürger kam es zu einer friedlichen
                     Revolution. Am 9. November 1989 öffnete die DDR schließlich die Grenzen
                     zu Westdeutschland wieder.
             b ◯ Der deutsche Nationalfeiertag, der 3. Oktober, feiert die offizielle Wiedervereinigung
                     der beiden deutschen Staaten im Jahr 1990. Zur neuen gemeinsamen Hauptstadt
                     wurde Bonn.

D3 Was wissen Sie über die Nachkrieggeschichte Deutschlands?

a Ordnen Sie die Fakten den Fotos zu.

1 Dezember 1945

2 10.09.1964

3
Das Lied der Deutschen
(Deutsche Nationalhymne)
…
Einigkeit und Recht und Freiheit
für das deutsche Vaterland!
Danach lasst uns alle streben
brüderlich mit Herz und Hand!
Einigkeit und Recht und Freiheit
sind des Glückes Unterpfand;
blüh' im Glanze dieses Glückes,
blühe, Deutsches Vaterland.

26.08.1841

4 1919

a ◯ Begrüßung des millionsten Gastarbeiters
b ◯ Serienproduktion des VW-Käfers
c ◯ Einführung des allgemeinen Frauenwahlrechts
d ◯ die deutsche Nationalhymne

b Arbeiten Sie zu zweit: Sehen Sie sich die Fotos und Fakten in D1 bis D3 noch einmal an. Wann war was? Sprechen Sie und ordnen Sie zu.

> 8. Mai 1945 1961 1949 9. November 1989 3. Oktober 1990
> 10. September 1964 Dezember 1945 1919 26. August 1841

> Am 8. Mai 1945 war der Zweite Weltkrieg vorbei, oder?

> Ich bin nicht sicher …

> Doch, das wurde in dem Vortrag gesagt.

c Vergleichen Sie Ihre Lösungen im Kurs.

🔁 D4 Kursplakat über Ihr Heimatland/Deutschland

📱 **a** Bilden Sie Gruppen. Wählen Sie eine oder mehrere Fragen.

- – Was waren wichtige Momente in der Geschichte des Landes?
- – Wann wird der Nationalfeiertag gefeiert? Warum?
- – Wann wurde das Land gegründet?
- – Welche berühmten Gebäude sollte man kennen?
- – Welche nationalen Symbole verbinden Sie mit dem Land?

b Erstellen Sie ein Plakat mit den wichtigsten Jahreszahlen, Ereignissen und Symbolen und stellen Sie es im Kurs vor.

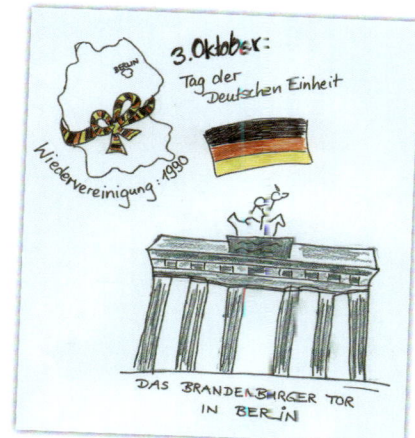

> Unser heutiges Thema ist …
> Wir haben uns mit folgenden Fragen beschäftigt: …

> Habt ihr zu diesem Punkt noch Fragen? Wenn nicht, dann kommen wir zum nächsten Punkt: …
> Und hier seht ihr …
> Das bedeutet: …

> Nun habt ihr ein paar Informationen über unser Heimatland/Deutschland bekommen.
> Wir hoffen, unsere Präsentation hat euch gefallen.

Grammatik und Kommunikation

Grammatik

1 Passiv Perfekt `ÜG` 5.13

1975	ist	ein Lernhilfeverein	gegründet worden.

2 Passiv Präteritum `ÜG` 5.13

Sie	wurde	zur 2. Bürgermeisterin	gewählt.

3 Adjektivdeklination mit Komparativ und Superlativ `ÜG` 4.01–4.04

Nominativ	Akkusativ	Dativ
• der größere / größte Teil • ein größerer Teil	• den größeren / größten Teil • einen größeren Teil	• dem größeren / größten Teil • einem größeren Teil
• das größere / größte Problem • ein größeres Problem	• das größere / größte Problem • ein größeres Problem	• dem größeren / größten Problem • einem größeren Problem
• die größere / größte Frage • eine größere Frage	• die größere / größte Frage • eine größere Frage	• der größeren / größten Frage • einer größeren Frage
• die größeren / größten Fragen • größere Fragen	• die größeren / größten Fragen • größere Fragen	• den größeren / größten Fragen • größeren Fragen

Was wurde gemacht / Was ist gemacht worden? Schreiben Sie acht Sätze.

1 Die Hose wurde in den Schrank gehängt. Die Hose ist in den ...

Ihre Rekorde! Schreiben Sie vier Sätze.
... ist der/das/die ... (groß) ..., den/das/die ich je gesehen habe.
... ist der/das/die ... (lecker) ..., den/das/die ich je getrunken habe.
... ist der/das/die ... (interessant) ..., den/das/die ich je gehört habe.
... ist der/das/die ... (schlecht) ..., den/das/die ich je gelesen habe.

Camp Nou ist das größte Fußballstadion, das ich je gesehen habe.

Kommunikation

ETWAS PRÄSENTIEREN – EINLEITUNG: Unser heutiges Thema ist …

Wir erzählen euch etwas über … | Zuerst möchten wir über … sprechen.
Unser heutiges Thema ist … | Wir haben uns mit folgenden Fragen
beschäftigt: …

ETWAS PRÄSENTIEREN – ÜBERLEITUNG: Der nächste Punkt …

Nun zu ihrer/seiner Kindheit/Jugend/Familie: … | Wir möchten euch auch
Informationen über … geben. | Der nächste Punkt unserer Präsentation ist …
Habt ihr zu diesem Punkt noch Fragen? Wenn nicht, dann kommen
wir zum nächsten Punkt: … | Und hier seht ihr … | Das bedeutet: …

ETWAS PRÄSENTIEREN – SCHLUSS: Habt ihr noch Fragen?

Zum Abschluss beschäftigen wir uns mit … | Nun habt ihr einen Einblick
in … erhalten. | Nun habt ihr ein paar Informationen über … bekommen.
Habt ihr noch Fragen? | Wir hoffen, unsere Präsentation hat euch gefallen.
Vielen Dank für eure Aufmerksamkeit.

ETWAS BEWERTEN: Ganz meine Meinung.

Ich bin für/gegen …, weil … | Davon halte ich (nicht) viel, denn …
Das kann ich nur befürworten./ablehnen. | Ganz meine Meinung.
Meiner Meinung/Ansicht nach … | In diesem Zusammenhang finde
ich auch wichtig, dass …

ETWAS VERGLEICHEN: Im Gegensatz zu …

Bei uns/In … ist das … genau(so) wie/anders als … | Das ist bei uns nicht
so streng wie …/strenger als … | Auch bei … gibt es strengere Gesetze/
Vorschriften. | Das ist hier ganz anders. Der Unterschied ist, dass …
Verglichen mit … | Im Gegensatz zu … | Ich finde es besser so, wie es in … ist.

Schreiben Sie eine Mini-Präsenta-
tion zu einer der folgenden Fragen.
Verwenden Sie die Redemittel.
– Warum ich Präsident/Präsidentin
 werden sollte!
– Mein letztes Wochenende
– Meine Großmutter
– Ein Abend in …

TIPP

Zur Vorbereitung einer Präsentation sollten Sie wichtige Sätze zu
Einleitung, Übergang und Schluss
notieren und auswendig lernen.
Das gibt Ihnen Sicherheit.

Sie möchten
noch mehr
üben?

🔊 30–32
AUDIO-
TRAINING

Lernziele

Ich kann jetzt …

A … eine Reportage über eine Person verstehen:
  Mit seinen 81 Jahren … _____ ☺ ☺ ☹

… die Biografie einer Person präsentieren: *Wir erzählen euch*
  etwas über … _____ ☺ ☺ ☹

B … etwas bewerten: *Ein Tempolimit kann ich nur befürworten.* ☺ ☺ ☹

… etwas vergleichen: *Das ist bei uns nicht so streng wie*
  in Deutschland. _____ ☺ ☺ ☹

C … Zeitungsmeldungen verstehen: *Rund 50 Kinder und*
  Jugendliche demonstrierten … _____ ☺ ☺ ☹

D … einen Vortrag zur deutschen Nachkriegsgeschichte verstehen:
  Aus den Westzonen wurde die BRD, aus der Ostzone die DDR. _____ ☺ ☺ ☹

… über die Geschichte Deutschlands/des Heimatlandes sprechen:
  Unser heutiges Thema ist … _____ ☺ ☺ ☹

Ich kenne jetzt …

… **10 Wörter zum Thema**
 deutsche Geschichte:
 die Berliner Mauer, …
 _____
 _____

… **5 Wörter zum Thema**
 politisches Engagement:
 protestieren, …
 _____
 _____

Zwischendurch mal ...

Der anatolische Schwabe

Kurzbiografie

– Cem Özdemir wird 1965 in Baden-Württemberg geboren. Seine Eltern sind
  kurz davor nach Deutschland gekommen und haben sich hier kennengelernt.
– 1981 wird er Mitglied bei den *Grünen*.
– 1983 nimmt er die deutsche Staatsbürgerschaft an.
– Nach der mittleren Reife und der Ausbildung zum Erzieher macht er
  das Fachabitur und studiert Sozialpädagogik.
– 1994 ist er der erste Abgeordnete mit türkischer Herkunft im Deutschen Bundestag.
– Von 2004 bis 2009 ist er Mitglied des Europäischen Parlaments.
– 2008 wird er Bundesvorsitzender der Partei *Bündnis 90/Die Grünen*.
– Seit 2013 ist er wieder im Bundestag.
– Cem Özdemir ist verheiratet und hat zwei Kinder.

INTERVIEW

Herr Özdemir, eines Ihrer Bücher hat den Titel: Ich bin Inländer.
Das soll heißen: „Ich will hier mitmachen!", oder?

Genau. Für mich war klar: Ich lebe in Deutschland, hier fühle ich mich zu Hause, hier sind
meine Freunde, hier bin ich politisch aktiv, hier kenne ich mich am besten aus und hier will
5 ich mitwirken.

Dazu gehört natürlich auch, dass man Deutschland als seine eigene Sache begreift.

Richtig. Ich wünsche mir, dass die Eingewanderten und ihre Nachfahren sagen: „Dieses ist
mein Land, meine Gesellschaft, ich habe eine Bindestrich-Identität, ich bin Deutsch-Türke
(oder Deutsch-Marokkanerin, oder Deutsch-Ukrainer, etc.), also Inländer."

10 **Sie selbst haben sich sogar mal als „anatolischer Schwabe" bezeichnet.**
Das ist noch präziser als „Deutsch-Türke".

Jeder definiert sich selbst. Die Liebe zu Anatolien haben mir meine Eltern vermittelt. Das
steht bei mir für Vielfalt, für Christen und Juden genauso wie für Aleviten und Sunniten.
Es war meine persönliche Absage an die türkischen Nationalisten und gleichzeitig die Ansage:
15 Deutschland, du hast es mir nicht leicht gemacht, dein Staatsbürger zu werden und mich zu
dir zu bekennen. Meine schwäbischen Freunde dagegen haben mir von Anfang an vermittelt,
dass ich dazugehöre.

Empfehlen Sie Einwanderern, die hier bleiben wollen, dass sie deutsche Staatsbürger
werden sollen?

20 Ja, die *Grünen* fordern Migranten sogar ausdrücklich dazu auf. Jede Einbürgerung ist
aus unserer Sicht ein Erfolg, schließlich werden deutsche Pässe nicht verschenkt.

Und wenn dann trotzdem jemand sagt: „Ihr seid keine richtigen Deutschen"?

Dann sollte man nicht aufgeben, sondern sich klarmachen, dass man selbst mitbestimmen
kann, was „Deutschsein" bedeutet. Außerdem sollten wir uns weniger mit Fragen wie „Woher
25 kommst du?" oder „Was trennt uns?" beschäftigen, sondern mehr mit Fragen wie „Was
verbindet uns?" oder „Wohin wollen wir?" Ich glaube, dass wir mit unserem Grundgesetz
einen guten Leitfaden für das Zusammenleben haben.

Herr Özdemir, vielen Dank für dieses Interview!

1 Lesen Sie die Kurzbiografie. Sie haben fünf Minuten Zeit. Schließen Sie die Bücher.
Sammeln Sie: Was wissen Sie noch über Cem Özdemir?

Cem Özdemir — 1965 geboren

2 Lesen Sie jetzt das Interview. Was wünscht sich Cem Özdemir
für die Migrantinnen/Migranten in Deutschland? Sprechen Sie.

3 Welche Fragen würden Sie Herrn Özdemir gern stellen und was würden Sie ihm sagen?
Schreiben Sie ihm eine E-Mail.

SPIEL

Demokratie macht Arbeit … und Spaß!

In einer Demokratie haben alle Staatsbürger die gleichen Rechte. Die Mehrheit darf die
Richtung der Politik bestimmen, aber sie muss dabei immer auf die Rechte aller Bürger achten,
also auch auf die Rechte der Minderheit. Welche Parteien die Mehrheit haben und regieren
können, entscheidet sich in Wahlen. In Deutschland gibt es in regelmäßigen Abständen Wahlen
in Städten und Gemeinden, in Bundesländern und auch im Bund, also in ganz Deutschland.
Mit diesem Spiel wollen wir ein kleines bisschen demokratischen „Wahlkampf" in unseren
Deutschkurs holen.

1 Bilden Sie Gruppen. Jede Gruppe
gründet eine Partei und entwickelt
ein Parteiprogramm mit einem Ziel.
Geben Sie Ihrer Partei einen
Namen, ein Symbol und eine Farbe
und machen Sie ein Plakat.

2 Stellen Sie Ihre Partei im Kurs vor.

*Unsere Partei ist die Partei „Liebe". Die Partei mit dem Herz.
Wir sind für eine freundliche Politik. Wir wollen, dass alle
Menschen nett zueinander sind und alle glücklich werden. …*

3 Geheime und freie Wahl
Welche Partei gefällt Ihnen am besten? Stimmen Sie nun auf dem Wahlzettel ab. Sie haben
insgesamt drei Stimmen. Sammeln Sie dann die Wahlzettel ein. Welche Partei hat die meisten
Stimmen bekommen?

Alte und neue Heimat

Folge 14: Heimat ist, wo du Freunde hast.

6 ◀)) 33–36 **1 Sehen Sie die Fotos an.**

Sprechen Sie. Hören Sie dann und vergleichen Sie.

– Wo sind die Personen und warum feiern sie ein Fest? Was glauben Sie?
– Kennen Sie diese Personen? Was wissen Sie über sie?

Hubert Berner   Tobias   August Wirth   Lara   Leon   Mischa   …

> Also auf Foto 3 links, das ist Tobias. Das ist Ellas Cousin.
> Er macht Kindertheater und dreht gern Filme. Er …

> Wer ist Hubert Berner?

6 ◀)) 33–36 **2 Hören Sie noch einmal. Was erfahren Sie (noch) über diese Personen? Ergänzen Sie.**

Mischa: hatte die erste Idee zu dem Fest.

August Wirth

Hubert Berner

Tobias

Lara

Leon

Ein Fest der Vielfalt
von Ella Wegmann

Das war ein richtig schöner Abend in der „Kulturfabrik". Mischa Kellinghusen und Hubert Berner hatten zum „Fest
5 der Vielfalt" eingeladen. Ihre Idee war ganz einfach: Menschen treffen sich und wer will, bringt Essen nach Rezepten aus seiner Heimat mit. Zuerst war nicht klar, ob genug Leute mitmachen würden. Doch dann kamen so viele, dass
10 der Platz kaum reichte. Die Besucher konnten sich die buntesten und leckersten Menüs zusammenstellen. Ich habe mich unter anderem für Krabbensalat nach
15 Hamburger Art, polnische Piroggen und libanesische Baklava entschieden. Ich sage nur: Hmmmm! Übrigens: Wer diesmal nicht dabei sein konnte, muss nicht traurig sein. Wegen des großen Erfolgs wird das „Fest der Vielfalt" in zwei Wochen
20 wiederholt. Vielleicht sehen wir uns ja?

3 Wer hat was mitgebracht?
Aus welchen Ländern oder aus welcher Region stammen diese Spezialitäten? Sprechen Sie.

Baklava   Piroggen   Krabbensalat

4 Warum heißt die Feier „Fest der Vielfalt"? Was meinen Sie?

„Fest der Vielfalt" bedeutet, das Fest ist sehr bunt. Es gibt dort …

5 Ellas Kolumne
Lesen Sie die Kolumne und beantworten Sie die Fragen.

– Warum haben Hubert und Mischa das Fest veranstaltet?
– Was haben Hubert und Mischa zuerst befürchtet?
– Wie hat das Fest den Gästen gefallen?

6 Wie finden Sie die Idee, so ein „Fest der Vielfalt" zu organisieren? Sprechen Sie.

Ich finde es toll, Menschen aus verschiedenen Kulturen kennenzulernen.

Ellas Film

A Leckere Vielfalt!

A1 Essen in Deutschland

Wenn Sie an das Essen in Deutschland denken: Was ist für Sie „typisch deutsch"?

> *Zuerst fällt mir die Currywurst ein. Die gibt es nur hier, oder?*

6 ◀)) 37–42 ## A2 Regionale Spezialitäten

a Woher kommen die Personen und über welche Spezialitäten sprechen sie?
Hören Sie und verbinden Sie.

1	Nürnberg	A
2	München	B
3	Thüringen	C
4	Küste	D
5	Husum	E
6	Frankfurt	F

A Bratheringe

B Lebkuchen

C Nordseekrabben

D Weißwurst

E Grüne Soße

F Rostbratwurst

Karte Deutschland:
Ostsee, Nordsee, Husum, Kiel, Lübeck, Schleswig-Holstein, Hamburg, Schwerin, Mecklenburg-Vorpommern, Bremen, Brandenburg, Niedersachsen, Berlin, Hannover, Sachsen-Anhalt, Potsdam, Magdeburg, Nordrhein-Westfalen, Düsseldorf, Köln, Leipzig, Dresden, Thüringen, Weimar, Sachsen, Erfurt, Hessen, Rheinland-Pfalz, Wiesbaden, Frankfurt, Mainz, Nürnberg, Bayern, Saarland, Saarbrücken, Stuttgart, Baden-Württemberg, München

b Was ist richtig? Hören Sie noch einmal und kreuzen Sie an.
Korrigieren Sie dann die falschen Aussagen.

1 ○ Krabben sind kleine Meerestiere, die man vor dem Essen pulen muss.
2 ○ Für die Frankfurter „Grüne Soße" braucht man besondere Kräuter,
   die es nur im Sommer gibt.
3 ○ Zur Weißwurst isst man meistens süßen Senf und Brezen.
4 ○ Lebkuchen sind ein traditionelles salziges Gebäck, das besonders
   gern zur Weihnachtszeit gegessen wird.
5 ○ Die Thüringer Rostbratwurst gibt es nur in speziellen Restaurants.
6 ○ Eingelegte Bratheringe werden mit Essig, Zwiebeln und Gewürzen zubereitet.

A3 Wie bildet man diese Wörter? Ordnen Sie zu und ergänzen Sie die Tabelle.

~~Volksfest~~ ~~Erinnerung~~ Oktoberfest Weißbier ~~Bratwurst~~ Herstellung Mittagspause Brathähnchen
Fischbrötchen Krabbensalat Rührei Kräutersoße ~~Weißwurst~~ Apfelwein Zubereitung

Typ „Volksfest"	Typ „Weißwurst"	Typ „Bratwurst"	Typ „Erinnerung"
das Volk + s + das Fest = das Volksfest der Oktober + das Fest =...	weiß + die Wurst = die ...	braten – die Wurst = ...	erinnern > die Erinnerung

SCHON FERTIG? Welche deutschen Speisen kannten Sie nicht,
bevor Sie nach Deutschland kamen? Machen Sie Notizen.

A4 Was für Spezialitäten gibt es in Ihrem Heimatland? Sprechen Sie.

*Bei uns in Südafrika isst man gern Biltong, das ist
getrocknetes Rindfleisch und das schmeckt sehr lecker.*

*Eine Spezialität aus meinem
Heimatland ist ...*

A5 Planen Sie ein eigenes „Fest der Vielfalt" in Ihrem Kurs.

a Arbeiten Sie in Gruppen und machen Sie Notizen zu den Fragen.

Wann? Wo? Wen einladen? Was zu essen und zu trinken?
Welche Musik? Programm? Wer kümmert sich um was?

*Welcher Termin passt euch am besten?
Vielleicht ...? Wer kümmert sich um ...?*

b Schreiben und machen Sie ein Plakat für Ihr „Fest der Vielfalt".
Schauen Sie dann alle Plakate an. Auf welches Fest würden
Sie gehen? Warum?

*Das Programm hier gefällt mir
am besten. Da gibt es Musik ...*

**FEST DER VIELFALT –
SOMMERPARTY**

Wo? Im Garten der Schule
Wann? 27. Juli bei Sonnenschein
Mit DJ Tarik – Plug-in-Party mit
internationaler Musik

Bringt eure Musik mit und vor allem gute Laune!
Wir wollen Spaß haben und tanzen!
Alima und Gadi machen ein Party-Video als
Erinnerung an den Deutschkurs.
Großes Abschlussevent:
„Wir lassen Luftballons
mit euren Wünschen für
die Zukunft steigen."

B Heimat

B1 Meine Heimat

Gibt es in Ihrer Sprache ein Wort für „Heimat"?
Wenn nicht, wie könnte man es übersetzen?

> *Das ist nicht so leicht, denn wir haben kein Wort dafür. Vielleicht …*

B2 Was verbinden Sie persönlich mit „Heimat"?

Woran denken Sie? Woran erinnern Sie sich? Lesen Sie die Wörter und sprechen Sie im Kurs.

> Sicherheit Geborgenheit Gefühl Elternhaus Musik
> Familie Zuhause Landschaft Gerüche Sprache
> Land Vertrauen Stadt Geräusch Literatur Glaube
> Fest Essen Kultur Wurzeln Geschmack Wetter Erinnerung Tradition

> *Mit „Heimat" verbinde ich die Gegend, in der ich aufgewachsen bin. Ich denke an die Landschaft und …*

B3 Eine Reportage zum Thema „Heimat"

a Lesen Sie die Reportage. Welche Begriffe aus B2 kommen vor? Was ist Heimat für Amira und Burak?

> Wer weiß heute noch genau, wohin er gehört – in Zeiten von Mobilität und Migration?
> Für jeden von uns hat der Begriff „Heimat" eine andere, persönliche Bedeutung. Ist Heimat das Land,
> in dem man geboren oder aufgewachsen ist? Oder ist es da, wo man sich wohlfühlt? Lesen Sie die
> Antworten von Amira und Burak.

Amira El-Helou

Meine Wurzeln sind im Libanon, denn meine Familie stammt ursprünglich aus Beirut. Dort gab es in den 1970er-Jahren Krieg und meine Oma ist mit meinem Vater zu
ihrem Bruder nach West-Berlin geflohen. Ich selbst bin in Berlin geboren. Nach dem
Ende des Krieges haben wir oft die Ferien bei unseren Verwandten in Beirut ver-
5 bracht. Vor allem an die vielen Feste erinnere ich mich sehr gut. Libanesen sind ein
sehr gastfreundliches Volk. Sie freuen sich immer über Besuch und feiern gern.
Sie lieben Musik, Tanz und vor allem gutes Essen! Oft habe ich als Kind in der Küche
gesessen und zugesehen, wie meine Oma und meine Tante Baklava zubereitet haben.
Ach, diese Gerüche in der Küche, daran denke ich sehr gern! Dieses Lebensgefühl, das
10 gibt es immer noch in meiner Familie, auch hier in Deutschland. Das ist auf jeden Fall ein Stück Heimat
für mich. Aber natürlich fühle ich mich trotzdem als Deutsche, ich bin ja hier aufgewachsen. Die Schule,
meine Freunde, meine Ausbildung als Erzieherin. Das alles hat mein Denken stark beeinflusst. Hier lebe
ich, hier fühle ich mich zu Hause. In der deutschen Sprache kann ich alles ausdrücken, was ich fühle und
denke. Ich bewege mich zwischen zwei Kulturen und deshalb kann ich gar nicht so genau sagen, was ich
15 mit dem Begriff „Heimat" verbinde. Heimat, das ist vielleicht da, wo ich mich wohlfühle, wo man mich
versteht. Das kann auch alles Mögliche andere sein: meine Familie, ein Ort, eine Sprache, eine Speise
oder vielleicht auch Freunde.

Burak Yildirim

Ich wohne in Bad Tölz, das liegt in Oberbayern, da bin ich auch geboren und aufgewachsen, und natürlich spreche ich auch so richtig Bairisch. Meine Eltern kommen
20 aus der Türkei und ich habe die türkische Staatsangehörigkeit. Für uns Migrantenkinder der zweiten Generation ist es nicht so leicht zu sagen, was für uns Heimat
bedeutet. In der Türkei nennen sie uns „die Deutschen" und hier in Deutschland
sind wir Türken. Wenn man mich fragt: Deutschland und speziell Bayern gehören auf
jeden Fall zu mir und meinem Gefühl von Heimat. Das merke ich z. B. auch, wenn
25 *Bayern München* spielt.

Als kleiner Junge habe ich immer von einer Karriere als Profi-Fußballer bei den Bayern geträumt. Zu meinen Freunden und zu unseren Nachbarn haben meine Geschwister und ich guten Kontakt. Ich würde schon sagen, dass wir gut integriert sind. Aber die Türkei ist natürlich genauso unsere Heimat. Unsere Familie dort ist sehr groß und ich habe jedes Jahr die Sommerferien bei meinen Großeltern in der Türkei
30 verbracht. Ich würde sagen, die Türkei ist vielleicht meine erste und Deutschland meine zweite Heimat.

b Lesen Sie die Reportage noch einmal und beantworten Sie die Fragen.

1 Woran erinnert sich Amira sehr gut?
2 Worüber freuen sich Libanesen immer?
3 Woran denkt Amira gern?
4 Welches Lebensgefühl verbindet sie mit dem Begriff „Heimat"?
5 Was gehört zu Buraks Gefühl vor Heimat?
6 Wovon hat Burak als kleiner Junge immer geträumt?
7 Bei wem hat Burak früher seine Sommerferien verbracht?

c Ergänzen Sie die Tabelle.

WIEDERHOLUNG

sich erinnern an	daran	woran ...?
denken an	daran	
verbinden mit		
sich freuen	darüber	
gehören		wozu ...?
träumen von		

> **SCHON FERTIG?** Kennen Sie noch mehr Wörter? Machen Sie eine Tabelle.

B4 Schreibprojekt: „Was ist Heimat für mich?"

a Schreiben Sie jetzt selbst einen kurzen Text über den Begriff ‚Heimat'. Beachten Sie dabei folgende Schritte.

Schritt 1: Planen
Es ist wichtig, dass Sie schon Ideen im Kopf haben, bevor Sie anfangen zu schreiben. Woran denken Sie bei dem Wort „Heimat"? Woran erinnern Sie sich? Wovon träumen Sie? Sammeln Sie Ideen. Ordnen Sie dann.

Schritt 2: Schreiben
Schreiben Sie einfache Sätze. Achten Sie darauf, dass die Sätze nicht immer gleich beginnen. Verbinden Sie die Sätze mit *dann, als, meistens, manchmal, deshalb, aber* usw.

Schritt 3: Überarbeiten
Lesen Sie Ihren Text noch einmal in Ruhe und korrigieren Sie mögliche Fehler. Stellen Sie sich vor, Sie sind die Leserin / der Leser. Ist das, was Sie geschrieben haben, verständlich und klar?

b Fassen Sie alle Texte in einem Dokument zusammen, ergänzen Sie Fotos und machen Sie daraus eine Kursreportage oder einen Kursblog.

> *Ich komme aus ... und lebe in ... | Mit „Heimat" verbinde ich ...*
> *Bei dem Wort „Heimat" denke ich an ... | „Heimat" bedeutet*
> *für mich ... | Ich erinnere mich noch gut an ...*

C Blick auf Europa

C1 Partner-Interview

Fragen Sie Ihre Partnerin / Ihren Partner, notieren Sie die Antworten und berichten Sie.

– In welchen europäischen Ländern warst du schon mal?
– Wo in Europa hast du Verwandte oder Freunde?
– Welche europäischen Länder würdest du gern kennenlernen?

C2 Europa im Blick

Was wissen Sie über Europa? Arbeiten Sie in Gruppen.
Sammeln Sie Informationen und machen Sie Notizen. Sprechen Sie.

Länder
Frankreich

Sprachen
Polnisch

Europa

Politik
Europäische
Union

Fläche   Einwohner

> *Europa ist ein Kontinent.*
> *Die größten Länder ...*

6 🔊 43–47 C3 Europa und die Europäische Union

a Sehen die Personen die EU (Europäische Union) eher positiv oder negativ?
Hören Sie die Umfrage und ergänzen Sie ☺ oder ☹.

1 Lara	2 Julian	3 Elena	4 Kim	5 Manuel
☺				

b Worüber sprechen die Personen? Hören Sie noch einmal und kreuzen Sie an.

		Lara	Julian	Elena	Kim	Manuel
a	Reisefreiheit	⊗	○	○	○	○
b	Grenzkontrollen	○	○	○	○	○
c	Studium	○	○	○	○	○
d	Kosten	○	○	○	○	○
e	Gemeinsamkeiten bei Europäern	○	○	○	○	○
f	eine gemeinsame Währung	○	○	○	○	○
g	Frieden und Demokratie	○	○	○	○	○
h	Sprachen	○	○	○	○	○
i	Solidarität	○	○	○	○	○

⇄ C4 Länder raten

Arbeiten Sie in Gruppen: Beschreiben Sie ein europäisches Land.
Die anderen raten, von welchem Land Sie sprechen.

> *Das Land grenzt ans Meer. Es*
> *liegt im Norden. Die Menschen ...*

Herzlichen Glückwunsch!

Sechs Bände lang haben Sie fleißig mit *Schritte plus NEU* gearbeitet und können jetzt schon richtig gut Deutsch verstehen, lesen, sprechen und schreiben. Auch der *Deutsch-Test für Zuwanderer* sollte nun kein Problem mehr für Sie sein. Dafür drücke ich Ihnen die Daumen. Das sagt man, wenn man jemandem viel Glück wünscht. Wir hoffen, dass Ihnen das Deutschlernen mit *Schritte plus NEU* Spaß gemacht hat, sagen Danke und wünschen Ihnen alles Gute für Ihre Zukunft.

D1 Mein persönliches Motto

Lesen Sie den Text und wählen Sie ein Zitat als Ihr persönliches Motto zum Deutschlernen. Vergleichen Sie dann im Kurs.

> Sprachen öffnen Türen.
> Lernen mit Kopf und Herz
> Mit Sprachen überwindet man Grenzen.
> Dazulernen heißt gewinnen.
> Zum Lernen ist niemand zu alt.
> Lebe, um zu lernen, lerne, um zu leben!
> Sprachenlernen verbindet!
> Wer schwimmen lernen will, muss ins Wasser.

Mir gefällt dieses hier besonders gut: ..

D2 Blick zurück

Wie war das, als Sie angefangen haben, Deutsch zu lernen?
Gab es lustige, peinliche, überraschende Erlebnisse? Erzählen Sie.

Ich erinnere mich an eine Situation beim Bäcker. Das war wirklich peinlich. ...

D3 Blick nach vorn

Wie geht es weiter? Was nehmen Sie sich für das nächste Jahr vor? Sprechen Sie.

Ich möchte auf jeden Fall ...

D4 Zum Abschied

Schreiben Sie Zettel mit den Namen aller Kursteilnehmer. Ziehen Sie einen Zettel, geben Sie der Person die Hand und sagen Sie ihr etwas Nettes zum Abschied.

Grammatik und Kommunikation

Grammatik

1 Wiederholung: Wortbildung Nomen `ÜG` 11.01

Nomen + Nomen	Adjektiv + Nomen	Verb + Nomen	Verb > Nomen
das Volk + s + das Fest > das Volksfest	weiß + die Wurst > die Weißwurst	braten + die Wurst > die Bratwurst	sich erinnern > die Erinnerung
der Oktober + das Fest > das Oktoberfest			herstellen > die Herstellung

Schreiben Sie sechs weitere Wörter.

die Heimat + das Land
> das Heimatland

2 Wiederholung: Verben mit Präpositionen `ÜG` 5.23

Präpositionen mit Akkusativ	Präpositionen mit Dativ
denken an	verbinden mit
sich erinnern an	gehören zu
sich freuen über	träumen von

auch so: warten auf, sich beschweren über, sich freuen auf, sich ärgern über, sprechen über, sich kümmern um, Lust haben auf, …

auch so: erzählen von, sich treffen mit, sprechen mit, telefonieren mit, Angst haben vor …

Antworten Sie auf die Fragen.
– Wofür interessieren Sie sich in Ihrer Freizeit?
– Womit beschäftigen Sie sich am liebsten?
– Worüber wissen Sie viel?

Ich interessiere
mich für …

3 Wiederholung: Präpositionaladverbien `ÜG` 5.23

Verb mit Präposition	Präpositionaladverb	Fragewort
denken an	daran	woran …?
sich freuen über	darüber	worüber …?
verbinden mit	damit	womit …?
gehören zu	dazu	wozu …?
träumen von	davon	wovon …?

Kommunikation

ÜBER SPEZIALITÄTEN AUS DEM HEIMATLAND SPRECHEN: Bei uns ...

Bei uns isst man gern ..., das ist ...

Das schmeckt ...

Eine Spezialität aus meinem Heimatland ist ...

EIN FEST PLANEN: Ich bringe ... mit.

Welcher Termin passt euch am besten? Vielleicht ...?

Wer kümmert sich um ...? | Ich kümmere mich um ...

Wer bringt ... mit? | Ich bringe ... mit.

Wer kann ... machen? | Ich kann ... machen.

SAGEN, WAS MAN MIT EINEM BEGRIFF VERBINDET: Ich denke an ...

Das ist nicht leicht, denn wir haben kein Wort dafür. | Ich denke an ...

Ich komme aus ... und lebe in ... | Mit „Heimat" verbinde ich ... | Bei dem Wort „Heimat" denke ich an ... | „Heimat" bedeutet für mich ... | Ich erinnere mich noch gut an ...

EIN LAND BESCHREIBEN: Das Land grenzt an ...

Das Land grenzt an ...

Es liegt im ... | Die Menschen ...

Was gibt es in Ihrem Heimatland auf Festen zu essen und zu trinken? Beschreiben Sie ein Gericht und ein Getränk.

Zum Opferfest gibt es bei uns meistens ...

Sie planen mit Ihren Freunden eine Party. Was sagen die Leute? Schreiben Sie ein Gespräch.

Ich kümmere mich um die Musik. Und du?

Was verbindet die Frau mit dem Begriff „Glück"?

Mit „Glück" verbindet sie ...
Sie denkt an ...
und träumt von ...

Sie möchten noch mehr üben?

6 | 48–50 AUDIO-TRAINING

Lernziele

Ich kann jetzt ...		Ich kenne jetzt ...

A ... über Spezialitäten im Heimatland berichten:
   Bei uns in Südafrika isst man gern Biltong. _____ ☺ 😐 ☹

   ... ein Fest planen: *Wer kümmert sich um ...?* _____ ☺ 😐 ☹

B ... eine Reportage zum Thema „Heimat" verstehen: *Meine Wurzeln*
   sind im Libanon. _____ ☺ 😐 ☹

   ... sagen, was man mit „Heimat" verbindet: *Mit „Heimat" verbinde*
   ich die Gegend, in der ich aufgewachsen bin. _____ ☺ 😐 ☹

C ... ein Land beschreiben: *Das Land liegt im Norden.* _____ ☺ 😐 ☹

D ... über Vergangenes und Zukünftiges sprechen:
   Ich erinnere mich an eine Situation beim Bäcker. _____ ☺ 😐 ☹

... 5 Wörter zum Thema *Essen*:
braten, ...

... 8 Wörter zum Thema *Staat/Politik*:
Volk, ...

FILM

Deutschland-Bilder

1 Lesen Sie den Text auf Seite 177. Sehen Sie dann den Film an.

a Was ist für Sie typisch deutsch?
Merken Sie sich drei Bilder. Sprechen Sie.

> *Ich habe mir das Oktoberfest gemerkt.*
> *So ein Fest gibt es bei uns nicht ...*

b Gibt es Bilder, die sich mehrere von Ihnen gemerkt haben?
Wenn ja, welche?

2 Ergänzen Sie bei den Fotos auf Seite 177: Was ist für Sie noch typisch deutsch?
Schreiben oder zeichnen Sie oder finden Sie ein Foto. Sprechen Sie.

> *Schnee. Ich liebe Schnee. Bei uns gibt es keinen Winter. Bevor ich nach*
> *Deutschland kam, war für mich Schnee typisch deutsch. Deshalb habe*
> *ich mich so gefreut, in Deutschland das erste Mal Schnee zu sehen. ...*

TYPISCH DEUTSCH?

Tja, was ist das? Gibt es das überhaupt? Hat nicht jeder Mensch seine eigene Meinung, was typisch deutsch sein könnte? Unser Film zeigt 100 Fotos aus Deutschland, von denen man vielleicht sagen könnte: Ja, das ist deutsch! Ein paar davon sehen Sie auf dieser Doppelseite.

5 Auch Sie haben sicher ganz persönliche Deutschland-Bilder im Kopf. Und für Ihre Bildideen haben wir hier extra zwei Plätze frei gelassen. Vielleicht möchten Sie dort etwas hineinschreiben, -malen, -zeichnen oder -kleben? Etwas, das Sie in Ihrem Herkunftsland zeigen würden, wenn man Sie dort fragt: „Du bist doch ein Deutschland-Spezialist! Sag mal, was ist typisch deutsch?"

10 Das Team von „Schritte plus NEU" möchte sich an dieser Stelle von Ihnen verabschieden. Wie schön, dass wir Sie beim Deutschlernen bis hierher begleiten durften! Uns hat das große Freude gemacht. Für Ihre Zukunft wünschen wir Ihnen von ganzem Herzen alles Gute und viel Erfolg. Auf Wiedersehen!

3 Unser Deutschland

Schreiben Sie mit Ihrer Partnerin / Ihrem Partner eine Seite über Deutschland.
Sammeln Sie in Ihrem Kurs-Album.

Dieses Foto erinnert mich an einen schönen Tag im Park.
Viele Städte sind sehr grün. Das gefällt mir in Deutschland. Außerdem haben die Deutschen viele Haustiere.

Quellenverzeichnis

Kursbuch

Cover: Bernhard Haselbeck, München   U2: Digital Wisdom   S. 9: Figur © Thinkstock/iStock/phodo; Würfel © iStock/hocus-focus   S. 11: Lotto © fotolia/Ralf Geithe; Roulette © Thinkstock/iStock/nazarovsergey   S. 13: A4: C © Thinkstock/iStock/vicnt; D © Thinkstock/Photodisc/Photo and Co   S. 14: B2: Franz Specht, Weßling   S. 15: C2: 1 © iStock/andresr; 2 © Thinkstock/iStock/ajr_images   S. 17: E2: A © Thinkstock/iStock/MinnaRossi; B, C © Hueber Verlag/Iciar Caso   S. 20: Hören: © Thinkstock/moodboard   S. 21: Gedicht © Thinkstock/iStock/JackF   S. 23: Diana © Thinkstock/iStock/m-imagephotography; Slavoj © Thinkstock/iStock/yannp   S. 24: A2a: A © Thinkstock/TongRo Images; B © Thinkstock/iStock/dejankrsmanovic; C © Thinkstock/iStock/ar-chi; b: Jonas, Sarah © Thinkstock/iStock/m-imagephotography; Julia © Thinkstock/iStock/Poike   S. 25: A3 © Thinkstock/iStock/monkeybusinessimages; A4 © ddp images/Capital Pictures   S. 26: Kopfzeile © Thinkstock/iStock/yannp; B2: 10 © ddp images/Christian Langbehn; 15 © ddp images/INTERTOPICS; 20 © action press/Michael Reimers/Future Image   S. 27: B3 © action press/BINDL, DOMINIK   S. 28: C1: A © ddp images/United Archives; B © Tele München Gruppe/Roxy Film; C © Anne Wilk/barefoot films GmbH/Warner BroS. Entertainment GmbH   S. 29: D1 © Hueber Verlag   S. 32: Hören: alle Bilder © Hueber Verlag/Dörte Weers   S. 33: Lied © Thinkstock/iStockphoto   S. 35: Hund © Thinkstock/iStockphoto; Zettel © Thinkstock/iStock/Peshkova   S. 36: Hund © Thinkstock/iStockphoto   S. 37: A3: Poster Hintergrund links © Thinkstock/iStock/vectortatu; rechts © Thinkstock/iStock/DigtialStorm; A4: A © fotolia/Photographee.eu; B © Thinkstock/iStock/saritwuttisan; C © Thinkstock/iStock/AndreyPopov; D © Thinkstock/DigitalVision/Ryan McVay   S. 38: B1: A © Thinkstock/iStock/FotoDuets; B Poster Hintergrund links © Thinkstock/iStock/vectortatu; rechts © Thinkstock/iStock/DigtialStorm; C © iStock/Kemter   S. 39: C1 © Thinkstock/Blend Images/Dave & Les Jacobs   S. 41: E1 © Thinkstock/iStock/eurobanks   S. 43: Frau © Thinkstock/DigitalVision/RL Productions   S. 44: Lesen: oben links © Thinkstock/iStock/Julijah; rechts© Getty Images/E+/Juanmonino; unten links © Thinkstock/Purestock; rechts © Thinkstock/Photodisc, Film: Matthias Kraus, München   S. 47: Blume © MEV   S. 49: B2: 1 © Thinkstock/iStock/photoshkolnik; 2 © PantherMedia/BefishImages; 3 © fotolia/ajr_images; 4 © fotolia/Vladimir Wrangel   S. 50: C1 © Thinkstock/iStock/kieferpix   S. 51: D2: BigFeet © Thinkstock/iStock/Veremeev; Juli_star © Thinkstock/iStock/valio84sl   S. 52: Bild © dpa Picture-Alliance/Karlheinz Schindler; Text aus: Hatice Akyün, Einmal Hans mit scharfer Soße. Leben in zwei Welten © 2005 Wilhelm Goldmann Verlag, München, in der Verlagsgruppe Random House GmbH   S. 56: Schreiben © Thinkstock/Wavebreakmedia Ltd   S. 57: Josefine © Getty Images/iStock/repinanatoly; Fritz © Getty Images/gpointstudio   S. 64: C1© Bundesagentur für Arbeit   S. 65: D1: A: Florian Bachmeier, Schliersee; B © Thinkstock/iStock/michaeljung; C © Getty Images/Stockbyte/Alys Tomlinson   S. 68: Lied: oben © Thinkstock/iStock/monkeybusinessimages; unten © Thinkstock/iStock/shironosov   S. 69: Rätsel © Thinkstock/iStock/Anchiy; Film: Matthias Kraus, München   S. 71: © Thinkstock/iStock/Toltek   S. 72: A3 © Thinkstock/iStock/bluesky85   S. 73: Songül © Thinkstock/iStock/spfoto; Victor © Thinkstock/Hemera/Pavel Losevsky   S. 76: D1: A © Thinkstock/iStock/hoozone; B © Thinkstock/iStock/Highwaystarz-Photography; C © fotolia/YakobchukOlena   S. 77: E1: A © Thinkstock/iStock/antpkr; B © Thinkstock/iStock/slpu9945; C © Thinkstock/iStock/zothen   S. 80: Spiel © Thinkstock/iStock/Deagreez   S. 81: Gedicht © Thinkstock/iStock/JackF   S. 83: Grillen © Thinkstock/iStock/Kerkez; mähen © Thinkstock/iStock/RoberdsSFM   S.88: © ddp images/Photo-Designer   S. 89: D4: 1 © Thinkstock/iStock/martiapunts; 2 © Thinkstock/iStock/SVPhilon; 3 © Thinkstock/iStock/SanneBerg; 4 © Thinkstock/iStock/AntonioGuillem; 5 © Thinkstock/iStock/Ridofranz   S. 92: Landeskunde © Thinkstock/iStock/ViewApart   S. 93: Lesen © Thinkstock/iStock/Sotiris_Filippou_Photographer; Film alle: Matthias Kraus, München   S. 95: Ü4: Handy © Thinkstock/iStock/chaofann; Frau © Thinkstock/BananaStock   S. 100: D1 © Thinkstock/iStock/bokan76   S. 104: Gedicht © Getty Images/stevecoleimages; Projekt: 1. Zeile von links: © Thinkstock/iStock/michaeljung; © Thinkstock/Wavebreakmedia Ltd; © Thinkstock/iStock/Stuart Jenner; 2. Zeile von links: © Getty Images/iStock/Rich Legg; © Thinkstock/iStock/m-imagephotography; © Thinkstock/iStock/monkeybusinessimages   S. 105: © Thinkstock/iStock/TAW4   S. 107: IT © Thinkstock/Photodisc/Chad Baker/Ryan McVay   S. 110: B3 © iStock/Kemter   S. 111: C1: A: Alexander Keller, München; B © Thinkstock/iStock/gpointstudio; C © Getty Images/Valentin Casarsa; D © Thinkstock/iStock/AndreyPopov   S. 113: E1 © Thinkstock/iStock/monkeybusinessimages   S. 116: Lied: Florian Bachmeier, Schliersee   S. 117: Schreiben © Thinkstock/iStock/NADOFOTOS; Spiel von links: © Thinkstock/iStock/alfexe; © Thinkstock/iStock/iprogressman; © Thinkstock/iStock/OlegMalyshev   S. 120: A1: 1 © fotolia/PhotoSG; 2 © fotolia/alex; 3 © Thinkstock/iStock/karandaev   S. 122: B1: A © Fotosearch.de; C © Thinkstock/Creatas Images; D © fotolia/industrieblick; B2: A li © Thinkstock/iStock/monkeybusinessimages; A re © Thinkstock/iStock/sergeyryzhov; B © Thinkstock/iStock/Mark Bowden; C © Thinkstock/iStock/devifoto; D © Thinkstock/iStock/Bombaert   S. 124: D1 © Thinkstock/iStock/conejota   S. 125: Text aus Axel Hacke, Das kolumnistische Manifest, © Verlag Antje Kunstmann GmbH, München 2015; Foto © action press/GALUSCHKA, HORST   S. 128: Gedicht © Getty Images/LordRunar   S. 129: Litfaßsäule neu © PantherMedia/goodiefun; Revolution © INTERFOTO/Sammlung Rauch; Litfaßsäule

alt © INTERFOTO/Sammlung Rauch   S. 132: A2: A © iStock/simonkr; B © iStock/Kichigin; C © GettyImages/
OJO Images; D © fotolia/mavoimages; E © fotolia/MAST   S. 134: C1: A © fotolia/Sven Grundmann; B © Think-
stock/iStock/piotr290; C © Thinkstock/iStock/-goldy-   S. 135: D2: 1 © Thinkstock/Creatas/Jupiterimages;
2 © Thinkstock/iStock/Zeffss1; 3 © GettyImages/Juanmonino; 4 © Thinkstock/iStock/g-stockstudio   S. 136:
Text aus Rafik Schami, Gesammelte Olivenkerne. Aus dem Tagebuch der Fremde © 1997 Carl Hanser Verlag
München; Cover: Rafik Schami: Gesammelte Olivenkerne aus dem Tagebuch der Fremde; Umschlagbild von
Root Leeb: dtv Verlagsgesellschaft, München, © Carl Hanser Verlag, München   S. 138: Polizist © fotolia/
codiarts   S. 140: Lesen: Florian Bachmeier, Schliersee; Hören: Mann © Thinkstock/iStock/Wavebreakmedia;
Frau © Thinkstock/Photodisc/Getty Images   S. 145: A3 © Getty Images/OJO Images/Robert Daly   S. 146:
B2: Nikolin © Thinkstock/iStock/MBPROJEKT_Maciej_Bledowski; Jürgen © Thinkstock/PHOTOS.com>>/
Jupiterimages   S. 147: Tafel © Thinkstock/stockbyte/Brand X Pictures; Logo © Freiwilligen-Agentur Taten-
drang München   S. 148: D1 © Thees Carstens   S. 149: E1 © Getty Images/E+/blindtoy99   S. 151: Frau
© Thinkstock/iStock/Highwaystarz-Photography   S. 152: Schreiben © Thinkstock/iStock/cyano66   S. 157:
A3 von links: © dpa Picture-Alliance/Matthias Balk; © dpa Picture-Alliance/Jens Kalaene; © orion_eff - stock.
adobe.com   S. 158: B2: 1 © Thinkstock/iStock/ajr_images; 2 © fotolia/kite_rin; 3 © PantherMedia/Goocluz
S. 159: C1 © fotolia/Photocreatief; C2: A © fotolia/Pierre-jean Grouille; B © Getty Images/skynesher; C © imago/
Citypress   S. 160: D1: A © Thinkstock/iStock/JohnnyWalker61; B © Thinkstock/iStock/Nash1966; C © Think-
stock/iStock/PatrickPoendl; D © fotolia/Increa; E © picture alliance/AP Images; F © Alfred Buellesbach/VISUM
S. 161: D3: 1 © dpa Picture-Alliance; 2 © dpa Picture-Alliance/Ossinger; 4 © action press/ULLSTEIN BILD
S. 164: Landeskunde © VISUM/Stefan Boness   S. 168: A2: Karte: Ralf Meyer-Ohlenhof, München; 2 © Think-
stock/iStock/JBryson; 3 © Thinkstock/Stockbyte/altrendo images; 4 © Thinkstock/iStock/JackF; 5 © Think-
stock/iStock/NemanjaMiscevic; 6 © Thinkstock/iStock/tetmc; A © fotolia/Cornelia Kalkhoff; B © fotolia/Jan
Sommer; C © Thinkstock/iStock/PicLeidenschaft; D © Thinkstock/iStock/bernjuer; E © fotolia/silencefotc; F
© Thinkstock/iStock/totalpics   S. 170: B3: Amira © Soluna Kokol, München; Burak © fotolia/Jasmin Merdan
S. 172: C3: 1 © Thinkstock/iStock/LuminaStock; 2 © Getty Images/Lighthousebay; 3 © Thinkstock/iStock/
sanjagrujic; 4 © Thinkstock/Purestock; 5 © Thinkstock/Wavebreak Media   S. 176: Alle: Franz Specht,
Weßling   S. 177: Typisch Deutsch: Franz Specht, Weßling; Ü3 © Thinkstock/iStock/Raywoo

Alle anderen Bilder: Matthias Kraus, München

Bildredaktion: Nina Metzger, Hueber Verlag, München